太原海关年鉴

2022

《太原海关年鉴（2022）》编纂委员会——编著

中国海关出版社有限公司
·北京·

图书在版编目（CIP）数据

太原海关年鉴.2022/《太原海关年鉴（2022）》编纂委员会编著.—北京：中国海关出版社有限公司，2023.3

（中国海关史料丛书）

ISBN 978－7－5175－0666－9

Ⅰ.①太…　Ⅱ.①太…　Ⅲ.①海关—太原—2022—年鉴　Ⅳ.①F752.55－54

中国国家版本馆 CIP 数据核字（2023）第 047925 号

太原海关年鉴（2022）

TAIYUAN HAIGUAN NIANJIAN（2022）

作　　者：《太原海关年鉴（2022）》编纂委员会
责任编辑：刘　婧
出版发行：中国海关出版社有限公司
社　　址：北京市朝阳区东四环南路甲 1 号　　邮政编码：100023
编 辑 部：01065194242－7544（电话）
发 行 部：01065194221/4238/4246/5127（电话）
社办书店：01065195616（电话）
https://weidian.com/?userid=319526934（网址）
印　　刷：北京盛通印刷股份有限公司　　经　　销：新华书店
开　　本：889mm×1194mm　1/16
印　　张：22.5　　字　　数：402 千字
版　　次：2023 年 3 月第 1 版
印　　次：2023 年 3 月第 1 次印刷
书　　号：ISBN 978－7－5175－0666－9
定　　价：230.00 元

《太原海关年鉴（2022）》编纂委员会

《太原海关年鉴（2022）》编辑部

编辑说明

一、《太原海关年鉴（2022）》记述时限为2021年1月1日至12月31日，主要记录太原海关及其隶属海关、事业单位发生的重要事件、重大工作等，是记载太原海关事业发展的资料性工具书。由编纂委员会指导编辑部进行组稿编辑。

二、《太原海关年鉴（2022）》采用各部门单位供稿、编辑部人员统稿的形式编纂，撰稿人等在文中注明。

三、《太原海关年鉴（2022）》采用分类编辑法，设类目、分目、条目3个层级，有特载、专记、党的建设、业务建设、综合保障、隶属海关、事业单位、人物荣誉、大事记、统计资料10个类目，部分设次分目，以条目为基本记述单元。

四、编纂委员会参考了《中国海关年鉴》的编辑方法，又结合太原海关的实际情况，制定了年鉴的编辑大纲，将某些重要却未能独立成为栏目的内容合并到相关栏目中。

五、《太原海关年鉴（2022）》辑录的数据均以档案数据和有关部门提供为依据。

前　言

中华人民共和国太原海关，简称“太原海关”，是中华人民共和国在山西省设立的进出境监督管理机关，直属于中华人民共和国海关总署（以下简称“总署”），负责海关监管、出入境检验检疫、征收关税、海关统计、打击走私等工作。在中华人民共和国成立之前，山西省的对外贸易主要通过天津海关、汉口海关等口岸通关。中华人民共和国成立后至1985年前，山西未设立海关机构，山西省对外贸易通关口岸增加为天津、青岛、北京、深圳、二连浩特、满洲里等10余个主要口岸。1985年9月，经山西省人民政府申请，国务院批复同意设立太原海关。同年12月，海关总署委托北京海关负责组建太原海关，并从二连浩特、满洲里海关抽调业务干部协助筹建工作。1987年1月15日，太原海关正式挂牌成立并对外办公。辖区范围为山西省全境，面积15.66万平方千米。主要业务是对山西省境内的转关运输、加工贸易、进出口货物的监管，征税，统计和查缉走私等。

太原海关建关初期，隶属于北京海关，为北京海关下设的跨行政区域的正处级分关。1989年升格为北京海关的副厅级海关。1992年8月，总署决定太原海关调整为总署直属机构。1999年4月2日，总署批复太原海关成立中华人民共和国太原海关走私犯罪侦查分局（正处级）；9月27日，太原海关走私犯罪侦查分局正式挂牌成立。

2000年12月底，太原海关办公地址由太原市迎泽大街155号搬迁到太原市学府街112号。2002年10月23日，经国务院批准，总署批复同意太原海关设立大同、侯马海关；10月27日，大同海关开关，正式对外办理海关业务，其辖区范围为大同市和朔州市；10月29日，侯马海关开关，正式对外办理海关业务，其辖区范围为临汾市、运城市和晋城市。

2003年1月1日，依据《国务院办公厅关于海关总署走私犯罪侦查机构职能调整和更名的复函》，太原海关走私犯罪侦查分局更名为太原海关缉私局。2003年4月，总署批复太原海关驻机场办事处由正科级调整为副处级，隶属于太原海关。2004年1月18日，经国务院同意，太原海关调整为正厅级机构。2004年9月15日，总署同意将太原海关驻机场办事处调整为太原机场海关，对外全称为中华人民共和国太原机场海关，机构级别为正处级，隶属太原海关。

2018年4月，按照机构改革部署，山西出入境检验检疫局管理职责和队伍划入太原海关。2020年9月，按照党中央关于海关缉私部门管理体制调整重大决策部署，太原海关协助缉私部门推进机构改革。

近年来，太原海关坚定不移讲政治，政治建关全面加强。深入学习贯彻习近平新时代中国特色社会主义思想。坚决捍卫“两个确立”，不断增强“四个意识”、坚定“四个自信”、做到“两个维护”。坚持把学习贯彻习近平总书记重要讲话和重要指示批示精神作为党委会、理论学习中心组学习会和形势分析及工作督查例会的“第一议题”，学习领会精神，研究贯彻措施，狠抓推进落实，强化跟踪问效。开展“蓝天”“国门利剑”专项行动，对“洋垃圾”、象牙等濒危物种及其制品走私实施全链条打击，有力震慑了走私违法犯罪；坚决落实总体国家安全观，开展安全生产专项整治三年行动，及时发现整改问题隐患，确保关区平安；落实脱贫攻坚决策部署，通过产业扶贫、科技扶贫、消费扶贫，帮扶的6个村全部按期脱贫。统筹做好口岸新冠肺炎疫情防控和促进外贸稳增长，加强入境分流航班检疫监管，全力做好疫情防控物资通关保障，严格内部防控，取得了“打胜仗、零感染”的阶段性胜利。政治机关建设持续加强。关党委牢记海关是政治机关的本质属性，严格执行民主集中制，党委领导能力和管理水平不断提升。认真落实意识形态工作责任制，牢牢掌握意识形态工作的领导权和主动权。深入开展“两学一做”学习教育、“不忘初心、牢记使命”主题教育和党史学习教育，努力涵养关区风清气正的政治生态，全体党员干部政治素养不断提高，政治敏锐性、鉴别力不断增强。全力做好巡视“后半篇文章”，巡察督审作用得到彰显。“精品海关”建设取得阶段性成果。太原海关党委提出打造内陆精品海关的治关理念，带领全关同志开展“起步年”“提升年”“成效年”“巩固年”建设，培育了一批精品科室和精品示范岗位，带动各条线、各领域在“素质精良、执法精准、服务精心、管理精细”上取得新成效。

近年来，太原海关蹄疾步稳谋发展，改革强关不断深化。全面深化改革落地见效。全面落实以“两中心三制度”为核心的全国通关一体化改革，稳步推进海关业务改革2020框架方案，2021年“两步申报”适用范围已覆盖全省进出口企业；以“两轮驱动”为核心的风险统一防控机制初步建立；“两段准入”改革目前运行顺畅；“两类通关”模式逐步形成；“两区优化”改革取得新成效。通关无纸化、汇总征税、验估模式等改革覆盖面逐步扩大。全面推广国际贸易“单一窗口”，主要业务覆盖率100%。服务山西全面扩大开放成效显著。助力山西进出口贸易稳步增长，“十三五”时期进出口总值6,586亿元人民币（以下简称“元”），年均增长10.5%。2021年山西进出口总值2,230.3亿元，创历史新高。太原海关连续6年获评促进山西经济社会发展突出贡献单位。推进重点工程重大项目落地，支持山西承接加工贸易产业转移，助推富士康苹果手机区外维修项目稳步发展；积极促进贸易新业态发展，太原、大同跨境电商综合试验区正式获批；服务“南果中粮北肉”出口平台和“东药材西干果”商贸平台建设，多种特色产品实现了出口“零”的突破。开放平台建设取得突破性进展，对外开放格局进一步优化，出台支持武宿综合保税区发展12条措施，助力太原武宿综合保税区完成二期整改并验收运行，积极推进飞机保税维修业务成功开展，进境水果、冰鲜水产品指定监管场地通过验收；太原航空口岸核心能力大幅提升，新增大同、运城两个正式开放航空口岸和五台山机场临时开放口岸，累计开通国际及地区航线18条；太原国际邮件互换局顺利建成运营；中欧班列开行数量不断增长，累计监管中欧中亚班列超过500列。深化“放管服”改革，贸易便利化不断提升。持续压缩整体通关时间，2021年进出口货物整体通关时间分别为25.8小时、0.98小时，较2020年同期分别减少11.66小时、1.32小时，提前完成国务院目标要求。推进行政审批制度改革，落实“一网通办”，取消5项行政许可事项。深化“减证便民”，推进“注销便利化”“多证合一”等改革，进出口环节监管证件由86种精简到41种。落实减税降费政策，“十三五”时期累计减免税款7.7亿元。积极应对外贸下行压力，出台应对新冠肺炎疫情影响促进外贸稳增长20条措施。机构改革任务圆满完成。全面准确把握机构改革的指导思想、目标原则、总体要求，及时完成关检融合后“三定”工作，实现了业务融合、资源整合、机构优化的目标。完成事业单位机构改革，优化“一核三中心”检疫检测布局。协助缉私部门推进机构改革。

近年来，太原海关严守底线保安全，依法把关更加有力。法治海关建设得到加强。加强制度建设，制修订规章制度130项、废止192项，制度规范体系不断完善。规范业务执法关键环节，编制操作指引，完成业务执法岗位设置，一线执法更趋规范统一。全面推行行政执法“三项制度”，关区执法工作更加规范、透明、高效。加强执法资格管理，一线执法人员全部持证上岗。创新开展多种形式普法活动，干部职工法治素养逐步提升。实际监管严密到位。发挥风险管理的先导和引领作用，补齐人工分析布控短板，努力提升风险防控能力。推进业务监控指挥中心建设，监管作业场所视频监控实现全覆盖。积极跟进社会信用体系建设，培育高级认证企业11家。稽核查工作稳步推进，坚持问题导向，不断提高后续管理效能。口岸检验检疫防线更加牢固，持续巩固卫生检疫“三道防线”，规范临开及新增航空口岸卫生监督工作。构建进出口食品安全体系，实施进口食品安全放心工程“国门守护”行动，开展供港澳食品专项整治。保障国门生物安全，有序开展疫病监测、安全风险监控和国门有害生物安全监测。优化商品质量安全监管模式，严格落实危险化学品100%检验监管要求。综合治税成效显著，坚持依法科学征管，落实关税保证保险、自报自缴、汇总征税和电子支付改革，确保应收尽收。打击走私战果丰硕，强化打击走私区域联动和综合治理，积极探索“智慧缉私”新模式，建设海关总署（太原）情报中心。

近年来，太原海关守正创新求突破，科技兴关稳步推进。科技管理体系日臻健全。组建了太原海关科技委员会、网信工作领导小组等，制定实施全面推进科技兴关的实施意见及10项相关制度。推进“一核三中心”改革，理顺体制、优化布局、整合资源、提升能力。加大人才培养力度，4人入选海关总署科技委分专业技术委员会专家库，10人入选海关科技评估专家库。科技支撑作用有力发挥。推动搭建政府公共检测技术平台，新增2个国家重点实验室，总数达到5个。加大重大科技项目保障力度，提高检验检测保障能力，认证项目覆盖种类增多，项目扩大。科技创新成果有效应用。制定行业标准和地方标准13个，获得专利8项。智慧海关网络准入系统、智慧卫生检疫系统等正式上线。整合优化跨境电商辅助系统，推广H2018综合业务系统。构建起网络安全保障体系，有力维护网络安全和海关业务数据安全。

近年来，太原海关凝心聚力强自身，从严治关纵深发展。从严落实管党治党责任，党建工作水平持续提升。完成太原海关及隶属海关党的领导体制改革，隶属海关全部设立了党委，配齐配强4个派驻纪检组。完善“四责协同”机制，落实“四级四岗”责任清单，建立“一单一表一纪实”制度。推进“三基建设”、支部标准化、合格支部、“四强”党支部和党建品牌建设。坚持党管干部原则，着力提升队伍整体素质。开展公务员分类管理，落实职务与职级并行制度，开展干部选拔任用和职级晋升。建立健全干部考核评价机制，推行日常考核，考核监督更加完善有效。多层次、多形式开展学习培训。离退休干部政治待遇、生活待遇得到充分保障。大力践行社会主义核心价值观。太原海关连续多年荣获“省直文明单位标兵”“省级文明单位标兵”称号，2021年，太原海关有5个全国海关基层党建示范（培育）品牌、1个山西省直机关先进基层党组织、1个山西省直机关“党建品牌”、1个山西省社会主义核心价值观建设示范点。太原海关机关被评为第六届全国文明单位、山西省社会主义核心价值观建设示范点，11个隶属海关、3个事业单位均获“山西省直文明单位标兵”荣誉称号。机关团委被评为2020年度山西省“五四红旗团委”，全关8个集体获评省级青年文明号。努力打造清廉海关。严格落实中央八项规定及其实施细则精神，坚决反对形式主义、官僚主义。突出准军事化纪律部队鲜明特点，毫不松懈抓好纪律作风建设。开展“现场监管与外勤执法权力寻租”“贴着海关发财”等专项整治。全方位开展廉政教育，充分运用“制度＋科技”手段，一体推进不敢腐、不能腐、不想腐。贯通用好“四种形态”特别是“第一种形态”，持续保持反腐高压态势。综合保障水平稳步提高。办文办会、信息宣传、机要保密、应急值守等工作得到加强，机关行政效能不断提升。财务保障不断加强，严格落实中央“过紧日子”要求，突出保障重点，狠抓预算执行，资金设备统筹配置效率进一步提高。政府采购、涉案财物管理更加规范。基建项目高质量完成并投入使用，办公环境不断改善。后勤服务满意度不断提高。太原海关学会工作取得新的成效。

目 录

第四篇　业务建设

第五篇　综合保障

第六篇 隶属海关

第七篇　事业单位

第八篇 人物荣誉

第九篇 大事记

第十篇 统计资料

“中国海关史料丛书” 编委会

海关专题图片

领导活动

▲2021年2月3日，太原海关工作会议暨全面从严治党工作会议在太原召开

▲2021年2月2日，太原海关党委书记、关长高继科（中）到基层联系点检查指导党建工作

▲2021年11月18日，太原海关党委书记、关长高继科（左二）到大同市中银纺织科技有限公司调研

▲2021年2月10日，太原海关党委委员、党委纪检组组长张军（右）带队开展春节前安全检查

▲2021年11月30日，太原海关党委委员、副关长丁三寅（中）调研忻州市“中国杂粮之都”产业融合园区

▲2021年5月18日，太原海关党委委员、缉私局局长单烜（中）参加海关缉私部门教育整顿专题工作部署会议

▲2021年5月8日，太原海关党委委员、副关长丁传民（右二）在太原机场海关检查指导入境国际航班检疫监管工作

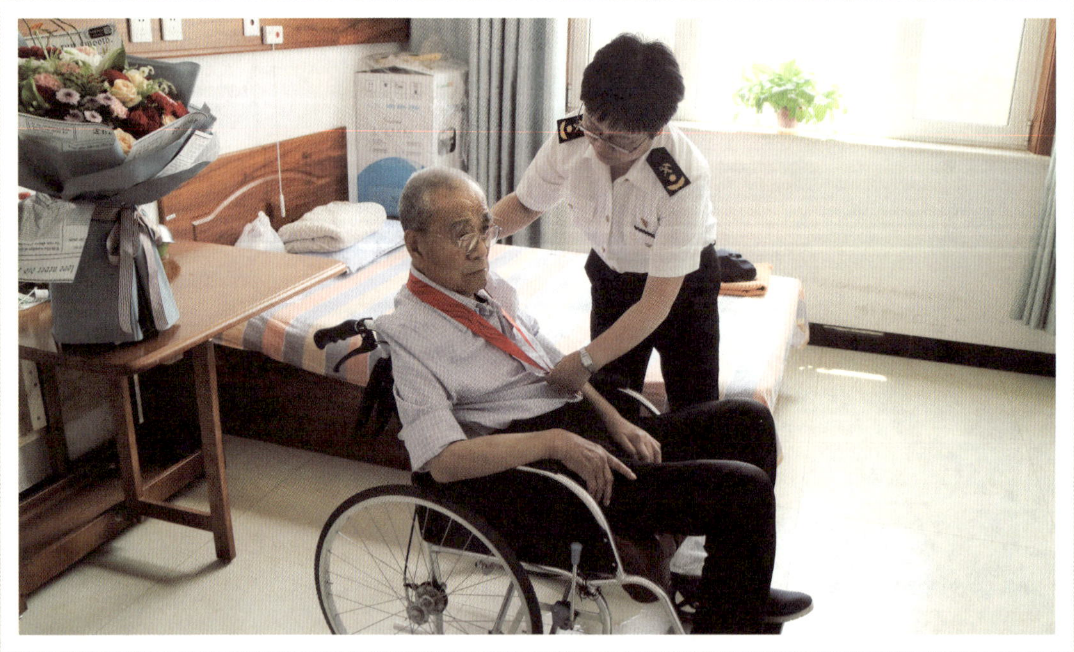

▲2021年6月29日，太原海关政治部主任张彦为离退休老党员颁发“光荣在党50年”纪念章

▲2021年3月15日，太原海关组织参加全国海关党史学习教育动员会

▲2021年3月16日，太原海关召开“现场监管与外勤执法权力寻租”专项整治工作动员部署会议

▲2021 年 4 月 12 日，太原海关举行处级干部学习贯彻党的十九届五中全会精神暨党史学习教育专题培训（第一期）开班式

▲2021 年 4 月 21 日，太原海关召开党委理论学习中心组（扩大）学习会暨党史学习教育第二次专题学习会

▲2021年5月10日，海关总署党委第二巡视组到大同海关开展巡视工作

▲2021年6月23日，忻州海关接受驻署纪检监察组专项整治工作第一检查组实地检查

◀ 2021年6月23日，太原海关举办2021年支部书记党建专题培训班

2021年6月30日，▶ 太原海关召开庆祝中国共产党成立100周年表彰大会

◀ 2021年7月13日，海关总署党委党史学习教育第六巡回指导组到太原海关督导检查

2021年7月26日，太原海关举办"学史·铸魂"红色讲坛活动 ▶

◀2021年8月3日，太原海关召开巡视整改推进会

2021年12月24日，太原海关召开2021年度基层党组织书记抓党建工作述职评议考核会议 ▶

疫情防控

◀ 2021年1月2日，太原海关疫情防护督导组督导一线关员防护装备情况

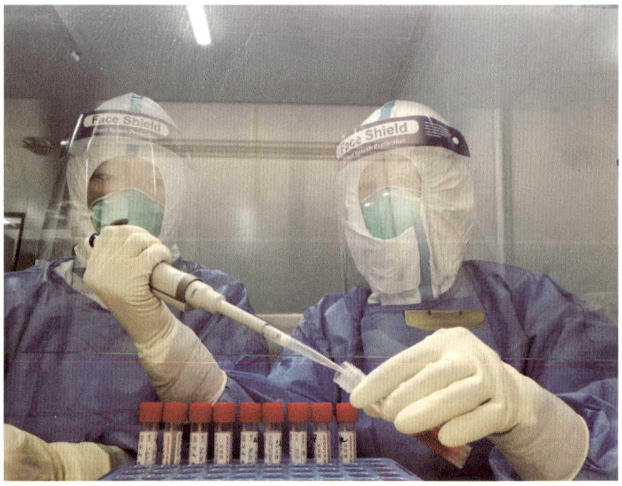

2021年6月29日，山西国际旅行卫生保健中心对太原航空口岸送检样本进行实验室新冠病毒核酸检测 ▶

◀ 2021年7月17日，太原海关二级监控指挥中心视频监控入境分流航班保障情况

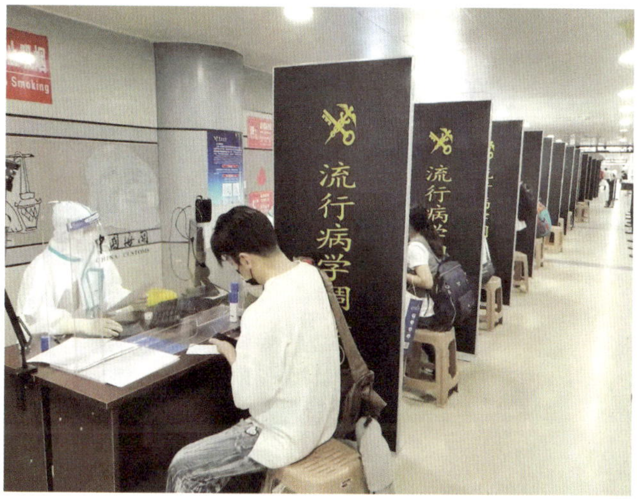

◀2021年7月26日，太原海关关员对入境人员开展现场流行病学调查

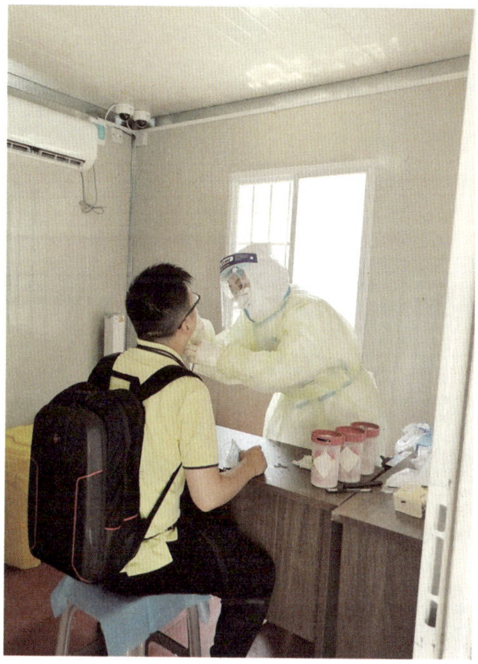

2021年7月31日，太原海关关员对入境旅客实施标本采集 ▶

2021年8月2日，太原海关口岸疫情防控二队保障入境分流航班 ▼

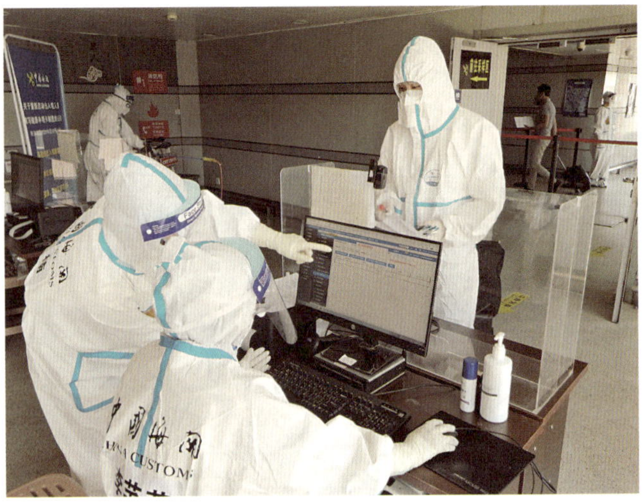

2021 年 8 月 2 日，太原海关关员对入境旅客开展采样登记 ▶

◀ 2021 年 8 月 6 日，太原海关召开疫情防控工作会议

2021 年 11 月 13 日，太原机场海关关员监管入境客运航空器终末消毒工作 ▶

业务建设

◀2021年2月25日，晋阳海关关员检疫查验进口核桃

2021年3月29日，2021年山西省打击走私综合治理工作会议在太原海关召开 ▶

◀2021年3月29日，太原海关召开2021年缉私工作会议

2021年5月19日，太原海关缉私局破获邮递奢侈品走私案 ▶

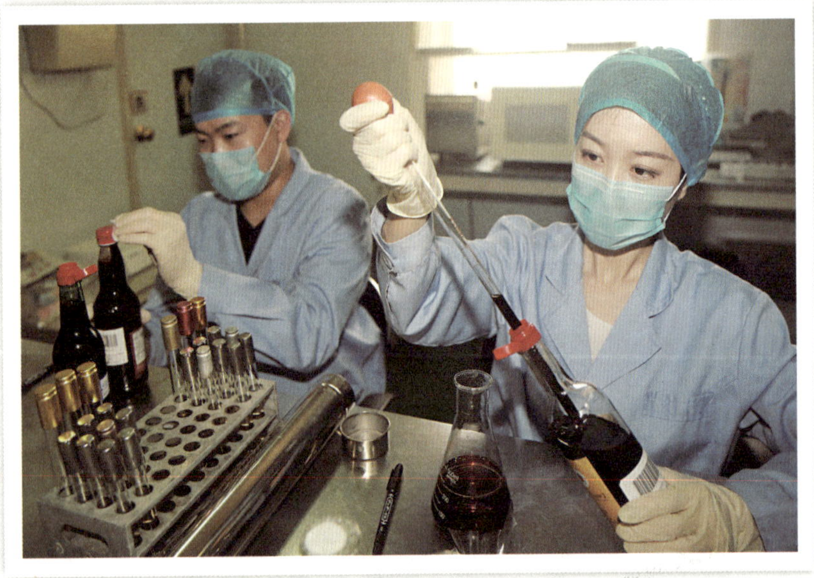

◀ 2021年5月30日，太原海关技术中心工作人员对出口食醋开展实验室检测

2021年7月29日，武宿海关关员保障山西省首趟铁海联运中欧班列开行 ▶

◀2021年8月24日，太原海关与山西省贸促会签署合作备忘录

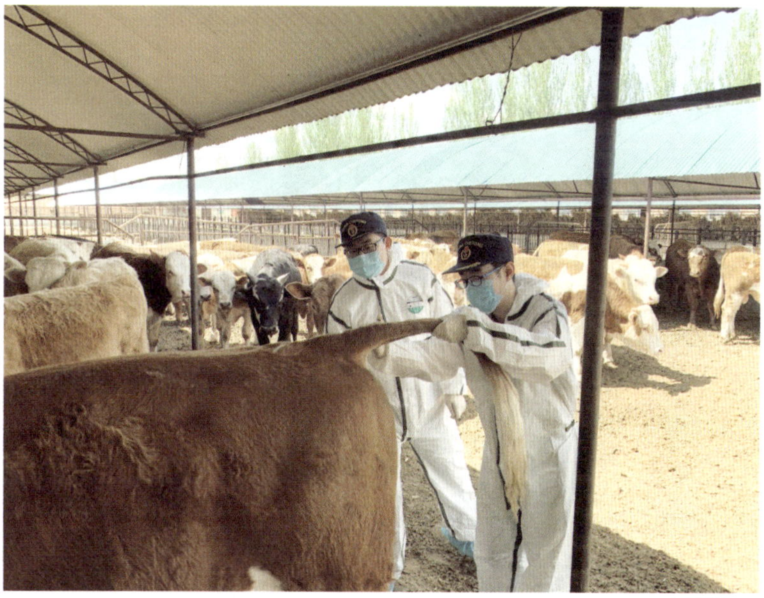

2021年9月10日，大同海关关员开展供港陆生动物疫情检测工作 ▶

◀2021年10月12日，太原海关和山西省商务厅联合举办山西跨境电商新业态发展研讨会

2021年10月20日，长治海关关员深入▶辖区企业开展出口危险化学品查验

◀2021年10月28日，武宿海关关员对入区飞机进行现场查验

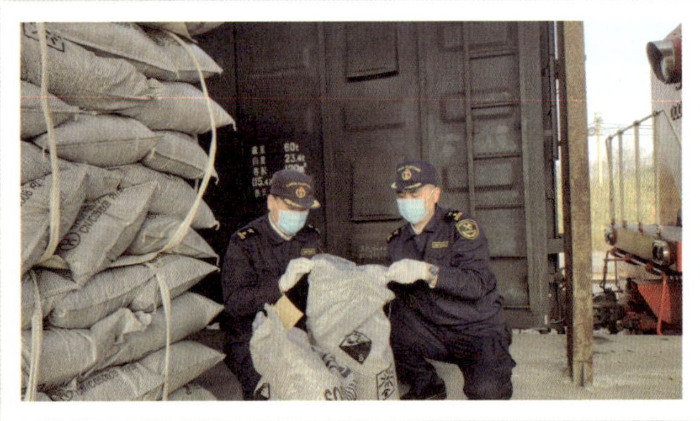

2021年11月4日，运城海关关员现场▶查验出口危险化学品

◀2021年11月9日，朔州海关关员对进口粮食实施调运监管

◀ 2021 年 11 月 13 日，忻州海关关员开展供澳活牛检疫监管

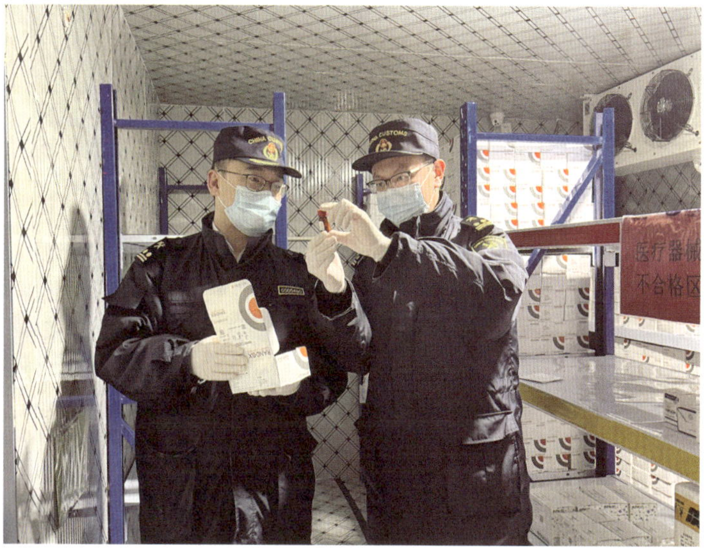

2021 年 11 月 18 日，晋城海关 ▶ 关员对进口特殊物品实施后续监管

◀ 2021 年 11 月 24 日，太原海关与山西省商务厅签署合作备忘录

2021年12月1日，太原海关 ▶
为海关AEO高级认证企业颁证

◀2021年12月1日，临汾海关关员到隰县对出口澳大利亚鲜梨进行现场查验

2021年12月 ▶
2日，太原海关与中国银行山西省分行签署战略合作协议

◀ 2021 年 12 月 7 日，太原海关与山西出入境边防检查总站签署战略合作协议

2021 年 12 月 9 日，▶ 太原海关与山西航空产业集团有限公司签署合作协议

◀ 2021 年 12 月 10 日，太原海关与山西省生态环境厅签署《关于非法入境固体废物处理合作备忘录》

队伍风采

◀ 2021年2月22日太原海关开展2021年岗位练兵“春训”跨境电商专题培训

2021年3月8日，太原海关组织开展庆祝“三八”妇女节健步走活动 ▶

◀ 2021年3月25日，太原海关组织开展燃气站安全检查

2021年3月31日，太原海关 ▶ 在长治开展出口危险化学品泄漏突发事件应急演练

◀ 2021年4月22日，太原海关女子乒乓球队参加“巾帼建新功 共筑中国梦”2021年第三届全省女职工乒乓球比赛

2021年4月27日，晋阳海关 ▶ 开展知识产权宣传进社区活动

2021 年 5 月 8 日，大同海关组织开展“追寻红色记忆　传承革命精神”主题党日活动 ▶

◀ 2021 年 5 月 20 日，太原海关举办“党在我心中”党史知识竞赛

2021 年 6 月 30 日，太原海关组织开展“党在我心中”主题演讲比赛 ▶

◀ 2021年7月15日，阳泉海关组织开展外贸业务培训会

2021年11月10日，太原海关开展进境植物疫情应急处置演练 ▶

◀ 2021年11月12日，中国电子口岸数据中心太原分中心验收中国建设银行太原河西支行代理制卡点

▲2021年11月25日，太原海关走进山西综合广播《政风行风热线》“我为群众办实事”专题直播间

▲2021年12月2日，太原机场海关组织开展宪法宣誓活动

第一篇

特　载

太原海关概况、主要职能、组织架构

概况

太原海关于1987年1月15日建关，初期是隶属于北京海关的正处级海关，1989年7月升格为副厅级，1992年8月调整为副厅级直属海关，2004年1月升格为正厅级直属海关。2018年4月，按照机构改革部署，山西出入境检验检疫局职责和队伍划入太原海关。

太原海关负责本关区征税、监管、缉私、出入境检验检疫、统计等工作，下设11个正处级隶属海关，分别为太原机场海关、晋阳海关、武宿海关、大同海关、临汾海关、运城海关、晋城海关、长治海关、阳泉海关、朔州海关和忻州海关。

2021年，太原海关强化监管优化服务，统筹推进新冠肺炎疫情防控和促进外贸稳增长。全年“两税”（增值税、所得税）实际入库23.79亿元，同比减少13.03%；检验检疫出境货物1.46万批次，同比增长9.2%，货值62.9亿元，同比增长29.6%；检疫监管进出境航空器241架次。

2021年，太原海关机关被评为第六届全国文明单位，机关和11个隶属海关、3个事业单位均获“山西省直文明单位标兵”荣誉称号。山西国际旅行卫生保健中心（太原海关口岸门诊部）荣获中华全国总工会“全国五一巾帼标兵岗”，太原海关驻兴县驻村工作队荣获“山西省脱贫攻坚先进集体”称号。

主要职责

太原海关是受海关总署直接领导，负责指定口岸及相关区域范围内海关工作运行管理、监督监控的正厅级直属海关，领导隶属海关。太原海关负责山西省的各项海关管理工作。主要职责是：

（一）负责本关区贯彻落实党中央、国务院关于海关工作的方针政策和决策部署，在履行职责过程中坚持和加强党对海关工作的集中统一领导，履行全面从严治党责任。

（二）负责贯彻执行与海关管理相关的法律、法规、规章、规范性文件和相关技术规范，负责本关区征税、监管、缉私、出入境检验检疫、统计等工作。

（三）监控研判本关区各类执法风险、管理风险和廉政风险并组织防范和化解，负责本关区基层党组织建设、队伍建设和日常管理工作。

（四）完成海关总署交办的其他工作。

组织架构

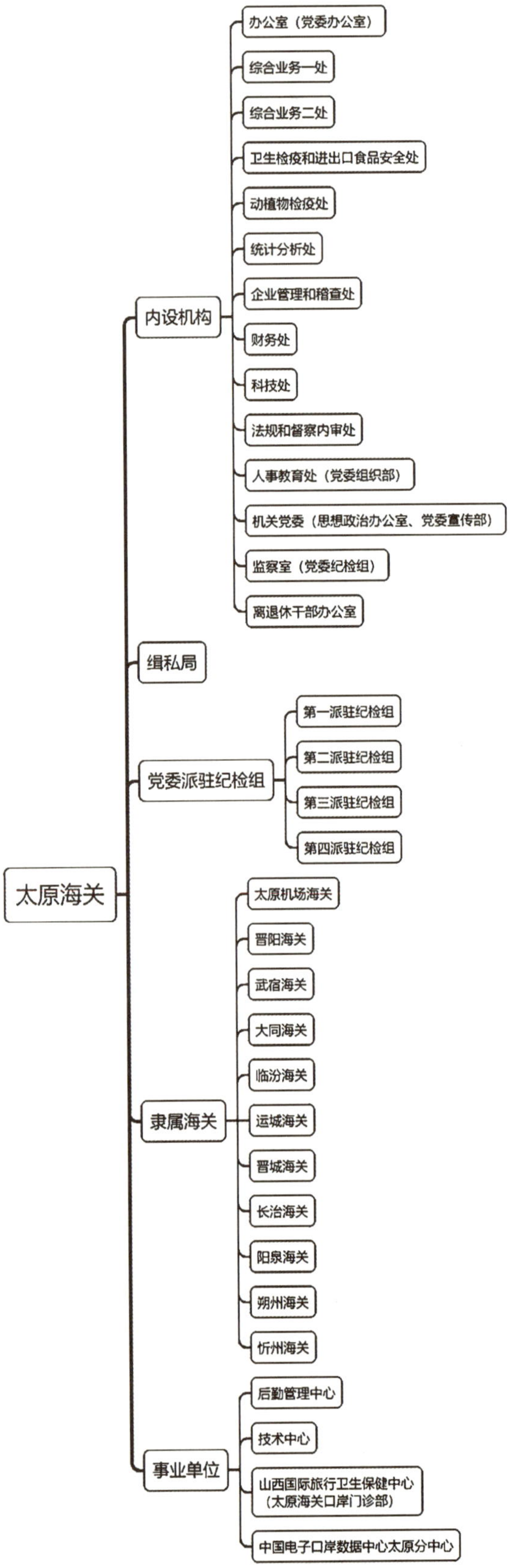
太原海关
内设机构
办公室（党委办公室）
综合业务一处
综合业务二处
卫生检疫和进出口食品安全处
动植物检疫处
统计分析处
企业管理和稽查处
财务处
科技处
法规和督察内审处
人事教育处（党委组织部）
机关党委（思想政治办公室、党委宣传部）
监察室（党委纪检组）
离退休干部办公室
缉私局
党委派驻纪检组
第一派驻纪检组
第二派驻纪检组
第三派驻纪检组
第四派驻纪检组
隶属海关
太原机场海关
晋阳海关
武宿海关
大同海关
临汾海关
运城海关
晋城海关
长治海关
阳泉海关
朔州海关
忻州海关
事业单位
后勤管理中心
技术中心
山西国际旅行卫生保健中心（太原海关口岸门诊部）
中国电子口岸数据中心太原分中心

太原海关贯彻落实《“十四五”海关发展规划》实施方案

根据《中共中央 国务院关于新时代推动中部地区高质量发展的意见》、《“十四五”海关发展规划》（以下简称《发展规划》）和《山西省国民经济和社会发展第十四个五年规划和2035年远景目标纲要》，为切实做好太原海关的贯彻落实工作，强化监管职能，提升服务水平，适应社会主义现代化海关的发展要求，特研究制定本方案。

一、发展目标

进一步贯彻落实习近平总书记重要讲话和重要指示批示精神，充分发挥海关监管职能作用，服务山西打造内陆地区对外开放新高地、促进外贸稳增长，锚定2035年海关发展远景目标，持续深化“五关”建设，不断丰富“五关”建设新内涵，全力打造内陆“精品海关”，推动太原海关各项工作全面进步、全面过硬，助力山西对外开放再上新台阶。今后五年要努力实现以下主要目标。

（一）政治建关全面强化，政治建设水平持续提升。

政治信仰更加坚定，政治领导坚强有力，政治判断力、政治领悟力、政治执行力显著提高，政治生态风清气正。增强政治机关意识，认真学习贯彻习近平总书记重要讲话和重要指示批示精神，学习贯彻总署党委和山西省委省政府的部署要求，坚持“第一时间”传达学习、“第一议题”研究部署、“第一责任”推进落实，维护国家安全和发展利益更加坚决有力，服务国家和山西重大发展战略更加积极有为，永葆政治机关鲜明本色、坚定走好“两个维护”第一方阵、让上级放心让人民群众满意的模范机关建设成效明显。

（二）改革强关纵深推进，制度创新和治理能力持续提升。

不断拓展全业务领域一体化和“放管服”改革，纵深推进优化口岸营商环境工作任务，落实落细业务改革统筹协调机制、业务执法协作机制，贸易便利化水平进一步提升。助力山西省服务贸易创新发展，不断提升对外开放平台能级，服务高起点申建中国（山西）自由贸易试验区，全力支持山西构建内陆开放新高地。

（三）依法把关全面加强，法治建设水平持续提升。

认真贯彻落实《“十四五”海关法治建设规划》，全面推进太原海关法治海关建设，制度规范体系不断完善。依法行政水平稳步提升，执法公信力进一步增强，执法环境规范有序，执法工作更加规范、透明、高效，法治建设取得新进展。全面提高安全保障能力，实际监管严密到位，口岸防线更加牢固，严守底线保安全，努力提升防范化解重大风险的能力，依法把关更加有力。

（四）科技兴关动力强劲，创新应用能力持续提升。

深入贯彻实施“科技兴关”战略，以“智慧海关”建设为发展目标，以加强科技创新能力为主攻方向，以推进海关业务科技一体化为重点，坚持创新在太原海关事业中的重要地位，实现从发挥支撑保障作用到发挥支撑引领作用的转变。到2025年，科技资源配置更加合理，实验室布局、科技装备、基础设施环境等更加集约高效，科技人才队伍更加壮大。

（五）从严治关成效显著，干部队伍素质持续提升。

全面加强党的建设，深入贯彻全面从严治党方针，清廉海关建设成效明显。准军事化海关纪律部队建设更加完善，持续保持和巩固提升机关和各单位文明单位创建成果。各级领导班子不断优化强化，队伍积极性、主动性和创造性充分激发，高素质专业化干部队伍建设取得更大成效，综合保障水平稳步提高，干部队伍的荣誉感、归属感更加明显。

二、实施步骤

为贯彻落实好《发展规划》，谋划太原海关未来五年发展，按照“统一领导、分级负责、共同推进”的原则，分三个阶段进行具体实施。第一阶段，成立关党委挂帅的领导机构，多种形式学习宣传贯彻《发展规划》，营造贯彻落实《发展规划》的浓厚氛围；第二阶段，重点做好《发展规划》落实方案的制定和实施，结合实际，制定完善有效管用的具体落实举措；第三阶段，开展《发展规划》实施情况中期评估和总结评估，推动规划全面落实。

三、实施内容

（一）坚决维护国家安全。

总体目标：全面落实总体国家安全观，坚持底线思维，强化政治担当，忠诚履职尽责，筑牢以风险管理为主线的国门安全防线，坚决维护国家安全和人民群众利益。

任务一：加强进出境环节实货监管。强化安全监管，有效发挥监控指挥中心作用，加大对口岸监管作业现场监督检查力度；充分利用新一代查管、新海廉等信息化管理系统开展业务监控，规范货物口岸查检作业、旅检作业；组织开展海关监管作业场所（场地）实地巡查和视频巡查，规范海关监管作业场所（场地）运营管理。努力提升监管水平，增强监管技术设备应用效能，加强对进出境货物、物品、人员及行李物品的监管。推进旅客行李物品进境“先期机检”改革，提升旅客通关智能化监管水平。推广应用邮递物品通关管理系统，提升邮递物品信息化管理水平。根据海关总署部署推广应用核辐射监测系统和免税商店管理系统。加强海关现场反恐演练和培训力度，提升应急处置能力。做好智能审图等新技术的推广应用，提升实货监管能力。加强许可证异常情况监控，做好异常报关单排查处置。根据海关总署安排，按时上报禁限管控书面研究材料，推荐业务专家参与海关总署禁限管制有关工作。

任务二：确保税收安全。落实税收征管方式改革和国家有关进口降税政策。做好新一代电子支付系统管理，保障税款支付渠道顺畅；积极推动创新担保方式改革，实施关税保证保险、汇总征税等多元化担保；推进“自报自缴”，便利企业通关。积极推进属地纳税人管理。建立企业底账和“双特”价格台账，开展纳税遵从度评估，实施差别化合规管理服务，提供相关税收政策咨询与关税技术服务。落实海关税收征管协同机制。加强税政调研力度，研提税政调研建议。加大税收风险防控力度。发挥直属海关职能管理作用，做好税管与现场的沟通协调，跟进验估指令反馈进度，保证验估作业顺利实施；聚焦重点税源行业和企业，做好公式定价商品管理，防范系统性税收风险和大宗散货价格风险。加强旅客通关管理系统、金关二期邮递物品子系统进境物品征税情况监控，开展数据采集与分析。做好进境物品征税技术支持，及时反馈相关价格及归类疑难咨询，落实进境物品税收征管工作机制，推动作业衔接更加顺畅，操作更加规范。推进原产地签证管理便利化、智能化，提升系统功能应用水平。加大原产地证书自助打印功能宣传推广力度，指导企业提升自助打印功能使用和异常处理能力。

任务三：维护口岸公共卫生安全。健全完善太原关区口岸公共卫生体系，筑牢“境外、口岸、境内”三道检疫防线。强化重大传染病疫情经口岸跨境传播风险分析研判；严格开展口岸检疫查验和卫生监督，加强口岸公共卫生核心能力建设，提升口岸突发公共卫生事件应急处置能力；强化出入境人员法定传染病监测，提升预防接种及国际旅行卫生健康宣教能力，提高国际旅行卫生服务水平。密切跟踪通航国家和地区传染病疫情流行态势，加强境外传染病疫情信息收集和疫情研判，动态调整口岸传染病疫情防控措施，指导口岸精准防控。严格落实科学精准防控要求，结合口岸实际细化制定传染病疫情防控方案和措施，持续推动口岸卫生检疫系统的应用，提升口岸检疫查验的信息化、智能化，科学规范开展口岸检疫查验。持续完善口岸应对突发公共卫生事件应急处置预案，推动口岸应急融入地方一体化应急处置体系，加强突发事件应急处置演练和实训，建设专业化口岸公共卫生应急处置队伍，做好应急物资储备，提升应急处置专业化水平。加强国境口岸区域及输入性病媒生物的监测和控制，推动“一系统、两库、一平台”智慧病媒生物监测体系应用，推广病媒智能监测系统，提升病媒生物监测能力。建设太原海关病媒生物标本室，培养病媒生物分类鉴定专业人才，提升病媒生物携带病原体检测水平，保障口岸公共卫生安全。大力强化生物安全管理，根据山西省生物医药企业科研及生产需求，对风险较高的进出境特殊物品规范开展风险评估，完善准入、审批、查验的监管措施，保障出入境特殊物品安全，助力生物医药产业健康发展。以口岸核心能力建设为抓手，有序推进口岸卫生检疫区域改造，补齐硬件短板。对标口岸公共卫生核心能力建设标准，以问题为导向，提前介入指导太原武宿机场新航站楼建设，推进大同、运城航空口岸正式开放验收和五台山机场临时开放，持续提升口岸公共卫生核心能力建设水平。

任务四：严格进出境动植物检疫监管和外来入侵物种口岸防控。按照海关总署要求，持续开展太原海关国门生物安全监测工作。按照海关总署分工，做好境外动植物疫情信息监测和检疫政策法规收集工作。加强进境动植物贸易及非贸渠道（旅客携带物、寄递物等）检疫监管，严防动植物疫情疫病及外来物种入侵。按照海关总署要求，持续开展检疫性实蝇、外来杂草等外来有害生物监测工作。制定完善太原海关动植物检疫处理、进境活动物、粮食等高风险货物检疫监管操作指引，严防境外动植物疫情传入扩散。配合海关总署对进境新西兰动物遗传物质企业进行风险评估，支持动植物种质资源引进。支持“南果中粮北肉”出口平台建设，大力培育农产品出口企业，促进优势农产品扩大出口。加强对主要贸易国家和共建“一带一路”国家动植物检疫法规标准的系统收集和研究，加强出口质量检测监管，完善出口检验检疫服务，支持果品、杂粮、肉类等优势农产品扩大出口。加强动植物检疫监管能力建设，完善检疫处理、进境活动物、粮食、种苗等高风险业务监督管理，推进口岸初筛鉴定室建设。组织专家积极参与海关总署举办的世界动物卫生组织（OIE）和国际植物保护公约组织（IPPC）政策通报评议活动，提升动植物检疫能力。按照海关总署及山西省有关部署，组织开展外来入侵物种普查工作。

任务五：强化进出口食品安全监管。落实食品安全“四个最严”要求，健全完善进出口食品安全治理体系。从源头严防、过程严管、风险严控全流程实行进出口食品安全监督管理，把好进出口食品安全关。加强输华食品准入管理、出口食品检验检疫监督管理和进出口食品风险管理。严格进境动植物源性食品检疫审批管理，加强进口商对境外出口商、境外生产企业的审核以及对进口商的监督检查；强化出口食品原料基地监督、进出口食品生产经营企业监管、被境外通报食品情况的核查和处置。健全完善突发事件应急处置体系，提高突发事件应急处置能力。加强进出口食品监督抽检和风险监测，健全山西省进出口食品安全监督抽检计划，推动进出口食品风险预警工作，加强风险信息收集、风险分析、风险评估、风险研判、风险处置，提升风险防控能力。支持晋中国家农高区（山西农谷）和“东药材西干果”商贸平台建设，支持中药材出口。

任务六：保障进出口商品质量安全。按照海关总署安排部署，积极参与进出口商品质量安全风险监测点建设，提升风险监测精准度和有效性，科学评估太原关区商品质量安全风险。做好法定检验商品申报、现场检验、抽样送检和合格评定等各环节工作，落实好法定检验商品以外进出口商品抽查检验和进出口商品质量安全风险监测工作。大力宣传海关总署商检工作领域改革成效，修订商检业务工作规范、业务操作手册和业务运行监控项目，围绕提升商检工作质效，加强基层调研，积极建言献策。建立通报制度，加强监督问效。按照海关总署要求，采取多样化、差异化的合格评定方式，积极有序推进工业品检验结果采信。对已取得质量安全准入资质的进口医疗器械、特种设备、强制性认证产品（CCC）等实施“大验证”监管。加强危险化学品及其包装等检验监管，落实好调整后的进口危险化学品检验模式，认真履行职能管理和一线执行两级责任，完善进出口危险化学品检验应急处置机制，开展应急演练，筑牢危险化学品安全监管防线。结合进出口危险化学品检验监管岗位资质等培训需求进行专题培训。

任务七：强化风险整体管控。加强风险预警和信息工作。依托相关业务系统和口岸安全风险联合防控机制，拓展外部风险信息和情报信息来源，收集全国风险信息，做好信息汇编工作，及时开展风险预警，完成区域重大风险研究和排查工作。对高风险进出口商品进行风险研判，汇总、制发布控规则。加强后续防控，启动重大查发现场快速响应机制，做好稽核查绩效评估工作。按照海关总署相关要求，做好目的地指令监控工作。加强出境人员、货物、物品、运输工具定期监控。开展绩效评估工作，做好布控规则优化，提升安全准入风险精准防控能力。深入学习贯彻习近平总书记关于安全生产重要论述，认真贯彻执行《安全生产法》等法律法规，建立健全安全生产工作机制，防范化解太原关区各类安全隐患，有效避免安全事故发生。

任务八：严厉打击走私违法行为。持续深入开展“国门利剑”专项行动，保持打击走私高压态势。主动提升精准打击能力，对重大打私任务和专项打私工作，集中优势力量予以专门打击。依法运用多种侦查措施，破大案、抓团伙、摧网络，最大化打私成效。落实“全员打私”，立足海关监管主阵地，深化缉私部门与海关各业务部门联系配合，持续加大监管查缉力度，优化海关监管打私协同机制。大力提升缉私情报能力建设，建立完善情报搜集、专业研判、分类处置、反馈监管的情报线索闭合环路处置机制。充分发挥打击武器弹药走私专项情报中心作用。按照海关总署缉私局统一部署，推进直属局电子取证实验室建设。依托公安信息化建设，优化智慧缉私，加快构建统一权威的情报指挥体系，提升缉私执法信息化、标准化水平。积极落实海关总署缉私局部署，健全完善缉私系统大数据基础设施和应用体系。持续推进执法规范化建设，强化法制审核把关，提升缉私办案质量和执法水平。坚持“以审判为中心”，严格落实“三项制度”。深化与检、法机关的协作配合，增强缉私执法统一性和规范性。加强重大案件随案督察，及时查纠问题隐患，防控执法和廉政风险。统筹组织太原关区缉私办案、执法质量考评等工作，促进执法质量逐步提升。强化缉私民辅警打私业务基础能力建设，积极推动全警实战大练兵，创新培训模式，提高培训质量，加强缉私办案技能和海关业务培训，提升全体缉私民辅警履职能力。贴近实战深入研究走私犯罪、走私犯罪人员，结合打私经验总结提炼专业战术战法。强化多维合成作战能力，发挥缉私系统垂管优势，主动融入战区，加强战区内和跨战区联查联控、联防联动。加强与地方公安机关的执法联动，积极争取地方公安对缉私部门的支持。依托省打私办平台，推动各级地方政府落实反走私综合治理主体责任。广泛开展反走私普法宣传，营造浓厚宣传氛围。加强缉私情报、指挥、办案、案管中心基础建设，按照海关总署缉私局统一部署，实现“四个中心”建设功能有机衔接、全面推广应用。升级改造直属局、分局缉私指挥中心，逐步建成一体化缉私指挥体系。参照公安机关保障标准，加强缉私综合保障水平，推进警务装备标准化、体系化和专业化建设，力争建成适应缉私实战需求的警务装备保障体系。

（二）服务国内国际双循环相互促进。

总体目标：立足国内大循环，服务协同推进强大国内市场和贸易强国建设，充分发挥海关国内国际双循环相互促进重要交汇节点作用，推进更大范围、更宽领域、更深层次对外开放，促进国内国际双循环顺畅联通。

任务九：推动共建“一带一路”高质量发展。加大海关 AEO 认证企业的培育和认证力度，向企业广泛宣传海关进出口信用管理体系建设和推进 AEO 国际互认合作的作用意义、具体内容、实惠便利和合作成果，努力培育新的业务增长点和外贸新主体，有效提升企业的服务水平、服务质量、品牌形象和市场竞争力。支持山西省企业参与晋陕豫中欧班列合作联盟建设，助推中鼎物流园纳入国家中欧班列集结中心示范工程。加强与班列重点进出境口岸海关协作配合，及时解决企业在班列通关过程中遇到的问题。支持中欧班列开展“邮快跨”运输业务、国际邮件互换局对接中欧班列以及邮政企业在中欧班列进出境口岸进行业务布点。加强与“一带一路”沿线国家海关的技术性贸易措施工作交流，共同开展“一带一路”国家技术性贸易措施研究与应用。积极参与现有山西省国际货运客运航线议事工作机制，认真做好开通国际客运航线准备工作，指导太原武宿机场国际货运监管库建设，持续跟进太原国际邮件互换局兼交换站扩容升级项目，支持发展全货机航班，做好现有国际货运航线通关监管保障工作。

任务十：推动产业链供应链优化升级。发挥保税政策优势，积极落实综合保税区各项创新措施。大力支持在综合保税区内保税研发、保税检测，支持扩大保税维修业务。在保障安全的前提下，支持山西省优良动植物种质资源引进，优化检疫审批流程，强化后续监管环节，严厉打击非法引进外来物种和种子苗木行为，严防动物传染病、寄生虫病和植物检疫性有害生物以及其他有害生物传入传出，保护农林牧渔业生产和人体健康，维护国家生态安全和生物安全，保障种业健康发展。按照进出境特殊物品不同风险等级，做好检疫审批、检疫查验和监督管理。根据生物医药企业科研及生产实际需求，对风险较高的进出境特殊物品及时组织开展风险评估。强化监管的同时优化服务，助力生物医药产业健康发展。加强知识产权海关保护措施宣传引导，对山西知识产权优势企业实施重点服务，积极培育企业维权意识，促进企业便利维权，营造知识产权海关保护社会氛围。积极与兄弟海关、地方知识产权主管机关开展知识产权海关保护合作和执法协作。根据海关总署统一部署开展知识产权海关保护专项执法“龙腾行动”“蓝网行动”，严厉打击进出境侵权违法行为。

任务十一：推动外贸创新发展。支持加工贸易产业梯度转移承接，落实海关总署关于加工贸易和保税监管的各项改革措施，开展政策宣讲，做好相关工作。不断完善富士康手机区外保税维修业务监管方案，推动我关加工贸易工单核销辅助管理系统上线运行，结合企业生产实际不断完善系统功能，支持企业做大做强。落实海关总署关于跨境电商的各项工作部署，加强正面监管，不断规范山西跨境电商企业发展。积极支持跨境电商网购保税、直购进口、零售出口、B2B 出口、退货中心仓等新业态规范健康发展。支持综合保税区入区项目发展，积极推动综合保税区辅助信息化系统建设工作，支持武宿综合保税区高水平开放、高质量发展。为二手车出口企业提供提前申报、预约通关服务，进一步加强与口岸海关沟通协作，持续推进二手车出口通关便利化。

任务十二：促进内外贸一体化。完善技术性贸易措施工作机制，加强业务骨干队伍建设和培训交流，建立通报评议工作机制。开展年度技术性贸易措施调查工作，加强对主要贸易伙伴、共建“一带一路”国家重要敏感技术法规标准的跟踪、研究、评议和预警。建立国外技术壁垒交涉应对重点企业数据库，增强企业运用规则维护自身合法权益的能力，提升合规意识和技术创新能力。加强山西法兰技术性贸易措施评议基地建设，完善综合服务平台功能，强化政企联合应对。对海关特殊监管区域内生产的内销商品，按照海关总署要求实施特殊质量安全检验监管便利化措施。落实海关总署关于支持优质产品、能源资源性产品进口的政策举措和贸易便利化措施，积极配合山西省做好进博会等重大展会的相关工作。

任务十三：支持区域协调发展。支持符合条件、确有需求的地市申建（转型）综合保税区，支持有需求的长治、阳泉等市建设保税物流中心（B 型）。推进新设综合保税区和保税物流中心加快建设验收。加强综合保税区、保税物流中心（B 型）开放平台政策宣讲力度，吸引更多有进出口实绩的外贸企业入区发展。支持太原武宿综合保税区承接电子信息、检测维修等加工组装产能转移。落实一般纳税人资格试点等措施，更好利用国内国际两个市场、两种资源。根据海关总署服务黄河流域生态保护和高质量发展重点举措，结合山西发展实际，制定太原海关服务黄河流域生态保护和高质量发展举措，并推动落实。加强区域内跨关区业务协同发展，积极探索关区合作机制新模式，主动参与区域内海关全业务领域一体化。实施外贸主体倍增行动计划，配合地方相关部门开展“五个一批”、小微企业“千企培训”、行业龙头企业培育等专项行动。

任务十四：打造内陆高水平开放平台。支持对外开放平台打造。支持中国（山西）自由贸易试验区申建依托合成生物产业链、禧佑源大飞机拆解维修制造、国际冷链食品深加工等，探索个性化发展模式。推动太原阳曲综合保税区设立、验收、运行。推动太原武宿综合保税区（二期）封关运营、建设发展。加强自贸试验区第六批改革试点经验复制推广。优先在自贸试验区各片区、综合保税区和保税物流中心（B 型）内复制推广创新经验，推动各项改革举措在区内先行先试。继续贯彻落实《国务院关于促进综合保税区高水平开放高质量发展的若干意见》（国发〔2019〕3 号）。支持综合保税区内的企业开展跨境电商、保税研发、保税展示等新业态，完善国际物流、国际结算、分销、转口贸易等服务出口功能，发挥水果、冰鲜水产品等进境指定监管场地作用。积极发挥开放平台功能。聚合提升综合保税区、保税物流中心（B 型）等开放平台功能，发挥叠加优势，推动开放平台整体发展质量提升。

任务十五：促进跨境贸易便利化。根据海关总署要求，削减进出口环节审批事项，精简进出口环节单证及证明材料，简化企业注册备案流程。持续推进无纸化工作。已实施监管证件联网以及海关可以自行查询的单证，企业无须提供。落实《太原海关关于简化报关单随附单证的公告》要求，进、出口环节无须企业提交合同、装箱清单、载货清单（舱单）。在充分尊重企业意愿的前提下，继续推广两步申报、提前申报、两段准入、预约通关等通关便利化措施，稳固整体通关时间压缩成效。加大政策宣传力度，因企施策，充分讲解海关多元化担保的改革成果，引导企业积极参与改革。

任务十六：加快口岸现代化建设。结合太原武宿国际机场改造工程，推进平安、效能、智慧、法治、绿色“五型”口岸建设；完善口岸安全联合防控工作机制，提升口岸风险预警、防控和应急处置能力。推广应用国际贸易“单一窗口”，支持中国（山西）国际贸易“单一窗口”建设，在做好全国版推广应用的基础上，积极开发山西特色应用项目，不断扩展“单一窗口”应用范围。配合山西省商务厅积极争取省政府支持，推动完善山西省建设“单一窗口”地方特色功能。

（三）持续深化海关改革。

总体目标：以系统集成、协同高效为着力点，通过“巩固、完善、深化、提高”关联耦合、压茬推进海关各领域改革，建立完善改革评估反馈机制，推进海关监管体制机制现代化。

任务十七：深化“放管服”改革。认真落实权责清单制度，系统梳理太原海关权责事项，建立权责清单动态调整机制。深化行政许可制度改革。深化“放管服”改革举措，扎实推进“简政放权”。深化“证照分离”改革，定期开展行政审批事项办理情况及“证照分离”改革情况评估检查。

任务十八：深化全国通关一体化改革。按照海关总署统一部署，将通关一体化改革拓展至全业务领域一体化改革。加强报关单运行监控系统的应用，开展业务全链条实时监控和重点商品常态化监控，切实提高业务运行监控能力，有效防范业务风险。加强通关流程分析处置，各隶属海关每日对异常报关单第一时间分析处置，做好进口货物通关流程的监控工作，及时核销转关申报单，提醒企业及时办理有关手续。提升报关单修撤办理效率，对需退回申请的，一次性告知退回原因，避免反复退单，对符合条件的报关单实行“先放行，后改单”。研究制定《太原海关属地查检作业操作规范》，开展属地查检业务培训。按照海关总署改革系统集成工作推进步骤，有序组织开展工作。扎实推进内部业务改革，全面实施《太原海关业务整合和人力资源优化工作实施方案》，加强各相关部门单位协调联动，业务执法协作，破解一线执法人力资源不足难题。

任务十九：创新事中事后监管。深入贯彻落实海关总署注册登记和备案企业信用管理办法，建立完善以信用管理为基础的新型监管机制，严格认定标准和程序，强化结果应用，分类实施管理措施。积极推行“互联网＋稽核查”系统应用，开展远程稽核查作业模式。深入开展打击“洋垃圾”等专项稽查行动。拓展稽查广度深度，保证稽查有效率。推动后续监管“多查合一”改革落地见效，稳步推进分类核查改革，以核查实际需求为导向，积极开展定期管理类核查，严格按照核查标准作业，进一步提高核查工作效能。积极推行和宣传主动披露制度，引导企业守法自律、规范经营，充分调动企业主动披露的积极性和主动性。

任务二十：推动自由贸易试验区和特殊监管区域发展。进一步优化开放平台布局，积极为山西省政府科学规划全省开放平台布局建言献策。加强事中事后监督，以发展绩效评估办法为抓手，强化绩效评估结果运用，督促平台主管部门落实主体责任。加强对地方政府的政策指导，认真执行有关综合保税区［保税物流中心（B型）］的管理办法。积极落实海关总署关于综合保税区［保税物流中心（B型）］设立、建设、验收等方面的要求，对运行中出现的重大事项、重要问题，及时向海关总署相关司局请示报告。强化外部协同，加强隶属海关领导班子考核客观指标运用，督促隶属海关强化属地责任，推动与地方政府部门及经营企业建立支持综合保税区和保税物流中心发展联系配合机制。发挥综合保税区先行先试“试验田”作用，有序推进“两区优化”“四自一简”改革。积极落实保税物流中心审批制度改革，做好应对改革后审批流程变化等工作。

任务二十一：全面提升服务决策能力。积极参与配合海关总署智库建设。逐步建立太原海关“企业数据库、产业数据库、政策研究专家智库”，适时开展海关政策研究与分析。建立与山西省政府政策研究室、山西省商务厅等部门的合作关系，推动海关宏观政策研究纵深发展。建立与山西财经大学、山西省贸促会、行业协会等高校、企事业、行业组织的合作关系，拓宽政策研究领域渠道。加强统计调查工作，积极承担海关总署全球贸易监测分析任务，做好出口先导指数调查、跨境电商统计调查、进口货物使用去向调查等专项调查调研工作。重点做好黄河流域外贸运行联合监测工作，主动融入海关总署建立的由青岛海关牵头的“11＋1”关际一体协同机制，按时反馈太原海关业务运行特点和各市外贸发展特点，联合完成高质量分析研究成果，积极服务黄河流域生态保护和高质量发展。

任务二十二：完善海关技术规范和业务规范体系。按照海关总署具体部署，推进太原海关技术规范和业务规范体系建设工作。

任务二十三：深化财务管理改革。建立“过紧日子”要求落实情况定期评估机制，组织各部门单位在每季度结束后完成对本部门单位的评估工作；按月对预算执行情况进行分析，督促各预算单位严格预算管理，提升预算执行效能。建立健全财务制度体系建设，制订《太原海关项目支出绩效评价管理实施细则》《太原海关预算绩效运行监控管理实施细则》《太原海关涉案财物仓储管理规定（试行）》《太原海关涉案财物仓储管理应急预案》。严格履行政府采购预算、申请、执行各环节审批程序，按规定组织政府采购，加强政府采购信息公开。严格执行《海关基本建设管理办法》和《海关业务技术用房建设标准》，在立项、初步设计环节严格审核把关。充分发挥太原海关事业单位监督管理委员会的监督指导作用，加强对企事业单位重大经济活动事项的审核把关。推动所属企业完善公司治理结构，完成全民所有制企业公司制改革。大力推进闲置房地产整合利用工作，降低运行成本，发挥资产质效。严格执行《太原海关新冠肺炎疫情防护物资管理办法（试行）》和《太原海关防护物资储备库管理规程（试行）》，建立物资储备库和动态联系机制，根据库存情况和耗量，及时补充物资，优化结构，确保各类应急物资储备充足。对公务用车管理系统进行优化升级，并推广使用。按照海关总署统一部署积极推进“智慧财务”核算系统运行。

（四）全面推进法治海关建设。

总体目标：学习贯彻习近平法治思想，强化法治意识，弘扬法治精神，完善海关法律制度体系，坚持依法行政，全面加强依法把关，营造更加规范有序、公平高效的执法环境，为社会主义现代化海关建设提供有力法治保障。

任务二十四：完善海关法律制度体系。积极参与海关法律规范体系建设与相关领域立法、地方性法规立法工作。根据海关总署的立法计划，组织相关人员开展调研活动，积极争取或参与海关总署立法课题研究，提出有针对性、有价值的修订意见和建议。加强制度规范体系建设。对新颁布或修订的法律、法规、规章、规范性文件等“上位法”依据要实现100%及时更新维护。及时开展规范性文件和制度的评估检查和清理工作，不断提升规范性文件和制度制定、修订质量。进一步完善《业务操作手册》，做好更新维护工作，推进隶属海关明晰岗位设置、细化操作指引，形成具有本关业务特点的《业务操作手册》。建立督导检查机制，持续提升《业务操作手册》应用水平。

任务二十五：严格规范公正文明执法。继续深入落实行政执法公示制度、执法全过程记录制度、重大执法决定法制审核制度。及时公开执法依据、执法信息和执法结果，建立健全行政执法全过程数据化记录工作机制，推进重大执法决定法制审核的规范化建设。严格落实规范行政裁量权基准制度的指导意见和海关总署相关要求，进一步规范行政裁量权并依法向社会公布。增强行政复议应诉能力，强化复议监督功能发挥。组建复议应诉人才队伍，推动行政复议应诉规范化建设和人员专业化建设。加强对基层海关执法行为的引导和规范，推动建立健全执法疑难问题发现解决反馈机制。加强行政应诉工作。加强与司法机关互动，认真听取人民法院关于改进海关行政执法的意见和建议，及时跟进司法审判动态。建立多元化行政争议解决机制，探索行政争议预防化解机制，从源头上预防争议产生。持续推行行政执法案例指导制度。组织公职律师按月开展新法释义和典型案例研讨、解析活动。鼓励干部职工积极编写海关行政执法案例，为海关执法活动提供参考。

任务二十六：强化法治保障作用。深入研究国家重大发展战略，研究海关总署和山西省发展部署，对改革过程中出现的新情况、新问题及时进行法律论证，对实践证明比较成熟的改革经验和行之有效的改革举措，及时予以固化。严格落实合法性审查要求，充分发挥法律顾问、公职律师等专业力量，做好合法性审核工作，切实提高制度供给质量。探索建立对业务管理制度前置审核与后续评估的工作机制。

任务二十七：营造良好法治环境。加强党委对法治工作的领导，建立党委统一领导、法治部门负责、相关部门分工协作、共同推进的法治建设工作机制。严格落实《党政主要负责人履行推进法治建设第一责任人职责规定》相关要求，太原海关和各隶属海关主要负责人要把法治建设纳入全局工作统筹谋划开展。严格落实党委理论学习中心组集体学法、领导干部任前考法等制度要求。进一步加强法治工作人员的培养，选优配强法治工作岗位，加大法治人员教育培训力度，加强公职律师和法律顾问队伍建设。严格落实“谁执法谁普法”普法责任制，增强工作合力，实现资源共享、优势互补，推动形成法治宣传教育共建新格局。科学谋划“八五”普法工作，发布“八五”普法工作规划。每年制定年度普法工作计划和普法责任清单。

（五）全面提升科技创新应用水平。

总体目标：强化科技支撑引领，紧扣全面建成智慧海关，夯实海关科技创新基础，构建“大平台、微服务、小终端、富生态”的科技创新生态体系，加快海关数字化转型，统筹运用数字化思维和数字化技术提升海关整体智治水平。

任务二十八：强化国门安全科技保障。结合山西产业和贸易结构特点，鼓励人才在外来有害生物监测、物种鉴定、农药残留检测、医学媒介生物监测等方面开展具有前瞻性、基础性和实用性的科学研究。落实海关总署关于科技成果转化的规定，推进先进实用的科技创新成果落地应用。加强业务运行监控指挥平台建设，做好查验现场作业配备单兵设备的技术支持，实现太原海关业务监管更加智能高效，服务现场查验去繁就简。

任务二十九：增强海关信息化支撑能力。按照海关总署的部署要求，做好H2018通关管理系统、政务办公、党建队伍、财务管理、廉政监督等应用的信息化支持，加强电子政务内网、电子政务外网系统建设和运维保障。做好辐射探测、X光机设备入网，全面推广应用智能审图。强化网络安全保障工作，确保敏感时期我关信息系统安全、稳定、可靠运行。扎实落实网络安全等级保护及数据安全保护等要求，进一步压缩互联网出入口及收敛暴露面，全面提升纵深防御、主动防御能力，提升网络安全创新能力。按照海关总署信息化项目管理规定，根据太原海关信息化项目管理办法，加强信息系统管理，完善项目立项程序，强化过程管理，加强绩效评估。按照海关总署赋能海关监管创新生态的要求，支持山西转型综合改革示范区先行先试，支持跨境电商、合成生物、航空维修等新产业、新业态发展，不断优化口岸营商环境。

任务三十：深化海关大数据应用。落实海关总署相关要求，做好系统授权应用及数据收集、整理、上报工作，逐步推进大数据条件下的风险防控工作。按照海关总署推进大数据应用的任务安排，配合业务部门做好大数据应用的技术支撑工作。

任务三十一：加强海关实验室整体规划和协同建设。巩固“一核三中心”实验室规划布局，加强动态调整，持续推进实验室技术能力建设，建立特色更加鲜明、保障更加有力、服务更加优质的检验检测实验室网络。推进实验室信息化建设，积极应用海关实验室管理系统开展检测业务，提升实验室工作效能。加强实验室人才培养，健全完善实验室安全管理机制，确保实验室高效平稳运行。

任务三十二：强化口岸监管装备研发与应用。按照海关总署统一部署，做好口岸监管各项新技术、新设备的安装部署和技术支持工作。

（六）构建海关大外事工作格局。

总体目标：以“智慧海关、智能边境、智享联通”建设和国际合作为抓手，以共建“一带一路”国家为重点，全方位推动机制性海关检验检疫合作，逐步构建海关大外事工作格局，积极参与全球经济治理，在推动构建新型国际关系和人类命运共同体中体现中国海关责任担当。

任务三十三：推进“智慧海关、智能边境、智享联通”合作。完善智能化物流监管建设，实现海关监管物流链关键点可视化监管、智能化监控。根据海关总署工作安排，完善大数据基础设施，推进基础设施、海关管理和海关监管的智能化，推进“智慧海关”建设。加强科技设备应用，推广实施智能审图，提高非侵入、非干扰式查验比例，提升监管查验效能。加强对企宣传，全面推广“单一窗口”金融保险、出口退税等功能，不断提升贸易便利化水平。

任务三十四：深化对外合作伙伴关系。充分发挥职能作用，积极支持山西省主办各类国际性会议、论坛、展览等活动，支持山西构建内陆地区对外开放新高地。落实与山西省贸促会合作机制，积极参与“山西品牌丝路行”活动，大力宣传中国海关关于持续优化外贸营商环境的各项举措。按照海关总署缉私局的统一部署，配合开展打击走私等国际执法合作。

任务三十五：积极参与国际规则制定。加强人才培养，做好知识储备，深入研究有关国家（地区）法律法规、监管制度，按照海关总署统一部署，积极参与国际贸易规则制定和国际执法合作。

任务三十六：推动自由贸易协定谈判和落地见效。提升自由贸易协定利用能力，做好新协定实施的对接，加强对系统运行情况的监控和调试，推动相关原产地规则落地实施。加强企业培育，建立重点扶持原产地企业名单，设立“一对一”协调员，提升企业原产地证书利用能力和申报规范性，提升企业贸易便利化水平。针对辖区特色优势产业特点，关注重点企业，开展专题培训，指导用足用好 RCEP 等原产地规则，充分享受进口协定税率，运用累计规则，提高产品竞争力。

任务三十七：深化与港澳台地区海关检验检疫交流合作。复制推广内地与港澳、大陆与台湾海关检验检疫合作经验，加强与粤港澳大湾区合作交流。

（七）持续推进准军事化海关纪律部队建设。

总体目标：持续加强政治机关建设，坚定走好“两个维护”第一方阵，深化全面从严治党，“政治坚定、业务精通、令行禁止、担当奉献”的准军事化海关纪律部队建设取得更大成效。

任务三十八：加强党的建设。抓好两级党委理论学习中心组理论学习，认真落实“第一议题”制度，带头第一时间组织学习传达，第一时间组织贯彻落实。强化各级党组织主体责任，落实年度基层党建各项重点工作。全面强化基层党建工作，深化“一支部一品牌”建设，积极培树海关总署党建示范品牌和培育品牌。深化“强基提质”工程，学好用好《党支部标准化规范化建设实用手册》。加强离退休干部政治建设、思想建设和党组织建设，建设学习活动阵地，定期通报工作动态，了解生活情况及困难，认真听取意见建议，不断提升离退休干部满意度、幸福感。完善离退休干部发挥优势作用长效机制和关心服务机制。充分发挥机关“工青妇”作用，有序推进疾病救助、困难帮扶等“民生工程”；加强青年理论学习宣传教育，加强学雷锋志愿服务队建设；教育引导广大妇女干部职工自立自强、全面提高，不断提升干部队伍的凝聚力、归属感。

任务三十九：加强领导班子建设。党

委理论学习中心组带头深入学习领会习近平新时代中国特色社会主义思想，带动各级党组织全面加强政治建设，不断强化理论武装。加强各隶属海关党委规范建设，提升隶属海关党委将上级决策部署转化为贯彻落实具体举措的能力。严格执行《党政领导干部选拔任用工作条例》，落实“好干部”标准，选优配强各级领导班子。激励干部担当作为，培养选拔优秀年轻干部，特别是优化执法一线科长的年龄结构。加强“三位一体”考核，充分运用分级分类考核，把考核结果与干部的选育管用全链条各环节相结合，发挥考核指挥棒作用。优化综合管理类、行政执法类、专业技术类人才的规划使用，宏观统筹不同类别人才的培养、使用、评价和交流。

任务四十：加强人才队伍建设。贯彻落实海关总署人才队伍建设工作制度和要求。协助业务职能部门举办专业资质培训，积极组织人员参加海关总署举办的资质考试。加强法治人才梯队建设，培养复合型创新型法治人才队伍。进一步优化领导班子结构，提高人才管理效能。加强调研摸底，全面掌握太原海关人才信息，建立分类人才库，为培养选拔优秀年轻干部夯实工作基础。

任务四十一：加强干部教育培训。将学习贯彻习近平新时代中国特色社会主义思想作为教育培训首课、主课贯穿始终、覆盖全面。修订完善太原海关相关培训工作制度。按年制定实施培训计划，督促全员接受教育培训，加强干部教育培训经费保障。充分运用“学习强国”“钉钉”等移动平台拓展学习渠道，确保处级以上领导班子成员接受系统理论教育。不断完善疫情防控常态化情况下的“无接触”式培训方法。积极参与海关总署基于岗位职责的培训内容体系建设。建立太原海关教育培训资源库。积极参加署级“好课程”“好教材”评选。

任务四十二：加强海关文化建设。积极培育践行社会主义核心价值观，大力加强海关职业道德教育，将精神文明建设和文化建设统筹结合，不断提升各层级文明单位、青年文明号等荣誉。做好中国共产党精神谱系宣传教育，持续开展学习贯彻习近平新时代中国特色社会主义思想宣讲，继续抓好伟大建党精神、抗疫精神宣传教育及先进典型报告等活动。开拓媒体融合发展新渠道，探索海关业务在线访谈新模式，帮助企业及民众便捷办理海关业务，普及海关相关法律知识，树立良好社会形象。

任务四十三：加强准军事化纪律部队建设。深化内涵学军，高标准高质量开展“内务规范强化月”活动。严明纪律作风，强化日常管理，定期开展内务规范督察并对结果进行通报，加大督促整改、跟踪问效力度。抓好重要节日升旗、队列训练等仪式教育，强化号令意识，做到令行禁止。分条线、分层级开展岗位练兵、技术比武和业务竞赛，组织实操培训和跟班作业，培育各业务领域精兵强将。

任务四十四：加强党风廉政建设。严格落实两级党委“全面从严治党主体责任清单”，健全完善与主体责任清单配套的检查考核机制，推进全面从严治党向纵深发展。统筹安排常规巡察、专项巡察和机动巡察，按照年度巡察工作计划高质量推进巡察“全覆盖”。严格落实《中共太原海关委员会关于印发落实中央八项规定精神持续为基层减负 进一步推进清廉海关建设的细化措施的通知》，不断提升监督工作效能，围绕上级重大决策部署和关党委重点工作开展监督检查，强化监督首责，抓紧抓实近距离常态化监督。深挖细查违反中央八项规定精神问题线索。扎实开展“现场监管与外勤执法权力寻租”专项整治，倒查历史问题，堵塞管理漏洞，发挥警示作用。落实审计全覆盖要求，全力配合国家延伸审计、海关总署审计相关工作。围绕关党委中心工作，突出重点，组织开展执法领域专项审计。强化规章制度、改革措施及信息化应用项目的内控前置审核力度。调整优化我关内控节点指标体系并实行动态管理，加强内控节点成效运用力度。提升 HLS2017 系统应用绩效，强化科技束权。推行执法评估项目清单管理。制发《太原海关党委派驻纪检组工作考核实施办法》，引导派驻监督主动查发问题。完善纪检监察机构与派驻监督、巡察、督审部门监督协同配合机制。

在2021年太原海关工作会议暨全面从严治党工作会议上的讲话

太原海关关长、党委书记　高继科

（2021年2月3日）

这次会议的主要任务是：以习近平新时代中国特色社会主义思想为指导，深入学习贯彻党的十九大、十九届二中、三中、四中、五中全会精神，认真贯彻中央经济工作会议精神，全面落实全国海关工作会议和全面从严治党工作会议、全省经济工作会议部署，回顾总结我关“十三五”时期特别是2020年各项工作，分析形势，研究部署2021年工作。

一、“十三五”时期工作回顾

“十三五”时期是全面建成小康社会的决胜阶段，是海关发展进程中极为重要的五年。在海关总署党委的正确领导下，太原海关党委带领全关同志，深化“五关”建设，努力打造内陆“精品海关”，奋力推进社会主义现代化新海关建设。

——五年来，我们坚定不移讲政治，政治建关全面加强。

深入学习贯彻习近平新时代中国特色社会主义思想。不断增强“四个意识”、坚定“四个自信”、做到“两个维护”。坚持把学习贯彻习近平总书记重要讲话和重要指示批示精神作为党委会、理论学习中心组学习会和形势分析及工作督查例会的“第一议题”，学习领会精神，研究贯彻措施，狠抓推进落实，强化跟踪问效。2020年关党委共组织学习贯彻47次，努力把理论学习成果转化为工作实践。

坚决贯彻落实习近平总书记重要讲话和重要指示批示精神。开展“蓝天”“国门利剑”专项行动，对“洋垃圾”、象牙等濒危物种及其制品实施全链条打击，查处案件15起，有力震慑了走私违法犯罪；坚决落实总体国家安全观，开展安全生产专项整治三年行动，及时发现整改问题隐患，确保关区平安；落实脱贫攻坚决策部署，通过产业扶贫、科技扶贫、消费扶贫，帮扶的6个村全部按期脱贫。统筹做好口岸疫情防控和促进外贸稳增长，加强入境分流航班检疫监管，全力做好疫情防控物资通关保障，严格内部防控，取得了“打胜仗、零感染”的阶段性胜利。

政治机关建设持续加强。关党委牢记海关是政治机关的本质属性，落实海关党的领导体制改革，严格执行民主集中制，党委领导能力和管理水平不断提升。认真落实意识形态工作责任制，牢牢掌握意识形态工作的领导权和主动权。深入开展“三严三实”专题教育，扎实推进“两学一做”学习教育和“不忘初心、牢记使命”主题教育，努力涵养关区风清气正的政治生态，全体党员干部政治素养不断提高，政治敏锐性、鉴别力不断增强。

“精品海关”建设取得阶段性成果。关党委牢固树立“用成绩单说话”的导向，带领全关同志开展“起步年”“提升年”“成效年”建设，培育了一批精品科室和精品示范岗位，带动关区各条线、各领域在“素质精良、执法精准、服务精心、管理精细”上取得新成效。

——五年来，我们踔疾步稳谋发展，改革强关不断深化。

全面深化改革落地见效。全面落实以“两中心三制度”为核心的全国通关一体化改革，稳步推进海关业务改革2020框架方案，“两步申报”适用范围已覆盖全省进出口企业，平均整体通关时长仅为普通模式的四分之一；以“两轮驱动”为核心的风险统一防控机制初步建立；“两段准入”改革目前运行顺畅；“两类通关”模式逐步形成；“两区优化”改革取得新成效。通关无纸化、汇总征税、验估模式等改革覆盖面逐步扩大。全面推广国际贸易“单一窗口”，主要业务覆盖率100%。

服务山西全面扩大开放成效显著。助力山西进出口贸易稳步增长，“十三五”时期进出口总值6,586亿元，年均增长10.5%，2020年达到1,505.8亿元，增长4%。我关连续多年获评“促进山西经济社会发展突出贡献单位”。推进重点工程重大项目落地，支持山西承接加工贸易产业转移，助推富士康苹果手机区外维修项目稳步发展；积极促进贸易新业态发展，太原、大同跨境电商综合试验区正式获批；服务“南果中粮北肉”出口平台和“东药材西干果”商贸平台建设，多种特色产品实现了出口“零”的突破。开放平台建设取得突破性进展，对外开放格局进一步优化，出台支持武宿综合保税区发展12条措施，助力完成二期整改验收；太原航空口岸核心能力大幅提升，新增大同、运城两个正式开放航空口岸和五台山机场临时开放口岸，累计开通国际及地区航线18条；太原国际邮件互换局顺利建成运营；中欧班列开行数量不断增长。

深化“放管服”改革，贸易便利化不断提升。持续压缩整体通关时间，2020年关区进出口货物整体通关时间分别为37.46小时、2.3小时，提前完成国务院目标要求。推进行政审批制度改革，落实“一网通办”，取消5项行政许可事项。深化“减证便民”，推进“注销便利化”“多证合一”等改革，进出口环节监管证件由86种精简到41种。落实减税降费政策，“十三五”时期累计减免税款7.7亿元。积极应对外贸下行压力，出台应对疫情影响促进外贸稳增长20条措施，2020年山西省进出口总值逆势增长，再创历史新高。

机构改革任务圆满完成。全面准确把握机构改革的指导思想、目标原则、总体要求，及时完成关检融合后“三定”工作，实现了业务融合、资源整合、机构优化的目标。完成事业单位机构改革，优化“一核三中心”检疫检测布局。协助缉私部门推进机构改革。改革后机构设置更加科学、职能更加优化、权责更加协同、监管更加有力、运行更加高效、服务更加精准。

——五年来，我们严守底线保安全，依法把关更加有力。

法治海关建设得到加强。加强制度建设，制修订规章制度130项、废止192项，制度规范体系不断完善。规范业务执法关键环节，编制操作指引76项，完成174个业务执法岗位设置，一线执法更趋规范统一。全面推行行政执法“三项制度”，关区执法工作更加规范、透明、高效。加强执法资格管理，一线执法人员全部持证上岗。创新开展多种形式普法活动，干部职工法治素养逐步提升。

实际监管严密到位。发挥风险管理的先导和引领作用，补齐人工分析布控短板，努力提升风险防控能力。推进业务监控指挥中心建设，监管作业场所视频监控实现全覆盖。积极跟进社会信用体系建设，培育高级认证企业10家。稽核查工作稳步推进，坚持问题导向，不断提高后续管理效能。

口岸检验检疫防线更加牢固。持续巩固卫生检疫“三道防线”，规范临开及新增航空口岸卫生监督工作。构建进出口食品安全体系，实施进口食品安全放心工程“国门守护”行动，开展供港澳食品专项整治。保障国门生物安全，有序开展疫病监测、安全风险监控和国门有害生物安全监测。优化商品质量安全监管模式，严格落实危险化学品100%检验监管要求。累计开展健康体检4.8万人次，受理预防接种3万人次。

综合治税成效显著。坚持依法科学征管，落实关税保证保险、自报自缴、汇总征税和电子支付改革，确保应收尽收。2016年全额追回6.55亿元欠税，2020年足额追缴了5,021万元滞纳金。“十三五”时期，累计征收税款99.61亿元，达到税收预算目标，税收安全得到有力维护。

打击走私战果丰硕。强化打击走私区域联动和综合治理，积极探索“智慧缉私”新模式。深化重点领域专项打击，缉枪、缉毒等取得重大突破，有力维护了进出口贸易秩序和营商环境。

——五年来，我们守正创新求突破，科技兴关稳步推进。

科技管理体系日臻健全。组建了太原海关科技委员会、网信工作领导小组等，制定实施全面推进科技兴关的实施意见及10项相关制度。推进“一核三中心”改革，理顺体制、优化布局、整合资源、提升能力。加大人才培养力度，4人入选总署科技委分专业技术委员会专家库，10人入选海关科技评估专家库。

科技支撑作用有力发挥。推动搭建政府公共检测技术平台，新增2个国家重点实验室，总数达到5个。加大重大科技项目保障力度，省部级科研项目立项15项，通过验收7项。提高检验检测保障能力，认证项目覆盖15类、6,863项。

科技创新成果有效应用。制定行业标准和地方标准13个，获得专利8项。智慧海关网络准入系统、智慧卫生检疫系统等正式上线。整合优化跨境电商辅助系统，推广H2018综合业务系统。构建起网络安全保障体系，有力维护网络安全和海关业务数据安全。

——五年来，我们凝心聚力强自身，从严治关纵深发展。

从严落实管党治党责任，党建工作水平持续提升。完成了两级海关党的领导体制改革，隶属海关全部设立了党委，配齐配强4个派驻纪检组。完善“四责协同”机制，落实“四级四岗”责任清单，建立“一单一表一纪实”制度。推进“三基建设”、支部标准化、合格支部、“四强”党支部和“一支一品”建设。

坚持党管干部原则，着力提升队伍整体素质。开展公务员分类管理，落实职务与职级并行制度。建立健全干部考核评价机制，推行日常考核，考核监督更加完善有效。多层次、多形式开展学习培训150期、10,642人次，关区干部队伍的履职能力得到提高。离退休干部政治待遇、生活待遇得到充分保障。

大力践行社会主义核心价值观。我关连续多年荣获“省直文明单位标兵”“省级文明单位标兵”称号，2020年机关获批全国文明单位，10个隶属海关获得“省直文明单位标兵”称号。机关被评为山西省社会主义核心价值观建设示范点，机关团委被评为2020年度山西省五四红旗团委，全关8个集体获评省级青年文明号，11名同志荣获省级荣誉。

努力打造清廉海关。严格落实中央八项规定及其实施细则精神，坚决反对形式主义、官僚主义。突出准军事化纪律部队鲜明特点，毫不松懈抓好纪律作风建设。开展“贴着海关发财”等专项整治。全方位开展廉政教育，充分运用“制度＋科技”手段，一体推进不敢腐、不能腐、不想腐。贯通用好“四种形态”特别是“第一种形态”，持续保持了反腐高压态势。

综合保障水平稳步提高。办文办会、信息宣传、机要保密、应急值守等工作得到加强，机关行政效能不断提升。财务保障不断加强，严格落实中央“过紧日子”要求，突出保障重点，狠抓预算执行，资金设备统筹配置效率进一步提高。政府采购、涉案财物管理更加规范。基建项目高质量完成并投入使用，办公环境不断改善。后勤服务满意度不断提高。学会工作取得新的成效。

过去的五年，我们砥砺奋进，成绩来之不易。特别是2020年，我们助力山西夺取疫情防控和实现经济社会发展目标双胜利。这是习近平新时代中国特色社会主义思想科学指引的结果，是以习近平同志为核心的党中央领航把舵的结果，是总署党委正确领导的结果，得益于省市党委政府及相关部门的大力支持，靠的是关党委团结带领全关同志的不懈奋斗，凝聚着全体干部职工的辛勤付出。在此，我代表关党委，向全关各部门、各单位，向全体干部职工和离退休老同志致以崇高的敬意和衷心的感谢！

二、新发展阶段面临的新形势

2021年，我们踏上了建设社会主义现代化海关新征程，必须坚持以习近平新时代中国特色社会主义思想为指引，以更大的勇气和决心，推动关区工作开创新局面。

（一）深刻理解坚持和加强党的全面领导的新形势、新使命。

党的十九届五中全会指出，坚持党的全面领导，加强党中央集中统一领导是“十四五”经济社会发展必须遵循的首要原则。当前，世界疫情蔓延严重，国际经济持续低迷，局部冲突和动荡频发。我国正处在决胜全面建成小康社会的重要阶段，“十四五”时期乃至更长时期，我国经济社会发展仍将面临极其复杂的国际国内形势，仍要破解新难题，迎接新挑战。实践证明，形势越复杂、挑战越艰巨，就越要坚持和加强党的全面领导。面对新形势、新使命，建设让党中央放心、让人民群众满意的社会主义现代化海关，需要我们始终牢记海关是政治机关的本质属性，不断提高政治判断力、政治领悟力、政治执行力。要善于把党中央重大决策部署转化为推进“五关”建设、打造内陆“精品海关”的具体措施，坚持“第一议题”制度，走好“第一方阵”。要强化基层党组织建设，发挥战斗堡垒作用，推动党建和业务深度融合。要加强各级领导干部自身建设，常怀“国之大者”，强化责任担当，坚决做到闻令而动、令行禁止。

（二）科学把握立足新发展阶段的新主题、新任务。

党的十九届五中全会作出我国进入新发展阶段的重大判断。新发展阶段，体现在发展基础“新”，我国已成为全球最大最有潜力的市场，经济实力、科技实力、综合国力跃上新台阶。体现在发展任务“新”，已经由实现第一个百年奋斗目标转向实现第二个百年奋斗目标。体现在发展主题“新”，发展重心逐步从“高速度”转向“高质量”。进入新发展阶段，我国对外开放的大门将越开越大。总署党委正在加快研究编制海关“十四五”发展规划，提出要协同推进强大国内市场和贸易强国建设，到2035年基本建成社会主义现代化海关。山西省2021年要实现进出口总额增长15%、达到1,700亿元的目标，到2025年基本建成内陆开放新高地，力争实现外贸主体和进出口总额双翻番。对标新主题、新任务，需要我们以全新的视野格局、思维理念、工作方法，贯彻落实好党中央、国务院重大决策部署，履行好新海关职责，力求政治建关成效更加显著，改革强关取得新突破，依法把关得到全面加强，科技兴关支撑引领作用更加有力，从严治关持续纵深推进，进而在推进“五关”建设、打造内陆“精品海关”上迈出新步伐。

（三）充分认识构建新发展格局的新机遇、新挑战。

党的十九届五中全会提出，构建以国内大循环为主体、国内国际双循环相互促进的新发展格局。习近平总书记指出，新发展格局绝不是封闭的国内循环，而是开放的国内国际双循环；要全面提高对外开放水平，建设更高水平开放型经济新体制，形成国际合作和竞争新优势。从国际看，经济全球化仍是历史潮流，各国分工合作、互利共赢是长期趋势。但单边主义、保护主义和逆全球化思潮抬头，新冠肺炎疫情给世界经济造成严重冲击。从国内看，国内经济持续向好，但发展不平衡不充分问题仍然突出，推动高质量发展的任务仍然艰巨。从省内看，外贸进出口值不断创历史新高，但外贸总量偏低，外贸主体不强，龙头企业较少，进出口商品种类单一，各市发展不平衡，实现外贸高质量发展的任务还很繁重。

面对新机遇、新挑战，需要我们在危机中育新机，于变局中开新局。要充分认识海关处在国内国际双循环“交汇枢纽”的地位和作用，以“拼”的思想意识、“抢”的精神状态、“实”的工作作风，主动适应构建新发展格局的需要，围绕一带一路、中部地区崛起、黄河流域生态保护和高质量发展战略，统筹发展和安全，强化监管优化服务，防控新冠肺炎疫情，深化海关业务改革，优化口岸营商环境，加强对外开放平台建设，培育对外贸易新主体，打通国内国际双循环堵点，促进更大范围、更宽领域、更深层次的对外开放，助力山西全面融入国内国际双循环。

2021年是中国共产党成立100周年，我国迈上全面建设社会主义现代化国家新征程、向第二个百年目标奋进的开局之年，也是开启社会主义现代化海关建设新征程、山西省“十四五”转型出雏型的起步之年。关党委研究确定，做好今年工作的总体思路是：以习近平新时代中国特色社会主义思想为指导，深入贯彻党的十九大、十九届二中、三中、四中、五中全会精神，学习贯彻中央经济工作会议精神，贯彻落实全国海关工作会议和全面从严治党工作会议、省委经济工作会议部署，坚持稳中求进工作总基调，加强党的全面领导，增强“四个意识”、坚定“四个自信”、做到“两个维护”，深入贯彻全面从严治党方针，充分发挥全面从严治党引领保障作用，更好统筹发展和安全，强化监管优化服务，扎实推进“五关”建设，做好内陆精品海关建设“巩固年”各项工作，一体推进不敢腐、不能腐、不想腐，持续深化清廉海关建设，锻造准军事化纪律部队，为开启社会主义现代化海关建设新征程、服务山西蹚出高质量转型发展新路子贡献力量，在全面建设社会主义现代化新征程中开好局、起好步，以优异成绩庆祝中国共产党成立100周年。

三、认真做好2021年各项工作，为开启社会主义现代化海关建设新征程、促进山西“十四五”转型出雏型开好局、起好步

（一）党的政治建设再有新进步。

全面加强党的政治建设。以习近平新时代中国特色社会主义思想为指导，坚持和加强党的全面领导，把政治建设作为党的根本性建设，切实增强“四个意识”、坚定“四个自信”、做到“两个维护”。深入学习宣传贯彻党的十九届五中全会精神，分级开展轮训，确保党中央重大决策部署有效落实。

坚决贯彻落实习近平总书记重要指示批示精神。坚持“第一时间”传达学习、“第一议题”研究部署、“第一责任”推进落实。做好常态化疫情防控。严厉打击象牙等濒危动植物及其制品、“洋垃圾”走私。落实总体国家安全观，切实做好安全生产工作。巩固拓展脱贫攻坚成果，做好驻村帮扶工作，促进乡村振兴。

切实加强政治机关建设。增强政治机关意识，走好“两个维护”第一方阵。树立讲政治见行动的鲜明导向，深刻认识全面从严治党的政治本质，提高政治判断力。从政治上领会党中央坚定不移推进全面从严治党的决心意志，提高政治领悟力。把坚决贯彻习近平总书记重要指示批示精神作为践行“两个维护”的实际行动，切实提高政治执行力。落实意识形态工作责任制，创建模范机关。巩固深化“不忘初心、牢记使命”主题教育成果，强化“一句誓言、一生作答”的行动自觉。

（二）常态化口岸疫情防控再有新作为。

强化口岸卫生检疫。巩固完善“三道防线”，加强口岸检疫查验、卫生监督和卫生处理工作。完善常态化口岸疫情防控机制，严格入境人员、进境交通工具检疫。以口岸卫生核心能力建设为抓手，推进口岸医学排查区域改造。提升国际旅行健康服务水平和传染病检测能力。持续加强特殊物品监督管理。

人物同防、多病共防。慎终如始抓好新冠肺炎疫情防控，加强国际航班检疫监管，落实落细全链条防控要求。做好高风险货物风险监测和预防性消毒，监督落实

口岸环节进口冷链食品和高风险非冷链集装箱货物预防性消毒措施。加大季节性高发传染病排查力度，防止疫情叠加，做到“病例零漏放、人员零感染”。

加强内部防控。坚持底线思维，不松懈、不麻痹，严格落实内部防控的各项措施，严格人员管控，落实一线人员安全防护相关规范和技术要求，做到“打胜仗、零感染”。

（三）监管效能再有新提升。

强化风险防控。增强风险意识，推进整体防控、精准防控。主动收集预警信息，加强人工分析布控，提高精准布控、风险查发能力。优化表单化查验指令和现场作业方式，提高指令可实施性和查验规范性有效性。强化涉税风险信息共享，提高处置效率。

监管严密到位。做好2021年安全生产专项整治攻坚工作。加强监控指挥中心建设，探索完善实战化管理模式。严格进出口贸易禁限管控，做好口岸监管环节反恐维稳工作。推动监管场所（场地）规范设置，确保运转正常。提升税收征管效能，努力完成全年税收预算目标。加强属地纳税人管理，持续推进税收征管方式改革，认真执行减税政策。推广关税保证保险、汇总征税、自报自缴等措施。实施新一轮保护外商投资企业知识产权专项行动。强化企业管理和稽核查，全面推广稽核查联合工作机制。规范企业备案登记，大力培育高级认证企业。推进加工贸易及保税监管集中审核作业，探索加工贸易高级认证企业实行自主核销模式。

筑牢检验检疫安全防线。落实“四个最严”要求，开展进口食品化妆品监督抽检和风险监控，持续推进进口食品“国门守护”行动。防控国门生物安全，严防重大动植物疫情疫病传入。落实口岸检疫查验措施，强化分级管理和精准布控。加强进出口商品检验，健全完善进出口商品安全风险预警和快速反应监管体系，严格危险化学品等重点敏感商品监管。

保持打击走私高压态势。发挥好海关的打私主力军作用，“一把手”要切实履行辖区打私第一责任人职责。开展“国门利剑2021”专项行动，严厉打击涉枪涉毒、重点涉税商品、农产品、冻品等走私。深化重点领域打私力度，打造“智慧缉私”升级版。充分发挥地方政府打击走私基础作用，深入推进反走私源头治理、综合治理。

（四）服务山西对外开放再创新业绩。

加快构建开放型经济新体制，提升对外开放平台能级。支持山西申建国家自由贸易试验区。助力山西全面深化服务贸易创新发展试点建设。服务航空口岸高水平开放，拓展国际直航航线。支持五台山机场正式开放。推动太原武宿综合保税区二期尽快封关运营，服务“太原武宿综合保税区—太原武宿国际机场—中鼎物流园铁路作业区”联动发展。助推太原、大同跨境电商综试区发展，争取B2B出口监管试点。支持省级示范物流园区、华远中西部物流枢纽、太原国家物流枢纽和晋中国家骨干冷链物流基地建设。服务“南果中粮北肉”出口平台和“东药材西干果”商贸平台。助推太原国际邮件互换局扩容升级。指导保税物流中心拓展业务，支持阳泉申建保税物流中心。

积极培育对外贸易新主体，推动外贸增量提质。加强政策服务力度，大力培育新的业务增长点和外贸新主体，支持重点进出口企业，帮扶中小微企业，力争新增进出口实绩企业100家。落实AEO互认便利措施，增加认证企业数量。支持先进技术装备、关键零部件等进口。

履行海关稳外贸职责，助力山西做大做强国际市场。积极服务山西参与“一带一路”，支持融入京津冀，对接长三角、大湾区。加强关企联动，研究建立关区参与国外技术壁垒交涉应对企业数据库。推进山西法兰锻造研究评议基地实体化运作。配合省农业农村厅制定《2021年促进外向型农业发展行动计划》，做好出口食品农产品质量安全示范区建设工作，支持山西优势农产品走出去。

（五）改革攻坚再有新突破。

深化改革创新。扩展全国通关一体化改革广度深度，推进海关全业务领域一体化。建立业务改革统筹协调机制、业务执法协作机制，加强业务结合部协调联动，破解人力不足难题。大力推行“提前申报”，优化进口“两步申报”通关模式，完善“两段准入”。加强国际贸易“单一窗口”建设，全面提升其他业务应用率。

落实“放管服”改革要求。巩固压缩货物整体通关时间成效。规范企业“注销便利化”操作流程，将报关企业纳入“多证合一”改革。改革大宗资源性商品检验监管模式，深入推进第三方检验结果采信，强化事后监管评估。做好行政许可事项取消、下放工作，落实“减证便民”各项要求。继续推进网上行政审批，优化行政审批服务。指导企业利用原产地规则享受进口国协定税率。

加强法治建设。落实普法责任制，开展“八五”普法工作。落实“三项制度”及实施细则。提升工作指引、业务操作手册的应用效果，促进一线执法规范统一。增强一线执法人员法治意识，加强执法能力建设，提高执法水平。加强公职律师队伍建设。

（六）科技创新再添新动力。

增强科技管理效能。研究出台年度科技工作要点。创新科技管理机制，完善规章制度，加强科技资源整合优化和科技人才队伍建设。继续做好科研项目管理、成果转化，完善项目管理体系。

强化科技支撑作用。优化实验室管理运行模式，形成“一核三中心”加四个综合实验室的格局。以国家重点实验室为依托，推进地方公共检测服务平台建设，争取政府资金支持。充分发挥检验检测技术支撑作用，拓展委托检测业务。加强保健中心能力验证和室间质评，为口岸疫情防控提供有力保障。

提升科技应用水平。做好H2018海关通关管理系统3.0版切换技术工作。开展“工单式核销辅助系统改造”项目建设。做好关区辐射探测、X光机设备入网升级改造。强化以风险管理为核心的网络安全保障体系，提高业务系统数据安全管理水平。

（七）“精品海关”建设再谱新篇章。

巩固扩大“精品海关”建设成效。扎实做好“精品海关”建设“巩固年”各项工作。研究出台“巩固年”工作方案，分层级推进，确保各项工作向基层延伸。结合“支部建在科上”要求，一体推进、一体落实精品科室和精品示范岗位创建工作，实现精品“精”在科上、“精”在岗上，切实把“素质精良、执法精准、服务精心、管理精细”的目标落到实处。

建设高素质专业化干部队伍。坚持党管干部原则，突出政治标准，树立正确的选人用人导向。建立“三类人才”分类管理制度。统筹运用平时考核、年度考核、专项考核，加强结果运用。优化关区人力资源配置，培养选拔优秀年轻干部，加强执法一线科长队伍建设。创新教育培训方式，探索举办网络培训专题班。巩固深化大学习大培训成果，分条线、分层级开展岗位练兵、技术比武和业务竞赛，组织实操培训和跟班作业。充分发挥群团组织作用，切实关心干部职工工作生活。做好离退休干部工作。

提升综合保障水平。严格公文办理和审核把关制度执行，严格会议审批，加强会议统筹，做好应急值守，认真办理建议提案，提高政务工作效能。开好形势分析及工作督查例会，加强信息宣传、政务公开、舆情监测，做好12360热线转接转办，提高政务信息化水平。加强财务管理，狠抓预算执行。进一步落细落实“过紧日子”要求，开源节流、增收节支，压减一般性支出，提高事业单位创收能力，争取省市政府财政支持。规范政府采购、涉案财物管理，整合优化闲置资产。持续改进后勤保障，提高服务机关质效。完成漪汾街、长治路基建项目。

四、坚持严的主基调，扎实推进全面从严治党各项工作

（一）加强基层党建，助推“十四五”开好局起好步。

推进党的建设提质增效。不断强化两级党委的政治建设，重点提升基层党组织的政治功能。深化“强基提质工程”，突出“四强”党支部和党建品牌优势，开展支部书记、党务人员培训，发挥基层党组织战斗堡垒作用和党员先锋模范作用，推进关区党建工作高质量发展。巩固深化“不忘初心、牢记使命”主题教育成果，以热烈庆祝建党100周年为契机，组织开展征文比赛、演讲比赛等系列活动，广泛开展党史、新中国史、改革开放史、社会主义发展史专题教育，大力弘扬伟大抗疫精神、劳模

精神、工匠精神，开展“党旗在基层一线高高飘扬”活动，评选“两优一先”。

严守政治纪律和政治规矩。坚持挺纪在前，持之以恒纠治有令不行、有禁不止、散播谣言等问题。强化政治监督，加大对贯彻落实上级决策部署贯彻执行情况的监督检查，对不认真履行政治责任的失职行为，一律严肃问责。严肃党的政治生活，高质量开好民主生活会、组织生活会。

（二）系统施治强化监督，一体推进不敢腐、不能腐、不想腐。

精准惩治腐败。始终把防治执法领域腐败问题作为重点，坚持全面从严、靶向治疗。加强纪检监察与督审、稽查、缉私等部门协同联动，落实“一案双查”。既要紧盯风险高企的基层一线，也要盯住管人管钱管事的内设部门。对阻碍上级决策部署贯彻落实的行为优先查处，对信访举报集中、影响政治生态的问题重点核实，一查到底，绝不手软，保持惩治腐败高压态势。

规范权力运行。加强源头治理，强化制度立改废的动态化管理，扎牢制度笼子。推进巡察监督、干部监督、派驻监督、审计监督等贯通协调，建设配置科学、权责协同、运行高效的监督体系。坚持一案一总结，开展案件审查同步启动以案促改，深入剖析管理漏洞、制度空隙、责任缺位，推进标本兼治。

筑牢思想防线。坚持廉政教育日学习制度，以案为鉴集中开展警示教育月活动。通过“三会一课”、主题党日活动等加强思想道德和党纪国法学习教育。各级党组织要把用好“四种形态”特别是“第一种形态”作为基本功，发现苗头性倾向性问题要及时处置，用好谈话函询、约谈提醒等手段，抓早抓小、防患未然。

高质量推进政治巡察。深化巡视整改落实，组织力量开展各条线的检查监督，及时发现和纠正存在的问题，做好迎接巡视准备工作。坚守政治巡察定位，年内对4个内设处室、3个隶属海关以及2个事业单位统筹开展巡察。强化成果运用，及时通报巡察发现的问题，将整治个别与一般问题、治标与治本结合起来，切实提高整改成效。

（三）锲而不舍正风肃纪，巩固深化作风建设成果。

严格落实中央八项规定精神。根治享乐主义、奢靡之风，自觉反对特权思想和特权行为，加强节约型机关建设。深挖隐形变异表现，对发现的问题点名道姓通报曝光，防止老问题复燃、新问题萌发、小问题坐大。

深化整治形式主义、官僚主义。从根源上破解形式主义、官僚主义，对反映强烈的不用心不务实、拖沓推诿、不担当慢作为等问题进行整治。常态化为基层减负，明确精文减会标准，统筹开展督查检查考核，开展“指尖上的形式主义”排查，合理优化学习培训，着力解决政策执行“一刀切”、层层加码等问题。

加强政风行风建设。继续深化“放管

服”改革，大力推进“单一窗口”建设，持续优化营商环境。发挥12360热线、特约监督员等外部监督功能，推广应用“好差评”系统，开展“我为群众办实事”主题实践活动，不断提升企业群众获得感。

（四）严字当头常抓不懈，锻炼全面过硬准军部队。

深化内涵学军。严明纪律作风，高标准高质量开展内务规范强化月活动。强化日常管理，加大视频检查、内务督察力度，健全反馈、整改、追踪问效长效机制。抓好仪式教育，强化号令意识，做到令行禁止。

严格干部管理监督。严格落实报告个人有关事项制度，严肃处理“屡纠屡错”问题，力争实现申报“零差错”。动态管理领导干部廉政档案，把好选拔任用、评先评优等党风廉政意见回复关口。从严规范领导干部配偶、子女及其配偶从业，继续以严防酒驾醉驾为切入口，加强对“八小时之外”的日常监督提醒。

推动海关文化建设。大力推动精神文明建设，广泛开展干部职工喜闻乐见的文体活动，继续擦亮“走进剧场”“晋关讲堂”等文化品牌，不断提升队伍精气神。加强人文关怀和心理疏导，有序推进疾病救助、困难帮扶等“民生工程”，不断提升干部队伍的荣誉感、归属感。

（五）强化权力运行制约，深入防范化解风险隐患。

坚持制度管权、科技控权。加强制度规范管理，一体推进防腐措施与改革举措部署落实，健全完善制度执行机制，把制度执行情况纳入考核内容，强化动态评估和跟踪问效。紧跟重点项目改革进程和新兴贸易业态发展，深入推进邮递、旅检、跨境电商等业务领域信息系统应用，着力提升监督效能。

严防非执法领域风险。全面梳理财务、采购、基建、信息化建设等非执法领域风险隐患，强化实验室建设、疫情防控卫生检疫物资购置等重点环节的监督。加大企事业单位监管力度，持续规范涉企收费。强化网络基础设施保护和数据安全管理，加强内部管理，系统推进网络安全建设。

提升风险防控合力。依托各类业务系统，强化跨部门风险联合研判和跨系统数据分析，运用大数据手段加强对廉政风险的高效识别。发挥督查审计职能作用，加大新海廉平台应用指导和绩效考核，推进内控前置审核，建立健全执法评估工作制度，防范执法风险向廉政风险转移。

（六）压实责任深化传导，凝聚管党治党工作合力。

坚决扛起主体责任。党委书记要履行好第一责任人职责，以上率下做到“四个亲自”。党委委员要落实“一岗双责”，领导检查、督促指导分管领域全面从严治党工作。职能部门要更加勇于担当，坚持抓业务与防风险同步推进，既要在职责范围内从严管理监督，更要站在执行的角度，指导帮助基层解决实际问题。

有效落实监督责任。两级党委要强化政治担当，弘扬斗争精神，切实扛起监督责任。纪检部门要认真履行专门监督责任，进一步完善会商、通报、研判等工作机制，有效运用监督建议书、意见书，督促党委和职能部门及时整改、堵塞漏洞。着力提升基层派驻监督质量，努力提高发现问题的能力，聚焦“最后一公里”监督有力有效。

深化责任压力传导。建立健全履责提醒制度，采取提醒、约谈等方式，推动一级抓一级、层层压责任。聚焦关键少数，健全并落实对“一把手”的监督机制，特别是对各级主要负责人的监督，上级“一把手”必须管好下级“一把手”。

精准规范开展问责。严格执行《中国共产党问责条例》，做到有责必问、问责必严，以严肃问责倒逼责任落实。同时要用好容错免责、纠错防错和诬告陷害查核处理等保障机制，严厉查处诬告陷害行为，为干事者撑腰鼓劲。

艰难方显勇毅，磨砺始得玉成。让我们更加紧密地团结在以习近平同志为核心的党中央周围，心怀“国之大者”，锚定党中央擘画的宏伟蓝图，发扬为民服务孺子牛、创新发展拓荒牛、艰苦奋斗老黄牛的精神，不断开创太原海关工作新局面，努力打造内陆“精品海关”，为加快构建新发展格局，开启社会主义现代化海关建设新征程，服务山西蹚出高质量转型发展新路子做出新的更大的贡献，以优异成绩庆祝中国共产党成立100周年。

在“精品海关”建设推进会上的讲话

太原海关关长、党委书记　高继科

（2021 年 7 月 2 日）

在举国上下隆重庆祝中国共产党成立 100 周年、认真学习贯彻习近平总书记“七一”重要讲话的日子里，在海关总署下发《“十四五”海关发展规划》、今年下半年工作刚刚起步的时间节点，我们召开这次“精品海关”建设推进会，目的就是回顾工作、总结经验、查找短板、提出措施，推进“精品海关”建设各项工作持续稳定发展。

打造内陆“精品海关”，是太原海关党委贯彻中央精神，落实总署党委“五关”建设要求，紧跟形势任务，着眼长远发展，结合太原海关实际提出的治关理念。关党委对这项工作高度重视，成立了“精品海关”建设领导小组，从 2018 年起，逐年组织开展了“起步年”“提升年”“成效年”“巩固年”建设。刚才，“精品海关”建设“成效年”工作组通报了“成效年”考核结果；张军纪检组长对“精品海关”建设总体推进情况作了回顾总结，提出了新的工作要求；4 个部门单位作了交流发言，回顾经验做法、查找问题和不足。总的来看，各部门各单位近几年分层级开展了“精品海关”建设，全体干部职工以“素质精良，执法精准，服务精心，管理精细”为目标，争创了一批“精品科室”和“精品示范岗位”。经过 3 年多的努力，关区基本形成了谋划工作有精品意识、推动工作有精品态度、落实工作有精品能力、检验工作有精品标准的工作格局，“精品海关”建设取得了阶段性成效。主要体现在四个方面。

（一）政治意识进一步增强。

2018 年，总署党委提出了推进“五关”建设的总要求，为海关系统事业发展指明了新的方向。“精品海关”治关理念，就是我关落实总署党委“五关”建设总要求的抓手，是对总署要求的细化和具体化，回答了太原海关“怎么干”的问题。建设“精品海关”，就是要坚持问题导向，在全面从严治党、从严治关中体现“严”，在脚踏实地、真抓实干中体现“实”，在党建、业务、廉政等方面体现“优”，在新使命、新作为、新风貌中体现“新”，从而更好地增强“四个意识”、坚定“四个自信”、做到“两个维护”，带动全体干部职工当好维护国门安全的“把门人”和人民海关为人民的“服务员”。目前，全体干部职工对“政治机关”及“第一方阵”的理解更加深入，走好“两个维护”第一方阵的思想自觉和行动自觉更加坚定，我关准军事化纪律部队的特点更加鲜明。

（二）精品意识深入人心。

关党委提出的“精品海关”治关理念，直面太原海关发展的短板，针对工作基础不扎实、节奏不快、要求不严、标准不高，工作做得完但做不精、过得去但过不硬等问题，坚持抓重点、补短板、强弱项、防风险，大力弘扬“工匠精神”，努力做到精益求精。对照“精品海关”建设“四精”目标，关党委从基层抓起，从基础做起，引导关区全体干部职工树牢“精品海关、从我做起”的坚定信念，把“精品意识”融入每一项工作中，从做好每一件“精品工作”入手，从培育“精品示范岗位”发力，统筹推进“精品科室”创建工作，努力实现“精”在科上、“精”在岗上。在组织方式上，按年度分解“精品海关”建设重点工作任务，分机关、各部门单位两级开展精品示范岗位和精品科室培育工作，实现了全覆盖。全体干部职工干劲不减、标准不降、创先争优，形成了“比学赶帮超”的浓厚氛围，推动关区各项工作持续向高效率迈进，向高标准靠拢，向高质量转变。目前，关区共培树精品科室39个，精品示范岗位122个，完成精品工作46项。

（三）担当意识进一步提升。

关党委提出以“小关也能有大作为”的勇气和“小关也要有大作为”的锐气打造内陆“精品海关”，鼓励实干，倡导实干，崇尚实干。关区上下坚持把“精品海关”建设同贯彻落实党中央决策部署结合起来，同破解监管服务突出问题和党的建设紧迫问题结合起来，较好落实了“五关”建设要求。在“政治建关”上，坚决落实习近平总书记重要指示批示精神，增强“两个维护”的自觉性，始终牢记海关是政治机关的属性，严明政治纪律和政治规矩。在“改革强关”上，高质量落实各项海关改革任务，积极探索内陆地区新海关改革路径，建立起“职责清晰、运行顺畅、协同有力、执法统一、监管到位、服务有为”的业务管理机制和运作模式。在“依法把关”上，做好规范性文件和规章制度的“立改废”，提升工作指引、业务操作手册的应用效果，严格规范公正文明执法，促进一线执法规范统一。在“科技兴关”上，充分发挥科技在海关工作中的先导和支撑作用，优化实验室管理运行模式，形成“一核三中心”＋四个综合实验室的格局，科技应用水平得到提升。在“从严治关”上，不断强化两级党委的政治建设，重点提升基层党组织的政治功能。着力加强党的建设、准军事化纪律部队建设、党风廉政建设和反腐败斗争工作，深化“强基提质工程”，切实把全面从严治党的各项要求融入到日常工作中。3年多来，关区干事创业、担当作为的精气神得到提振，锲而不舍、一以贯之的责任感不断增强，马上就办、真抓实干的紧迫感进一步强化。

（四）成果意识充分体现。

关党委推进“精品海关”建设，始终坚持问题导向和结果导向，班子成员每次调研检查都把“精品海关”建设作为重要内容，检视成果、跟踪问效，统筹解决基层一线问题。各部门各单位察实情、出实招、办实事、求实效，努力把“精品海关”建设的成果体现在我关事业发展的实绩和各项工作取得的实效上。3年多来，一些重点工作和“精品工作”取得了阶段性成果：我们落实新冠肺炎疫情防控各项部署，助力山西省夺取疫情防控和经济社会发展双胜利。严厉打击“洋垃圾”、濒危物种及其制品走私，开展“国门利剑”等联合专项行动。落实脱贫攻坚决策部署，帮扶的6个村全部按期脱贫。服务山西打造对外开放新高地，巩固压缩货物整体通关时间成效，助力太原武宿综合保税区完成二期整改并验收，机关连续多年获评“促进山西经济社会发展突出贡献单位”。加强两级党委建设，高效完成了机构改革及后续工作。机关通过了全国文明单位复核验收，10个隶属海关获得“省直文明单位标兵”称号，等等。

同志们，建设“精品海关”，不是一朝一夕、轻轻松松就能实现的，需要保持常态化，形成长效机制。“精品海关”建设永远在路上，我们要善始善终、善作善成，持续推动、久久为功，把“精品”理念真正融入思想上、行动上和工作中，推动“精品海关”建设向深层次迈进。这里，我强调四点。

（一）“精品海关”建设是一种理念，需要我们融入工作的各领域各方面各环节，长期坚持。

实践证明，打造“精品海关”，符合我关人员少、业务量小的基本关情和山西省处于转型发展关键期的现实，是落实“五关”建设要求的有力抓手，有利于在强化监管优化服务、助推山西经济转型发展中更好地发挥海关作用。但是，精品意识是不会随着时间推移而自然保持下去的，也不是随着工作经验的积累而自然提高的。工作中一些低层次的问题屡查屡犯，不断出现，反映出我们抓基层、抓基础还不够严实，有些同志还存在精品意识和责任意识不强、工作作风漂浮等问题，建设内陆“精品海关”任重道远。全体干部职工要经常提醒自己，养成严肃严格严谨对待工作的习惯，绝不忽视任何一个细节，要做就把工作做到力所能及的极致，切实做到“文经我手无差错、事交我办请放心”，自觉杜绝“差不多”，坚持高标准、严要求，把精益求精的精品意识转化成锐意进取、开拓创新的精气神和埋头苦干、真抓实干的动力。

（二）“精品海关”建设是一种态度，需要我们以正视问题的勇气和担当作为的行动，不断推动事业发展。

习近平总书记强调：“敢于直面问题、

勇于修正错误，是我们党的显著特点和优势”。最近，我们接受了总署党委的巡视和专项巡察、选人用人监督检查、“现场监管与外勤执法权力寻租”专项整治实地检查等，今年倪岳峰署长、陶治国纪检组长、孙玉宁副署长先后到山西和太原海关检查工作，通过总署领导和各司局的检查督导，以及我们的自查自纠，检视出我们工作中的许多问题、隐患和风险，我们的工作效果与总署党委的要求、与山西省发展的要求，还有很大的差距。反映出一些干部职工不愿担当、不敢担当、不会担当等问题。做好巡视整改等工作，需要我们坚持问题导向，清醒地认识问题，积极地整改问题，全面提升工作的质量水平。建设“精品海关”，需要我们敢字为先、干字当头，勇于担当、善于作为，努力做到四个聚焦：一是聚焦队伍政治敏感性不强、见事迟反应慢的问题，要把坚决落实习近平总书记重要批示指示精神和党中央重大决策部署作为最大的政治，做到第一时间研究、第一时间落实、第一时间反馈。二是聚焦缺乏争创一流的勇气和打造精品的锐气问题，要摒弃安于现状、得过且过的思想，增强精益求精的意识，努力做到政治一流、作风一流、业绩一流、服务一流、管理一流、队伍一流。三是聚焦执行力不强、落实力度逐级“衰减”的问题，要充分发挥两级党委的作用，将上级决策部署切实贯彻到基层一线，领导干部要带头履职尽责，基层一线要切实抓好“最后一公里”，确保执行到位。四是聚焦工作主动性不够、协作意识不强的问题，要发挥主观能动性，形成遇到难题迎难而上、齐抓共管、主动补台的工作局面。关党委将一如既往、旗帜鲜明地为担当作为者撑腰鼓劲，以组织担当促进干部作为。

（三）“精品海关”建设是一种追求，需要我们坚持领导带头，切实解放思想，开拓工作新思路。

我们打造“精品海关”，是为了进一步提高政治站位，更好地为社会主义现代化海关建设和山西蹚出高质量转型发展新路子做出新的更大的贡献。为此，要把“精品海关”建设作为政治建关、解放思想、开拓创新的载体。党员领导干部要把学习贯彻党的创新理论作为思想武装的重中之重，同党史学习教育结合起来，同建设社会主义现代化海关实践联系起来，在解放思想中统一思想，在深化认识中提高认识，切实增强贯彻落实的思想自觉和行动自觉。针对改革创新“不敢想”的问题，各部门各单位要以学习宣传贯彻习近平新时代中国特色社会主义思想为切入点，近期要以学习习近平总书记“七一”重要讲话精神为重点，不断解放思想，坚决摒弃制约发展改革的思想观念，坚决冲破传统弱势惯性思维的束缚。针对改革创新“不善谋”的问题，要努力运用党的理论成果研究解决实际问题、推动太原海关工作，做到决策有新思维，工作有新思路，破题有新举措，推动体制机制、管理方式等方面的创新。针对改革创新中“不敢闯”的问题，要敢于动真碰硬，向发展中的“硬骨头”“拦路虎”开刀，进一步树立允许改革有失误，但不允许不改革的导向，有效防范随遇而安、甘于平庸、得过且过、工作标杆不高等问题，力争在重点领域和关键环节取得突破性进展。

（四）“精品海关”建设是一项事业，需要我们在实干中体现新成效、再创新业绩，推动“精品海关”建设开花结果。

打造内陆“精品海关”，实现“四精”目标，需要我们用正确的理念、科学的方法、积极的态度和不懈的追求，把“精品海关”建设的成果转化为踏踏实实、干事创业的实绩，切实推动太原海关事业高质量发展。各部门各单位要积极营造重实干、重实绩、重实效的浓厚氛围。各级领导干部要牢固树立“有为才有位，有位必有责”的导向，找差距、抓落实、比成绩，始终做到守土有责、守土负责、守土尽责。培树的“精品科室”和“精品示范岗位”要大力弘扬精益求精的工匠精神，树牢没有最好、只有更好的理念，自加压力、不断打磨、持续提升、多出精品、不出次品，无愧于精品称号，真正起到示范引领作用，让精品之花在关区处处开放，结出累累硕果。考核排名靠后的部门单位，要认真查找问题、制定措施、弥补短板、迎头赶上，推动“精品海关”建设在各部门各单位均衡发展。全体干部职工要进一步增强责任意识，坚持目标导向和结果导向，积极投身“精品海关”建设，以更加进取的精神、更加务实的作风、更加过硬的本领，推动各项工作落实落细落到位，不断增强工作的效果和质量。海关总署《“十四五”海关发展规划》已经下发，我们要结合山西省“十四五”发展规划和我关工作实际，进一步强化监管优化服务，认真谋划新阶段的新任务，在“十四五”开局之年开好局、起好步。

同志们，2021 年已经过半，在新冠肺炎疫情的影响下，外部环境不利因素仍然很多，国内经济下行压力也很大，改革发展和稳定的任务非常繁重，我们的“精品海关”建设还有很多工作要做。志不求易者成，事不避难者进。越是形势严峻复杂，越需要我们保持定力、一往无前，越是任务艰巨繁重，越需要我们奋勇当先、实干担当。希望同志们以更加饱满的热情、更加充足的干劲，重整行装再出发，努力推动“五关”建设，打造内陆“精品海关”，为建设社会主义现代化海关、服务山西省转型发展蹚新路作出新的贡献。

第二篇

专　记

庆祝中国共产党成立100周年和太原海关党史学习教育

一年来，太原海关坚持把党史学习教育作为重大政治任务，结合庆祝中国共产党成立100周年，深入学习贯彻习近平总书记关于党史学习教育重要讲话和重要指示批示精神，认真落实党中央决策部署，坚决扛起主体责任，切实加强组织领导，按照“学史明理、学史增信、学史崇德、学史力行”的要求，围绕“六个进一步”的工作重点，高标准高质量抓好任务落实，有力推进学党史、悟思想、办实事、开新局。

一、主要工作情况

（一）主动对标对表，认真学习贯彻习近平总书记关于党史学习教育重要讲话精神。

坚持“第一议题”制度，关党委带头开展学习研讨、带头讲授专题党课、带头宣讲“七一”重要讲话精神和党的十九届六中全会精神，通过党委会、理论学习中心组、专题读书班等跟进学习习近平总书记参观“不忘初心、牢记使命”中国共产党历史展览、北大红楼，在广西、福建、西藏、陕西等地考察期间重要讲话和重要指示精神，党委委员轮流作重点发言，结合工作实际畅谈学习体会。全年组织关区两级党委理论学习中心组专题学习212次、专题宣讲46次，开展2期学习贯彻党的十九届五中全会精神暨党史学习教育专题培训班，组织参加总署学习贯彻习近平总书记“七一”重要讲话精神读书班暨宣讲交流会，组建关区宣讲团全方位多角度开展宣讲，确保从更深层面、更广维度学深悟透习近平总书记“七一”重要讲话精神。召开党委会、党委理论学习中心组扩大学习会专题学习宣传贯彻党的十九届六中全会精神，认真学习领会全会的重大意义、科学内涵、精神实质、实践要求。各级领导干部特别是处科级党支部书记坚持领学促学，示范带动党员干部认真开展学习研讨，准确把握党史学习教育根本遵循，深刻感悟习近平新时代中国特色社会主义思想的真理力量和实践伟力，切实提高政治判断力、政治领悟力、政治执行力。

（二）坚持以上率下，切实营造党史学习教育浓厚氛围。

关党委带头先学一步、深学一层，逐

章逐篇、原原本本学习习近平《论中国共产党历史》，示范抓好4个规定书目和4本重要参考材料学习，分专题开展研讨。各基层党组织抓实“三会一课”、主题党日等方式，利用“班车课堂”“微课堂”等形式迅速跟进学习，营造一级带一级、层层抓学习的浓厚氛围。以山西丰富的红色文化遗址为课堂，用足用好身边红色资源开展体验式教育，广泛开展“追寻红色足迹”主题党日活动，切实引导广大党员干部接受洗礼、汲取力量。设立“学史・铸魂”红色讲坛，长治海关《传承太行精神 凝聚奋进力量》在《金钥匙》杂志专栏刊发。组织开展党史知识竞赛、演讲比赛、征文评选、红色电影展播等“党在我心中”系列主题活动，激励广大党员牢记初心使命、赓续红色血脉，2个微视频入选总署“青年心向党——我在抗疫第一线”抗疫故事线上接力展示。组织开展关区优秀党课材料评选，大同海关“微党课”视频被总署采用集中展播，保健中心党支部创建支部工作法相关经验做法入选总署《支部书记“百问百答”》。

（三）强化政治引领，认真组织庆祝中国共产党成立100周年系列活动。

将学习贯彻习近平总书记“七一”重要讲话精神、党史学习教育作为庆祝中国共产党成立100周年系列庆祝活动的重要内容贯穿全年，举办习近平总书记“七一”重要讲话精神专题学习班，党委委员分别在所在支部讲授主题党课，各基层党组织利用“三会一课”广泛交流研讨，全关形成了关党委、机关党委、各隶属海关党委、各党支部相互联动的学习宣传机制。高标准高质量组织开展“党旗在基层一线高高飘扬”、“光荣在党50年”纪念章颁发、“两优一先”评选表彰等庆祝中国共产党成立100周年系列活动，激励广大党员牢记初心使命、赓续红色血脉。

（四）突出知行合一，深入开展“我为群众办实事”实践活动。

坚持“三个走进”“三个找准”，主动走进地方政府、走进服务对象、走进基层一线，各级党组织开展调查研究200余次，聚焦海关需要跟进提升的问题、企业群众最急迫的问题、基层干部职工最关心的问题，统筹推动国门安全、便民利企、暖心聚力“三大工程”齐头并进。扎实开展“我为群众办实事”实践活动，通过建立“月度总结、定期销账”机制圆满完成两级党委确定的156项重点民生项目、352条具体措施，切实做到民呼我应“见速度”。坚持品牌导向、实绩导向，太原海关“脱贫不松劲 攻坚再发力”“连续7年组织万余人次‘走进剧场’一起分享幸福”2个项目入选全国海关“我为群众办实事”百佳项目。

（五）加强组织推动，确保党史学习教育高质高效。

认真研究制定关区党史学习教育工作方案，成立党史学习教育领导小组及工作机构，明确46项具体任务，制定推进表并在每月形势分析及工作督查例会上推动督办落实。关党委委员通过支部党员大会、基层联系点等方式，加强实地调研和具体指导。建立6个督导组，通过“线上+线下”“指定+随机”等方式从严从实开展巡回指导。坚持严标准、实作风，高质量开好专题组织生活会，认真准备专题民主生活会，对照“5个带头”深刻检视存在的问题，扎实推动整改落实。加强典型经验做法宣传推广，编发“并关政工”党史学习教育专栏文章407篇，48篇宣传稿被《金钥匙》杂志、“中国海关”强国号等刊用，全方位展现党史学习教育成效。

二、工作成效

在党史学习教育中，深刻学习铭记党百年奋斗的光辉历程，深刻学习认识党始终不渝为人民的初心宗旨，深刻学习领会马克思主义中国化形成的重大理论成果，深刻学习传承党在长期奋斗中铸就的伟大精神。关区各级党员干部历史自信、理论自觉、政治意识、性质宗旨、革命精神和时代责任进一步增强，达到了“学党史、悟思想、办实事、开新局”的目标。

（一）捍卫“两个确立”、践行“两个维护”的政治自觉更加坚定。

通过党史学习教育，广大党员干部深刻认识到党的十八大以来，我们之所以能够战胜一系列重大风险挑战，最根本的原因在于有习近平总书记作为党中央的核心、全党的核心掌舵领航，在于有习近平新时代中国特色社会主义思想科学指引。党史学习教育中，坚持并完善“第一议题”制度，以坚决的态度、迅速的行动、有力的举措，学习贯彻落实好习近平总书记重要指示批示精神。慎终如始做好口岸疫情防控，坚持“人、物、环境同防”“多病共防”，着力加强国际航班检疫监管。构建进出口食品安全体系，实施进口食品安全放心工程“国门守护”行动，开展供港澳食品专项整治。保障国门生物安全，有序开展疫病监测、安全风险监控和有害生物安全监测。优化商品质量安全监管模式，严格落实危险化学品100%检验监管要求。接续推进乡村振兴，太原海关驻村工作队获评山西省脱贫攻坚先进集体，1名同志获评山西省脱贫攻坚先进个人。

（二）牢记“国之大者”，建设社会主义现代化海关的信心更加饱满。

海关与国家、民族的命运息息相关，党领导下的海关奋斗史也是海关人为中华民族伟大复兴不懈奋斗的历史。必须胸怀“两个大局”、牢记“国之大者”，全面贯彻新发展理念，踔厉奋发建设社会主义现代化海关。党史学习教育中，全关上下牢记为国把关的职责使命，准确把握国家安全形势变化新特点新趋势，强化监管优化服务，落实国家总体安全观，有效应对和化解各种风险挑战。持续巩固压缩通关时效成果，深化“放管服效”改革，从提效率、减单证、优流程、降成本、强监管、提高企业获得感6方面持续优化口岸营商环境。高水平促进对外开放平台建设，开展太原武宿综合保税区进境水果、冰鲜水产品指定监管场地远程验收工作，积极支持山西申建自由贸易试验区。推动老区振兴，助力“吕梁山猪”、小杂粮、温带水果等产业走向国际市场。

（三）坚守初心使命，全心全意为人民服务的宗旨意识更加牢固。

通过党史学习教育，广大党员干部深刻认识到党的百年奋斗史，就是一部践行党的初心使命的历史，就是一部党与人民心连心、同呼吸、共命运的历史。在党史学习教育中，始终践行“人民海关为人民”，加强政策服务力度，提供知识产权保护、跨境电商监管、《区域全面经济伙伴关系》（RCEP）、企业信用管理等方面政策信息，助力企业用足用好政策红利，积极参与国内国际双循环。精准帮扶企业，快速响应企业申报进口不作价设备被“退单”、二手设备查验率过高等问题。深入社区广泛宣传进出口食品安全常识，提供时令节日食品安全检测服务，精准回应群众需求。关心关爱干部职工，机关、各隶属海关通过积极推进“亮化”工程和“幸福食堂”等多项举措，大力改善干部职工办公、生活环境。

（四）坚持雷厉风行、令行禁止的准军事化海关纪律部队作风更加优良。

通过党史学习教育，广大党员干部深刻认识到必须继承发扬伟大建党精神，传承发扬跨越时空的太行精神、八路军精神、吕梁精神、右玉精神、刘胡兰精神，传承红色基因、赓续红色血脉。在党史学习教育中，发扬准军事化纪律部队优良作风，强化垂直管理意识，党员干部在战疫情、保安全、稳外贸中主动当先锋、站前排，党旗高高飘扬在国门守护一线、急难险重一线、为民服务一线。注重培树先进典型，机关及11个隶属海关、3个事业单位荣获2020年度“山西省直文明单位标兵”荣誉称号。

实现文明单位全覆盖，机关及运城海关被评为山西省社会主义核心价值观建设示范点，全国海关党建示范品牌增至3个。持续推进清廉海关建设，大力开展“现场监管与外勤执法权力寻租”专项整治工作，深入开展警示教育月活动，建立关区典型案例通报制度，引导党员干部不断增强拒腐防变自觉，关区干部队伍始终保持强大战斗力。

三、经验启示

（一）坚持系统观念。

坚持把“我为群众办实事”实践活动与巡视整改、“现场监管与外勤执法权力寻租”专项整治相结合，协同发力、系统推进，同步实施“建账定责—精准销账—成效反馈”的工作机制，加强统筹联动和动态管理。组织开展“构建开放新高地，太原海关有作为”专题大讨论，集思广益、凝聚合力汇总182条措施建议，将大讨论的成果转化为《太原海关服务山西打造内陆开放新高地　促进外贸稳增长2021—2023

年行动方案》，制定了包括平台能级提升工程、营商环境优化工程、提质便民惠企工程等5项工程30条举措。

（二）强化上下联动。

创新“1＋1”联学共建机制，推动职能处室党支部与隶属海关联系点党支部相互配合、共同开展“我为群众办实事”主题党日活动，职能处室党支部积极提供政策指导，基层联系点党支部主动反馈政策执行情况，有力有效促进党建业务深度融合，联合找准为民服务着力点，协力解决企业群众关心关注的急难愁盼问题44个。

（三）打造服务品牌。

积极打造太原海关“党员帮您办”服务品牌，问企所需、知民所忧，各基层党组织收集解决企业群众困难、问题64个。关领导带队走进《政风行风热线》“我为群众办实事”直播间，围绕海关职能职责、“我为群众办实事”实践活动开展情况与广大听众进行在线交流，现场倾听企业群众心声，耐心细致解答企业群众关心关注的热点难点问题，让企业群众有实实在在的获得感。

（撰稿人：吴海军）

学习贯彻党的十九届六中全会精神

党的十九届六中全会召开以来，太原海关全体干部职工积极响应，满怀热情投入学习贯彻宣传十九届六中全会精神的活动中。党的十九届六中全会全面系统总结了党走过的光辉历程、取得的辉煌成就和宝贵经验，对推动全党进一步统一思想、统一意志、统一行动，团结带领全国各族人民夺取新时代中国特色社会主义新的伟大胜利，具有重大现实意义和深远历史意义。太原海关党委把传达学习贯彻全会精神作为当前和今后一个时期的重要政治任务，从党的百年奋斗的伟大成就和历史经验中汲取奋勇前行的磅礴力量，坚定谱写社会主义现代化海关建设新篇章的信心决心，锲而不舍、一以贯之推进“五关”建设、打造内陆精品海关。

一、加强组织领导，掀起学习全会精神热潮

为了把党的十九届六中全会精神学习好、领会学、宣传好、贯彻好、实践好，太原海关党委高度重视、精心部署，迅速掀起学习宣传贯彻全会精神的热潮。关党委发挥“头雁”作用，组织在机关主会场、各隶属海关和事业单位12个分会场集体收看中共中央党的十九届六中全会精神新闻发布会直播实况。直播结束后，太原海关党委第一时间召开党委会，专题学习《中国共产党第十九届中央委员会第六次全体会议公报》，研究关区学习贯彻落实全会精神的措施。举办为期5天的党委理论学习中心组（扩大）学习暨党的十九届六中全会精神专题学习班，党委书记作开班动员带头向全关党员干部宣讲全会精神，党委委员领学和重点发言，其他列席同志进行交流发言，围绕六中全会精神主题深入开展研讨，并邀请山西宣讲团成员现场作宣讲报告。两级党委下沉宣讲，党委书记和班子成员分别到所在支部宣讲辅导，机关党员领导干部参加所在支部学习交流活动，隶属海关党委书记到基层一线宣讲，全关形成了关党委、机关党委、各隶属海关党委、各党支部相互联动的学习宣传机制；线上线下融合宣讲，党委书记录制主流媒体海关专场微视频，关区结合年度基层党组织书记抓党建工作述职，推

动宣讲实现“书记抓、抓书记”，组织党员撰写心得体会，利用支部集体学习、“三会一课”广泛交流研讨，发放学习辅导教材600余册，开展线上学习2次，刊发微信公众号宣传稿件5篇次。各基层党组织通过“三会一课”、主题党日、宣讲研讨等形式，综合运用线上线下学习平台，引导党员干部原原本本学、联系实际学、深入思考学，通过发布学习要点、交流学习经验、报道创新做法，营造了浓厚的学习宣传氛围。

二、坚定理想信念，坚持用党的创新理论武装头脑、指导实践、推动工作

（一）突出学习重点，确保学深悟透。

两级党委发挥领学促学作用，引领全关干部职工深入领会全会精神的和核心要义和精神内涵，一是深刻领会、准确把握党百年奋斗的光辉历程和重大成就。党和人民百年奋斗书写了中华民族几千年历史上最恢宏的史诗，特别是党的十八大以来，以习近平同志为核心的党中央团结带领全党全国各族人民，推动党和国家事业取得历史性成就、发生历史性变革，彰显了中国特色社会主义强大生机活力，牢记习近平总书记视察山西重要讲话重要指示精神，蹚出一条转型发展新路子。二是深刻领会、准确把握党百年奋斗的历史意义。从党的百年奋斗中看清楚过去我们为什么能够成功、弄明白未来我们怎样才能继续成功，始终牢记党中央赋予山西建设国家资源型经济转型综合配套改革试验区的重大任务，积极建设内陆对外开放新高地。三是深刻领会、准确把握党百年奋斗的宝贵的历史经验。把“十个坚持”宝贵历史经验学习好、领会好，切实贯彻落实到海关工作全过程各方面，奋力建设社会主义现代化海关，以海关精彩工作实践充分彰显习近平新时代中国特色社会主义思想的强大真理力量、思想力量和实践力量。四要深刻领会、准确把握党百年奋斗的理论创新成果。深刻认识“两个确立”的重大政治意义、历史意义，在增强忠诚核心、维护核心、紧跟核心的政治自觉上达到新高度，坚定不移把“两个确立”转化为做到“两个维护”的思想自觉、政治自觉和行动自觉，增强“四个意识”、坚定“四个自信”、做到“两个维护”，善于把握政治大局、政治逻辑，把准政治方向，严明政治纪律和政治规矩，做政治上的明白人，在坚持不懈用习近平新时代中国特色社会主义思想武装头脑、指导实践、推动工作上展现新成效。

（二）注重学习方法，深化对十九届六中全会精神的认识。

一是原原本本学，突出一个“深”字。在吃透精神、领会精髓上下功夫，原原本本学、全面深入学深入学习决议实事求是、尊重历史的科学态度，牢牢把握党的历史发展的主题主线、主流本质，不断提高政治判断力、政治领悟力、政治执行力，把“两个确立”真正转化为做到“两个维护”

的思想自觉、政治自觉、行动自觉。二是融会贯通学，突出一个“悟”字。把培养历史眼光和肩负时代使命贯通起来，深刻认识中国从站起来、富起来到强起来的艰辛探索和历史必然，从百年党史中汲取经验、启迪智慧，进一步坚定道路自信、理论自信、制度自信、文化自信。三是知行合一学，突出一个“实”字。自觉践行以人民为中心的发展思想，深入开展“我为群众办实事”实践活动，着力解决人民群众“急难愁盼”问题，切实把学习成果转化为履职尽责、干事创业的实际成效。四是久久为功学，突出一个“严”字。坚定扛起全面从严治党主体责任，把“严”的主基调长期坚持下去，一体推进不敢腐、不能腐、不想腐，不断增强自我净化、自我完善、自我革新、自我提高的能力，坚决纠治“四风”，推动关区全面从严治党向纵深发展。通过个人自学、支部学习和集中学习，进一步深化了全体干部职工对全会精神的认识理解，增强了贯彻落实全会精神的政治担当，坚定了全面建设社会主义现代化强国作出海关贡献的决心。

（三）注重学以致用，激发奋进力量。

全力推动全会精神转化为干事创业的强大动力，更加准确地把握了坚持和完善中国特色社会主义制度、推进建设社会主义现代化强国的总体要求和目标任务，明确了当前海关工作面临的机遇挑战与改革发展要求，坚定了深化改革创新、强化监管优化服务、推进社会主义现代化海关建设的信心决心，增强了做好海关工作的使命担当，更加自觉将党中央部署要求转化为谋划海关工作的创新思路和有效举措，在制度的轨道上不断推动海关各项事业蓬勃发展。

三、强化责任担当，学做结合推动贯彻落实

（一）提高政治站位，奋勇建设社会主义新海关。

注重分类指导，对处级领导班子和领导干部这一“关键少数”，坚持标准更高、要求更严，学在前、做在前、改在前；对基层党组织和普通党员这一“绝大多数”，力求方法灵活、务求实效，想办法让广大党员干部在学习上产生浓厚兴趣、心灵上形成强烈共鸣，确保全覆盖、贯到底。注重实际效果，切实做到思想上高度统一、政治上高度清醒、感情上高度贴近、行动上高度同步，增强“四个意识”、坚定“四个自信”、做到“两个维护”。更加注重从全局高度领会中央精神、认识海关工作，看清各项工作的政治大局、政治要求，更加善于从政治上分析问题、解决问题、推动工作，为海关事业发展提供坚强的政治保证。

（二）融入发展大局，助力山西转型发展蹚新路。

将学习贯彻落实全会精神与贯彻落实习近平总书记两次视察山西重要讲话重要指示精神、落实总署党委“五关”建设要

求结合起来，与落实《“十四五”海关发展规划》结合起来，更好统筹发展和安全，落实总体国家安全观，强化监管优化服务，以上率下担当作为，严格进出口贸易禁限管控，加强口岸环节反恐维稳，深化综合治税，深入推进反走私综合治理，加大力度实施国门安全保障工程、便民惠企提质工程、进出口通道畅通工程、平台能级提升工程、营商环境优化工程等“五大工程”，助力山西积极融入“一带一路”建设，融入京津冀协同发展、中部地区崛起、黄河流域生态保护和高质量发展等国家发展战略，为山西全方位推动高质量发展赋能添力。进出口贸易不断增长，对外开放平台能级不断提升，中欧班列突破500列大关，增开“太原—旧金山”等5条国际货运直航航线，首架飞机保税维修再制造业务启动，跨境电商新业态加速发展，综合保税区进出口业务大幅增长。2021年，山西省货物贸易进出口2,041.4亿元，首次突破2,000亿，增速居全国第三。

（三）坚持严的主基调，持之以恒推进全面从严治党。

深化“强基提质工程”，持续提升党建工作水平，不断强化两级党委的政治建设，加强基层党组织规范化建设，坚持党建与业务同谋划、同部署、同推进、同考核，推进党的建设高质量发展。坚持党管干部原则，打造高素质专业化干部队伍，加强准军事化纪律部队建设。严格落实中央八项规定及其实施细则精神，反对形式主义、官僚主义，切实减轻基层负担。加强党风廉政建设，“四责协同”落实管党治党责任，坚持不懈纠治“四风”，紧盯执法、管理、廉政风险点，贯通用好“四种形态”特别是“第一种形态”，一体推进不敢腐、不能腐、不想腐，打造清廉海关。做好巡视“后半篇文章”，巩固拓展巡视整改成果，坚持标本兼治，坚决做到“不贰过”，以实实在在的整改成效，推动各项工作全面进步、全面过硬。

下一步，太原海关党委把学习贯彻全会精神与学习贯彻习近平总书记视察山西重要讲话和重要指示精神结合起来，与开展党史学习教育和深化巡视整改结合起来，与推动年度各项任务落地落实结合起来，切实把学习成果转化为真抓实干的精气神和忠诚干净担当的实际行动，解放思想、实事求是、真抓实干、久久为功，以优异成绩迎接党的二十大胜利召开。

（撰稿人：朱江涛）

统筹口岸疫情防控和促进外贸稳增长工作

一、全面落实中央疫情防控和促进外贸稳增长决策部署

（一）强化政治意识，提升政治执行力。

面对突如其来的新冠疫情，太原海关党委和全体干部职工认真贯彻落实习近平总书记关于新冠疫情防控的重要指示批示精神，坚持生命至上、人民至上的理念，根据疫情防控人民战、总体战、阻击战的战略部署，统筹疫情防控和促进外贸稳增长工作，闻令而动、遵令而行，以高度的政治感、使命感全力以赴做好疫情防输出、防输入工作，取得了阶段性疫情防控成果，实现了“打胜仗、零感染”的阶段性目标。太原先后成为目的地为北京、上海的国际航班第一入境点，党委书记、关长高继科全程参与建立入境分流航班联合行动机制，常驻省联防联控现场指挥部任轮值总指挥、参与现场值班，加强协调指导。关党委委员轮流到现场带班，与口岸一线人员一道昼夜奋战在疫情防控第一线，第一时间研判现场情况，对遇到的各类问题“即决式”解决，下达工作指令，确保检疫环节不缺位、沟通对接无障碍、人员转运高效率。积极帮扶山西进出口企业克服疫情不利因素，在世界经济严重衰退、国际需求大幅萎缩、贸易壁垒明显增加、物流运行遇堵不畅的严峻复杂形势下，积极出台实施一系列稳外贸政策措施，积极支持培育贸易新业态，提高贸易便利化水平，畅通物流渠道，激发市场活力，精准帮扶出口企业逆势发展。在这场伟大的抗疫斗争中，太原海关多个单位、个人获得总署、山西省政府表彰，彰显了海关政治机关本色、人民海关为人民的情怀。

（二）全面动员，加强组织领导。

太原海关党委始终把疫情防控工作作为当前工作的头等大事，重中之重，成立由关长任总指挥、党委委员为副总指挥、相关部门单位负责人为成员的统筹口岸疫情防控和促进外贸稳增长工作指挥部，下设专项工作组分工负责，关领导关联隶属海关单位。指挥部第一时间学习贯彻落实

习近平总书记重要指示批示精神和党中央、国务院决策部署及总署防控工作要求，及时研判疫情防控形势，及时部署防控工作和解决防控工作中的困难和问题，深入一线，靠前指挥，扎实推进各项工作落实。各隶属海关单位都相应成立了疫情防控指挥部，为疫情防控有序、有力、有效开展提供了组织保证。同时，认真落实疫情防控联防联控、地方负责制要求，在地方党委政府的统一领导下，分级建立和完善联防联控机制，作为地方疫情防控指挥部成员单位，认真履行属地疫情防控海关职责，在做好疫情防控工作的基础上，积极支持地方复工复产和经贸发展，受到山西省各级党委和政府的高度认可。另外，将疫情防控督导常态化，成立督导组和疫情防控“挑毛病”专家组，对口检查、指导有出入境业务的隶属海关和单位的疫情防控工作，保证防控措施的有效落实，形成了长效督导机制，保证立行立改。

二、依法科学防控，措施落实有力

及时制定关区各类技术方案及预案，并根据不断变化的疫情形势和防控要求持续完善。按照“一航线一策、一航班一策”的原则制定各类工作方案，积极做好分流航班、澳门往来航班的卫生检疫工作，紧盯重点国家（地区）、重点人群，科学有效精准检疫。

（一）强化风险研判。

结合太原关区口岸通航情况，密切跟踪国内外疫情形势变化，及时收集疫情信息，积极开展研判分析和风险评估，指导口岸精准防控。

（二）严格交通工具检疫。

对入境航班按照布控指令在指定机位登临检疫，严格按照最新版《新型冠状病毒肺炎口岸防控技术方案》和相关文件要求，开展机组和旅客的情况问询、核查证单、医学巡查、体温监测及有症状人员排查处置、卫生处理监督等工作。

（三）严格人员检疫。

太原海关严格按照总署最新版新冠肺炎口岸防控技术方案要求对所有入境人员实施健康申报核验、两道体温监测、医学巡查和采样检测，对检疫异常人员进一步实施流行病学调查和医学排查等卫生检疫措施；对所有入境人员按照有关规定分类实施转运移交，做好转运移交记录，检疫异常旅客转运至定点医院，其他旅客移交地方联防联控部门转运至集中隔离酒店，并及时将信息通报联防联控机制。结合境外疫情形势及防控最新要求，不断完善入境人员检疫场所的改造，设立独立检疫区域、配备专门检疫人员，严格区分检疫异常人员和机组人员，与其他入境人员严格物理隔离，严防交叉感染。严格按规定对现场检疫发现“四类人”的行李物品实施消毒监督。充分运用科技手段，持续优化入境卫生检疫流程，及时上线旅客通关系统卫生处置应用，大力推广电子化审卡流调，节省一线封闭管理人力。

（四）入境客运航空器终末消毒监督。

严格按照国务院联防联控机制和总署的相关要求，规范落实航空器终末消毒监督职责。及时组织口岸运营单位、航空公司就入境航空器新冠肺炎终末消毒相关文件要求进行宣贯，明确企业各方主体责任。及时与属地联防联控机制沟通，落实后续处置工作。

（五）进口冷链食品和高风险非冷链集装箱监测检测和预防性消毒监督。

进口冷链食品监测检测和预防性消毒监督。结合实际制定了进口商品新冠病毒检测采样和预防性消毒监督等工作方案及应急处置预案，多次组织开展进口冷链食品采样及预防性消毒监督业务知识、个人防护技能培训，组织开展实操演练、应急处置演练，不断提高一线执法人员的业务能力，提升疫情防控能力。

（六）进口高风险非冷链集装箱货物监测检测和预防性消毒监督。

严格按照布控指令开展进口高风险非冷链集装箱货物监测检测和预防性消毒监督工作，按照要求对采样作业过程和消毒监督作业过程进行录证，按照要求监督处理单位规范实施消毒。按照《卫生检疫司口岸监管司关于做好进境空集装器新冠病毒检测和预防性消毒有关工作的通知》要求对空集装器进行采样检测和预防性消毒。

（七）实验室技术保障。

新冠肺炎疫情发生以来，太原海关保健中心第一时间完成生物安全二级实验室备案工作。紧急增配2台全自动核酸提取仪、1台高通量PCR仪、1台全自动化学发光分析仪、1台新冠病毒快检设备、1台过氧化氢发生器等设备，迅速将新冠病毒核酸日检测量从50份提高至400份。多次组织开展检测能力培训提高检出率，积极参加国家卫生健康委临检中心新冠病毒检测室间质评，确保检测准确性，为新冠肺炎疫情防控提供强有力的技术支撑。持续加强检测人员技术培训和指导，严格遵守样本处理、保存、检测等环节技术操作要求，严格按照总署规范要求开展实验室检测工作，采取有效措施避免样本间污染，确保检测结果准确可靠。加强实验室生物安全管理，持续开展实验室生物安全每日巡查，严格做好废弃物处置，严格执行样本管理规定要求，做好阳性样本移交工作，及时跟踪基因测序结果。

（八）视频监控检查。

对照疫情防控各项措施规定，持续完善太原海关监控检查清单，基本覆盖了疫情防控各业务领域。组织“挑毛病专家组”开展视频监控检查，及时发现现场工作中存在的问题，并推动问题整改。通过视频监控发现的问题均已完成整改，并持续进行跟踪验证。

（九）从严从细抓安全防护。

不断提高政治站位、落实防护主体责任，充分认识新冠肺炎疫情常态化防控工作的多样性和复杂性，继续压实压紧安全防护责任链条，坚持各项业务工作与安全防护工作“同研究、同部署、同督促”，坚决克服麻痹思想、侥幸心理、松懈心态，严格按照总署各项要求，从严、从实、从细把安全防护工作做到位。组织开展安全防护培训考核和应急演练，对各类安全防护文件第一时间组织学习，传达到位。对地方支援海关疫情防控工作人员全员进行培训，确保应训尽训、全员覆盖。持续健全培训考核、监督管理、健康监测“三位一体”安全防护制度体系，强化落实“岗前检查、工作巡查、全程督查”和“双人作业、互相监督”安全防护监督制度，严格执行安全防护操作指南和作业指引。严格按照“每月一自查、每季一督查”要求，充分利用现场随机抽查、视频监控检查等方式，深入查找漏洞和不足，建立“三个清单”并定期“回头看”，着力推进整改落实落地，建立安全防护台账，实现现场能整改到位的立即整改，现场整改解决不了的登记造册。

（十）严格落实一线人员封闭管理。

第一时间制订封闭管理工作方案，成立工作专班，切实落实工作人员封闭管理各项工作。选择独立酒店作为集中封闭管理场所，邀请卫生专家现场指导，对酒店进行改造，符合“三区两通道”要求。严格执行“四必须”“五件套”“六个不”的管理要求，进一步细化完善工作方案、封闭管理指南、应急处置预案，严格落实登记造册、封闭管理、两点一线、一天一检、全员全程接种疫苗的要求，持续加强人员管理。建立封闭管理监督检查工作机制，明确监督检查职责分工。通过采用实地检查、电话抽查、管理部门自查等方式加强对封闭管理的监督检查工作。

（十一）扎实推进新冠病毒疫苗接种工作。

海关工作人员新冠病毒疫苗总体接种率达96.3%。按照“应接尽接”原则，积极做好动员，持续加快推进加强免疫接种，始终动态保持口岸一线工作人员新冠病毒疫苗100%加强免疫接种，并严格做到接种后个人防护标准不降、措施不减。

（十二）夯实基础保障、有力提升应急能力。

举全关区之力共同抗疫。一是做好新冠肺炎疫情防控三级梯队建设。举全关之力抽调业务骨干，组建一线、预备和应急梯队，两个工作梯队轮换上岗。2021年至今共派出331人次支援口岸疫情防控工作。在编制2022年公务员考录计划时，安排了3个名额用于招录医学专业人员，占总名额的1/3。二是关心关爱一线人员。严格执行总署党委关于保护关心爱护疫情防控一线人员的16条措施，把总署党委各项保护关心爱护政策落实到位。组建心理健康服务专业队伍，加强心理健康服务工作，对封闭管理人员进行心理评估，开展解疑释惑、心理疏导。三是强化一线人员激励措施。领导干部选拔任用、职级晋升、奖励、考核优秀比例等向疫情防控一线倾斜。对疫情防控表现突出的优先晋升职务职级。全国海关系统抗击新冠肺炎疫情表彰太原海关先进集体2个，先进个人9人；山西省级抗疫表彰太原海关集体1个，个人二等功1人，嘉奖2人；关区内部表彰集体三等功1个、个人三等功6名、个人嘉奖26名，通报表扬103名；对2021年参与疫情防控工作人员开展及时奖励，奖励个人三等功15人、记功3人、个人嘉奖38人、通报表扬115人。2021年度考核对参加疫情防控封闭管理人员单独考核，按35%的比例单独核算优秀等次名额。及时足额为关区疫情防控人员发放临时性工作补助。四是积极争取地方支援。积极发挥海关口岸卫生检疫的职能作用，积极协调地方卫健委支援医疗力量保障分流国际航班卫生检疫工作，每班次航班支援海关口岸采样人员14名、实验室检测人员1名。强化培训锻造专业队伍。严格开展一线人员岗前实操培训。结合工作实际，采取分岗位“一对一、面对面”考核的方式，确保一线人员熟悉掌握岗位工作要点和个人防护操作要领，考核合格后方可上岗，切实提升一线工作人员疫情防控业务能力水平。及时更新完善各类突发事件应急处置预案，组织多层次、多轮次演练，针对职业暴露、标本溢撒等突发情况开展应急处置“实地、实战”演练。通过实战演练、观摩学习，进一步补齐短板和弱项，不断提高一线人员现场应急处置、安全防护能力，持续提升一线人员应急处置专业化水平。集全关财力保障防控经费和防控物资供应。坚决贯彻落实“过紧日子”要求，专项资金使用合法合规、专款专用、全部依法履行政府采购程序。高效调配防疫物资，严格规范使用防疫资金。制定关区应急物资装备储备库管理办法，物资分类分批专库管理。积极争取地方疫情防控指挥部物资支持，定期统计关区疫情防控物资消耗情况，及时统筹调配防疫物资。认真监控资金使用情况，确保疫情防控专项资金专款专用。

（十三）严而又严抓内部防控。

自疫情防控以来，太原海关按照总署要求，结合属地防疫政策，建立并不断完善内部防控制度。认真做到“五有”，有疫情防控指南、防控管理制度、应急工作预案、隔离场所和转运安排准备。在办公楼出入口等摆放佩戴口罩、出示“两码”提示牌，张贴疫情防控知识图片等，提醒干部职工做好安全防护。建立干部职工健康监测台账，全体干部职工（含在职、借调、聘用、服务外包人员等）及共同居住人均纳入健康监测范围。严格出差出行管理，建立全体干部职工出差出行台账。建立了重点人群“应检尽检”台账，对口岸一线工作人员、因公出差人员、重点岗位人员等核酸检测情况进行登记。制定《太原海关工作人员感染新冠肺炎内部应急处置工作预案》等4项工作预案，完善工作人员感染新冠肺炎应急处置程序。山西发生本土疫情以来，严格落实属地疫情防控各项要求。将疫情内部防控工作的督查检查作为职能监督和纪检监督的日常工作，通过定期全面检查和不定期定向抽查的方式，检验各部门单位内部防控措施的落实情况。以“四不两直”方式对相关部门单位自查情况进行“回头看”检查，确保自查发现的问题切实整改到位，同类问题不再出现。

（十四）加强政治监督。

一是聚焦疫情防控责任落实，强化监督保障。制发监督工作方案，紧盯疫情防控责任落实，确保各项防控措施更加精准有效。二是聚焦疫情防控实效，深入实地开展监督检查。党委纪检组长带队以“四不两直”方式到一线开展监督检查，针对发现的问题，在每周关领导碰头会上及时向班子成员通报，与分管关领导共同监督整改。三是聚焦疫情防控工作中失职渎职行为，严肃执纪问责。结合疫情防控实际提出纪律要求，设置举报信箱、畅通举报电话、开通微信网络举报，从严从快追究纪律责任。

三、促进外贸稳增长工作

（一）统筹全业务领域，形成一揽子稳外贸政策。

出台《太原海关服务山西打造内陆开放新高地，促进外贸稳增长2021年—2023年行动方案》，制定了包括平台能级提升工程、营商环境优化工程等“5大工程”、30项工作举措，提出了中长期范围内全面系统支持山西外贸发展的具体举措梳理形成《太原海关服务山西构建对外开放“新高地”政策措施汇编》；建立服务打造开放新高地、促进外贸稳增长联系配合工作机制，对政府重点工作、企业反馈问题实施台账管理，解决企业“急难愁盼”问题6项。全年开展政策宣讲88次，涉及30余个政府部门、450余家企业。

（二）认真摸清业务基本面，开展针对性外贸帮扶。

梳理完成“太原海关辖区主要进出口企业信息汇总表”，重点关注关区业务量排名前50重点企业的产品类别、贸易国别、预计贸易额。指导隶属海关认领辖区重点企业，开展针对性调研帮扶。梳理关区农产品、肉类、果蔬等行业共10家出口量较大且具有全国影响力和代表性的企业，形成太原海关推荐国外技术壁垒交涉应对重点企业名单。建立关领导牵头的出口企业技术性贸易措施咨询服务工作机制，抓好精准帮扶出口企业、加强技贸措施解读、开展企业宣传培训、畅通咨询服务渠道、强化信息收集分析、配合总署做好对外交涉应对工作等措施的落实，明确工作任务、责任部门和完成时限。

（三）支持新业态发展壮大，带动形成新的贸易增长点。

支持跨境电商业务良好运行，倡议发起了包括海关、商务、综合改革区、山西省跨商协会、重点跨商企业在内的跨境电商联席会议工作机制，全年举行5次会议，共解决涉及海关工作的企业问题8个，达到了畅通联系、解决问题的目的。组织跨境电商专题岗位练兵春训，通过现场、线上、关企微信群共开展内部培训5次，针对跨境电商相关政策宣讲培训25次，在《山西经济日报》刊发宣传稿件4个，及时宣传跨境电商相关政策和工作成效。跨境电商企业对企业出口监管试点政策下发后，积极复制推广，共为7家跨商企业办理了跨境电商出口海外仓业务模式备案，接受“9710”模式报关单申报5份，接受“9810”模式报关单申报1份。助力山西全面深化服务贸易创新发展试点建设。组织工作专班，研究服务贸易相关政策，梳理深化服务贸易创新发展试点城市海关支持举措，沟通相关海关了解服务贸易海关监管创新研究内容；委托晋阳、武宿、大同、阳泉、运城、长治海关初步调研山西省20家服务贸易重点企业的服务贸易开展情况，了解企业“十四五”期间服务贸易业务规划、面临的困难及工作建议、需海关解决的问题等。印发了《太原海关支持山西省服务贸易发展的措施》等专项支持措施。

（四）畅通物流渠道，稳定产业链和供应链。

研究制定了《太原海关关于进一步促进山西省航空运输进出口工作方案》，对山西省航空运输进出口业务的发展现状、存在问题进行了初步分析，提出促进山西省航空运输进出口业务扩大发展的建议完成大同航空口岸开放省级预验收，成功保障武宿国际机场开通4条国际货运航线；做好中欧班列海关监管服务工作，促进中欧班列持续健康发展，2021年共受理申报进出口中欧班列184列，进出口货值约26.6亿元。

（五）强化协作沟通，激发市场活力。

先后与山西省商务厅、中国银行山西省分行、山西省双打办建立合作机制；开展市场主体倍增政策研究，成立由高继科关长任组长，丁三寅副关长、丁传民副关长及张彦主任任副组长，各业务职能部门及隶属海关主要负责人为成员的太原海关市场主体倍增工作推进小组，统筹关区相关工作。召开关区市场主体倍增工作海关政策措施研讨会，纂写《太原海关支持外贸市场主体倍增政策研究报告》。

（撰稿人：曹　欣　牛　煜）

“精品海关”建设工作

在全关开展“精品海关”建设，打造“严、实、优、新”的内陆精品海关，是近几年来太原海关党委一以贯之的治关理念。打造内陆“精品海关”的治关理念，是关党委贯彻中央精神，落实总署党委“五关”建设要求，紧跟形势任务，着眼长远发展，结合太原海关实际提出的。2018—2021 年，关党委高度重视，逐年推进，一步一个脚印、一年一个台阶，稳步推进“精品海关”建设。各部门单位积极组织推动，广大党员干部积极投入，基层群众热情支持，精品理念深入人心，得到广泛认同。经过全关上下的共同努力，各项工作持续向高效率迈进，向高标准靠拢，向高质量转变。实践证明，“精品海关”治关理念符合太原海关实际，得到了普遍认可。

太原海关党委精心安排、周密组织，成立了“精品海关”建设领导小组，自 2018 年起，逐年开展了“起步年”“提升年”“成效年”“巩固年”建设，全关以“素质精良，执法精准，服务精心，管理精细”为目标，创建了一批精品科室和精品示范岗位，组织推动“精品海关”建设中也涌现出了一批先进集体和先进个人。经过 4 年的努力，全关基本形成了谋划工作有精品意识、推动工作有精品态度、落实工作有精品能力、检验工作有精品标准的工作格局，“精品海关”建设取得了明显实效。

一、取得的成效

（一）坚守正确的政治方向，把讲政治落到实处。

太原海关党委深刻认识到，旗帜鲜明讲政治、保证党的团结和集中统一是党的生命，也是中国共产党能成为百年大党、创造世纪伟业的关键所在。在推进“精品海关”建设过程中，关党委全面贯彻党的十九大和十九届历次全会精神，坚持以习近平新时代中国特色社会主义思想为指导，深入学习贯彻习近平总书记系列重要讲话精神，全面落实社会主义现代化海关建设要求，以“小关也能有大作为”的勇气和“小关也要有大作为”的锐气，全面从严治党、从严治关，脚踏实地、真抓实干，强化业务、锻造队伍，锐意进取、开拓创新，从讲政治的高度推进“精品海关”建设。全体干部职工持续深刻领会“两个确立”的决定性意义，增强“四个意识”、坚定“四个自信”、做到“两个维护”，对“政治机关”及“第一方阵”的理解更加深入，捍卫“两个确立”、走好“两个维护”第一方阵的政治自觉、思想自觉和行动自觉更加坚定。

（二）坚持党的领导，组织推动成效明显。

太原海关党委发挥把方向、管大局、保落实作用，全关干部职工的创造力、凝聚力、战斗力持续提升。4 年来，关党委坚持党建引领，以党的建设新的伟大工程为引领，坚持和加强党的领导，全面推进党的政治建设、思想建设、组织建设、作风建设、纪律建设，把制度建设贯穿其中，始终发挥党建对业务工作和队伍建设的引领作用。坚持全面从严，坚定不移推进全面从严治党，不断增强“四个意识”。深入推进全面从严治关，坚持严管队伍、严抓基础、严格监督、严肃执纪，保平安、促和谐、推动发展。坚持问题导向，正视党建、业务、队伍工作中存在的实际问题，以近年来巡视、巡察、审计发现的问题为切入点，主动深入分析和解决问题，努力做到自我革命、自我完善、不断提高。坚持真抓实干，统一思想和行动，从现在做起、从自身做起、从点滴做起，马上就办，真抓实干，锲而不舍，积小胜为大胜，积跬步至千里，一以贯之，久久为功，确保各项工作落到实处。坚持与日俱新，以深化海关改革为契机，切实担当起党和人民赋予新海关的使命和责任，保持蓬勃朝气和创新活力，准确把握时代脉搏，始终紧跟发展步伐，主动适应新要求，实现新作为，建设新海关。

（三）厚植精品理念，精品意识深入人心。

太原海关党委提出的“精品海关”治关理念，直面太原海关发展的短板，针对工作基础不扎实、节奏不快、要求不严、标准不高，工作做得完但做不精、过得去但过不硬等问题，坚持抓重点、补短板、强弱项、防风险，大力弘扬“工匠精神”，努力做到精益求精。对照“素质精良、执法精准、服务精心、管理精细”的目标，从基层抓起，从基础做起，引导关区全体干部职工树牢“精品海关、从我做起”的坚定信念，把“精品意识”融入每一项工作中，从做好每一件精品工作入手，从培育精品示范岗位发力，统筹推进精品科室创建工作，努力实现“精”在科上、“精”在岗上。在组织方式上，按年度分解“精品海关”建设重点工作任务，分关、处两级开展精品科室和精品示范岗位培树工作，实现了上下联动、全员参与。全体干部职工扑下身子、真抓实干、创先争优，形成了“比学赶帮超”的浓厚氛围，推动各项工作持续向好。4 年来，共培树精品科室 39 个，精品示范岗位 122 个，涌现出先进集体 12 个，先进个人 30 名。

（四）突出率先垂范，担当作为显著增强。

太原海关党委树立带头实干，倡导实干，鼓励实干的导向，全关上下坚持把“精品海关”建设同贯彻落实上级决策部署结合起来，较好落实了“五关”建设要求。政治建关方面，坚决捍卫“两个确立”，增强“两个维护”的自觉性，始终牢记海关是政治机关的属性，严明政治纪律和政治规矩，把讲政治的要求贯彻到各项工作中。改革强关方面，高质量落实各项海关改革任务，积极探索内陆地区海关改革路径，深入落实《海关全面深化业务改革2020框架方案》，“两步申报”适用范围已覆盖全省企业，总体应用率57.65%；提前申报比例49.81%，应用率稳步提升。国际贸易“单一窗口”主要业务覆盖率100%。依法把关方面，做好规范性文件和规章制度的“立改废”，提升工作指引、业务操作手册的应用效果，严格规范公正文明执法，促进一线执法规范统一。科技兴关方面，充分发挥科技在海关工作中的先导和支撑作用，优化实验室管理运行模式，保健中心在疫情防控中发挥了重要作用，技术中心形成“一核三中心+四个综合实验室”的格局，科技应用水平得到大幅提升。从严治关方面，不断强化两级党委的政治建设，重点提升基层党组织的政治功能，深化“强基提质工程”。着力加强党的建设、准军事化纪律部队建设、党风廉政建设和反腐败斗争工作，切实把全面从严治党的各项要求融入日常工作中。4年来，太原海关干事创业、担当作为的精气神得到提振，锲而不舍、一以贯之的责任感不断增强，马上就办、真抓实干的紧迫感进一步强化。

（五）注重实干实绩，工作成效充分展现。

太原海关党委推进“精品海关”建设，始终坚持问题导向和结果导向，各部门单位察实情、出实招、办实事、求实效，努力把“精品海关”建设的成果体现在海关事业发展的实绩和各项工作取得的实效上。4年来，各项重点工作和精品工作取得了良好成果：坚决落实疫情防控各项部署，坚持“人、物、环境同防”“多病共防”，加强入境航班检疫监管和高风险货物风险监测，守好“首都护城河”，严格内部防控，做到了“打胜仗、零感染”，助力山西省夺取疫情防控和经济社会发展双胜利。严厉打击“洋垃圾”、濒危物种及其制品走私，开展“国门利剑”“蓝天”等联合专项行动，严厉打击枪爆物品走私和毒品走私，维护国家安全和社会大局稳定。落实脱贫攻坚决策部署，帮扶的6个村全部按期脱贫。服务山西省打造对外开放新高地，2021年，山西省进出口总值2,330.3亿元，首次突破2,000亿元，同比增长48.3%。围绕打造“六最”营商环境，巩固压缩货物整体通关时间成效。支持太原阳曲综合保税区申建工作。助力太原武宿综合保税区完成二期整改并验收运行。服务“南果中粮北肉东药材西干果”五大平台建设，多种特色产品实现了出口“零”的突破。太原海关机关连续6年获评“促进山西经济社会发展突出贡献单位”。2021年，荣获3个全国海关基层党建示范品牌和2个全国海关基层党建培育品牌，1个山西省直机关先进基层党组织、1个“党建品牌”十佳优秀案例。机关被评为第六届全国文明单位，机关和全部11个隶属海关、3个事业单位均获“山西省直文明单位标兵”荣誉称号。

二、下一步打算

（一）讲政治，进一步落实“五关”建设要求。

始终牢记海关是政治机关的属性，坚决捍卫“两个确立”、做到“两个维护”，持续巩固“精品海关”建设成果。进一步提高政治站位，把“精品海关”建设作为政治建关、解放思想、开拓创新的载体，与学习贯彻党的十九届六中全会精神和党史学习教育结合起来，与建设社会主义现代化海关实践联系起来，把“精品”理念融入贯彻习近平新时代中国特色社会主义思想的具体实践，融入政治建关、改革强关、依法把关、科技兴关、从严治关的实际工作中，努力做到决策有新思维，工作有新思路，破题有新举措，成绩有新进步。

（二）有恒心，进一步树牢“精品”理念。

精品意识是不会随着时间推移而自然保持下去的，也不是随着工作经验的积累而自然提高的。全体干部职工凝聚共识，保持常态，用精品理念培育人、影响人、塑造人，特别是在年轻干部职工身上，既注重春风化雨，更注重实践养成，引导和推动全体干部职工自觉践行精品理念，彰显“精品海关”形象，防止半途而废。每个同志经常提醒自己，养成严肃严格严谨对待工作的习惯，从自身做起、从小处着手，从手中的每一件工作开始，高标准、严要求，精益求精、追求卓越，绝不忽视任何一个细节，绝不放过任何一个细小的错漏，把每一件工作、每一项任务都做到个人能力的极致，切实做到“文经我手无差错、事交我办请放心”。把坚持高标准、严要求的精品理念作为工作的基本标准和要求长期坚持下去，把“精益求精”的精品意识转化成锐意进取、开拓创新的精气神和埋头苦干、真抓实干的动力。用正确的理念、科学的方法、积极的态度和不懈的追求，把“精品海关”建设的成果转化为踏踏实实、干事创业的实绩，切实推动太原海关事业高质量发展。

（三）求实效，进一步明确“三个导向”。

全体干部职工进一步增强责任意识，坚持问题导向、目标导向和结果导向，积极投身“精品海关”建设，以更加进取的精神、更加务实的作风、更加过硬的本领，推动各项工作落实落细落到位，不断提升工作质效，积极营造重实干、重实绩、重实效的浓厚氛围。坚持问题导向，各部门单位要敢于直面问题、勇于修正错误，努力做到不遮丑、不护短，不怕得罪人，发扬党自我革命、斗争精神，在推进巡视巡察整改，业务和财物管理专项大检查，捍卫“两个确立”、做到“两个维护”、强化政治机关建设专题教育活动中，从讲政治的高度审视业务等各项工作，清醒地认识问题、查找风险，积极地整改问题，全面提升工作质量。坚持目标导向，牢固树立“有为才有位，有位必有责”的意识，找差距、抓落实、比成绩，始终做到守土有责、守土负责、守土尽责。严格对“一把手”和领导班子监督，加强班子建设，提升能力水平，一级抓一级、层层抓落实。岁末年初，要明确新任务、制定新目标，善始善终、善作善成，持续推动、久久为功，推动“精品海关”建设向深层次迈进。坚持结果导向，进一步加强结果应用，使“精品海关”建设成效成为领导班子考核、评优评先、职务职级晋升等工作中的重要参考，切实发挥好“精品海关”建设导向作用。培树的先进集体、先进个人、精品科室和精品示范岗位要大力弘扬工匠精神，树牢没有最好、只有更好的理念，自加压力、不断打磨、持续提升、多出精品，要无愧于精品称号，真正起到示范引领作用，让精品之花处处开放，结出累累硕果。

（四）谋发展，进一步全力推进太原海关事业再上新台阶。

深刻认识“两个确立”的决定性意义，胸怀“国之大者”，结合《“十四五”海关发展规划》和工作实际，进一步强化监管优化服务，认真谋划新阶段的新任务，在精品理念上下功夫，在知行合一上下功夫，在常抓不懈上出真招，在推动发展上见实效，形成思想同心、目标同向、工作同力、落实同步的整体合力。精品理念带来的不仅仅是工作质量的提高，更是干事创业环境的优化，对太原海关长远发展有着积极的促进作用。用发展的眼光，聚焦新实践提出的新课题，充分发挥好“精品海关”建设的成效，进一步凝聚人心、鼓舞士气，进一步塑造和展示太原海关的新业绩、新形象，推动太原海关建设发展持续向好，为建设社会主义现代化海关注入源源不断的动力。

（撰稿人：郑　罡）

打击走私重点专项工作

2021 年，太原海关坚决贯彻落实习近平总书记关于打击走私的重要指示批示精神，按照总署开展打击走私“国门利剑 2021”行动决策部署，成立打击走私“国门利剑 2021”行动领导小组，健全完善防控、监管、打击三位一体海关反走私工作体系，锲而不舍、一以贯之保持打击走私高压态势，加强组织领导，深化重点领域专项打击，打击走私各项工作取得了明显成效，为维护山西省正常进出口贸易秩序和良好营商环境作出了积极贡献。

一、坚决贯彻落实习近平总书记重要指示批示精神，坚持从政治上引领打击走私工作

习近平总书记高度重视打击走私工作，党的十九大以来，围绕禁止“洋垃圾”入境、打击象牙等濒危物种及其制品走私、“水客”走私、海南离岛免税“套代购”走私、粤港澳海上跨境走私等方面先后作出了多次重要指示批示，为新时代打击走私工作指明了方向，提供了根本遵循。

（一）“洋垃圾”走私案件多年保持“零”发案。

深入贯彻习近平生态文明思想，扎实推进“蓝天 2021”专项行动，坚决将禁止“洋垃圾”入境这一生态文明建设标志性举措落实到位。缉私、稽查部门联合环保部门共同建立进出口管理和执法信息交换机制，动态掌握关区固体废物利用企业底数和现状。财务部门围绕走私固体废物处置工作积极开展调研，健全完善非法入境固体废物移交处置工作机制。

（二）象牙等濒危物种及其制品走私势头有所减缓。

坚决贯彻习近平总书记关于严厉打击象牙等濒危物种走私重要指示批示精神，深入落实国家濒危物种禁止限制性管理规定，扎实开展“护卫 2021”专项行动。围绕象牙、犀牛角、穿山甲鳞片等传统走私热点，以及珍稀动物宠物、水生珍贵动物等新兴走私热点，立足监管主阵地，对来自重点国家和地区的邮包实施重点查验，通过回溯走私贩卖链条查获了一批涉嫌走私、运输、贩卖野生动物线索，进一步斩

断了珍贵野生动物及其制品走私活动链条，有力维护了生态安全，严厉惩处象牙等濒危物种及其制品走私犯罪活动。

（三）深入推进打击“水客”走私专项行动。

制定出台了建立健全打击治理“水客”走私长效机制工作意见，准确把握当前“水客”走私呈现的新特点，强化风险分析研判和预警管控。坚持“露头就打”，在广东、福建和省内多地开展打击“水客”走私集中行动，现场查扣高档奢侈品一批。积极配合口岸海关缉私部门打击海南离岛免税“套代购”和粤港澳海上跨境走私协查任务，加强信息互通和执法协作，积极服务海南自由贸易港建设重大国家战略。

二、全面落实总体国家安全观，始终保持打击走私高压态势

从维护国家安全的高度，太原海关深入推进“国门利剑2021”“缉枪治爆”专项行动。

（一）严厉打击涉枪涉毒走私。

积极应对反恐、维稳等新使命任务，主动强化与地方公安、安全等部门的协作配合，联合开展情报研判与收网行动，共同打击走私枪毒犯罪链条。积极落实“昆仑”“利剑斩毒”专项行动部署要求，加强涉毒情报分析，先后侦办了邮递渠道走私“邮票”毒品、国家管制类药品案件，切实发挥国门一线缉枪缉毒堵源截流作用，全力做好庆祝中国共产党成立100周年安保维稳工作。

（二）严厉打击重点涉税商品走私。

强化打击各类偷逃税走私违法行为，切实维护国家利益和经济安全。及时总结战术战法，加强对新兴领域、新兴业态、新贸易方式衍生出的走私风险的分析研究，持续关注卷烟、高档消费品等重点涉税商品走私，重点开展了打击寄递渠道走私雪茄烟集中行动，着力打大、打深、打透，斩断走私“购运储销”链条。深化与公安、税务、中国人民银行等部门的协同配合，深化打击虚开发票和骗取出口退税违法活动。

（三）全力维护国家农业战略安全和人民群众身体健康。

严厉打击冻品、农产品走私，加大对粮食走私的情报分析研判。2021年太原市中级人民法院对太原海关缉私局侦办的“1902”系列走私冻品案作出一审判决，对主要涉案人员判处有期徒刑并处罚金。保持高度责任感和紧迫感，加强涉疫走私动态分析，严防防疫物资、疫苗非法出境，积极服务疫情防控和外交大局。

三、深化全员打私，发挥海关打私整体效能

始终牢记打击走私是党中央交给各级海关的重大政治任务，坚决落实“打私工作只能加强，不能削弱”的要求，强化关警合作，共同筑牢“国门防线”。

（一）全员打私责任进一步压实。

关党委始终坚决履行领导负责缉私业务工作的职责任务，高度重视对打私工作的统筹规划、组织指挥、推进落实、支持保障和监督检查，确保打私工作不断取得新成效。各隶属海关党委注重加强对辖区打击走私工作的组织推动和后勤保障，切实做到了守土有责。全关各职能部门和业务现场加强与缉私部门联系配合，积极移交走私违法犯罪案件线索，主动对接办理行政简单案件和简易程序案件。

（二）全员打私机制进一步完善。

制定出台太原海关《缉私部门与稽查部门联系配合办法》，优化缉私与各业务部门的协作配合机制，形成关区各部门主动研究打私形势、强化防控措施、参与打私行动的良性发展模式。海关各业务部门及时进行鉴定、核税、归类、数据支持，开展执法疑难问题研究，加强对缉私办案全程的业务支持，共同推进疑难复杂案件依法依规有效处置。

（三）缉私综合保障进一步优化。

注重发挥协调作用，加强办文办会、新闻宣传、保密管理、疫情内部防控等综合性工作。充分保障缉私业务经费、信息化建设、警务装备、业务技术用房、后勤服务等，有效满足执法办案需求，为缉私工作提供坚实后盾。深入推进“一案双查”联合检查和廉政回访，持续深化打私反腐在预防和惩治执法腐败中的利剑作用。

四、推动地方政府落实打击走私综合治理主体责任，优化打防管控治理格局

全面深入贯彻落实全国打击走私综合治理部际联席会议第一次全体会议精神，健全省打私办组织机构，加强组织领导，努力提升反走私综合治理工作效能。

（一）组织领导更加有力。

山西省人民政府正式发文明确省打私办为省政府日常协调性机构，由省政府主管副秘书长担任省打私办主任。省打私办根据工作需要，定期对成员单位成员、联络员进行调整，并在全省11个市设立了反走私综合治理工作联络员。2021年，长治、阳泉、忻州等市政府主动作为，分别成立了市级打击走私综合治理办公室，其他各市积极建立打击走私综合治理联络员制度，将打击走私综合治理工作列入重要议事日程，落实反走私综合治理工作要求。

（二）协同配合更加紧密。

依托省打私办工作平台，各成员单位围绕整治“洋垃圾”、“水客”走私、缉枪治爆等打私重点任务，深入开展联合研判。在“国门利剑2021”专项行动中，进一步加强各成员单位之间的联系配合，建立了打击食药环违法犯罪行刑衔接工作机制和联合打击洗钱犯罪工作机制；联合公安刑侦、禁毒部门建立了涉枪线索落地核查执法协作机制和打击新型毒品犯罪办案协作机制；联合烟草部门建立了联合打击走私烟草专卖品违法犯罪活动协作机制；

会同税务等4部门开展了“打击虚开骗税犯罪”专项行动。

（三）制度体系更加完善。

充分发挥“平安建设”考核“指挥棒”作用，每年对全省11个市开展平安建设考评，强化考核结果运用，督促地方政府落实反走私综合治理主体责任。深化公检法协作配合，联合检察机关印发《关于加强打私工作联系配合的工作意见》。深化落实查获走私冻品由地方归口处置精神，进一步优化走私冻品处置工作流程。

五、强化缉私专业打私能力建设，缉私战斗力明显提升

更加注重发挥缉私部门专业打私作用，持续推进智慧缉私建设，着力打造“主动查发、精准打击、规范执法”的缉私业务体系，不断提升打私工作的主动性、精准性、有效性。

（一）强化情报先导、主导、制导作用。

积极开展关区反走私形势分析，为党委决策、统筹资源、开展专项行动提供辅助参考，提升打私工作针对性。立足海关监管主阵地，密切关注关区寄递、跨境电商渠道走私卷烟、高档消费品等重点涉税商品走私犯罪线索。坚持以案扩案，挖掘、发现行业性、同类型犯罪线索。通过动态性情报分析处置，为一线监管堵塞漏洞提供预警，更高层次发挥情报工作效能。

（二）建立缉私作战新模式。

推动行政两简案件交由至海关业务现场办理，缉私部门加强对两简案件的指导检查，将有限的警力资源更多用在侦办大要案上。依托“缉私战区”模式，在情报资源、侦查手段、警力支持等方面积极参加战区联合行动。加强与地方公安常态化协作，在警力调配、手段应用、数据查询、线索共享、情报经营等方面开展全方位合作。深化与各类专业力量在缉私工作中的实战应用，形成信息共享、联勤联动、协同高效、运行顺畅的协作机制。

（三）持续推进执法规范化建设。

严格按照国务院确定的缉私部门打击走私犯罪的管辖范围和职责权限依法履职。依托缉私动态监控子系统规范执法办案系统案件数据录入工作，实现信息化倒逼执法规范化。严格落实涉案财物“办管分离”工作要求，健全涉案财物移交、保管、处置工作机制。加强情、侦、法部门间协作配合，完善重大案件集体审议机制，强化法制部门对刑事案件的审核把关。坚持以问题为导向，统筹组织关区执法调研、检查和执法质量考评工作，提高缉私办案质量。组织全警实战大练兵和刑事侦查技能比武，不断提升民警执法能力与办案水平。

2022年，太原海关将坚持以习近平新时代中国特色社会主义思想为指导，深入学习习近平法治思想，贯彻落实党的十九届六中全会精神，在总署党委的坚强领导

下，持续开展“国门利剑”“蓝天”专项行动，保持关区打击走私高压态势，持续提升监管能力和综治水平，全力以赴做好维护安全稳定各项工作，不断提升人民群众安全感、获得感、幸福感，以优异成绩迎接党的二十大胜利召开。

（撰稿人：孙　杰）

驻村帮扶及推动乡村振兴工作

一、恶虎滩村基本情况

恶虎滩村（含康家沟、李家庄）位于兴县东部，2021年根据县委对乡村合并整体安排，原恶虎滩乡李家庄、康家沟两村并入恶虎滩村。合并后的恶虎滩村有农户549户村民1,581人，常住户244户478人（基本为老年人），脱贫户173户503人，五保户10户10人，低保户37户55人，党员61人，耕地1,410亩，主要种植土豆、玉米、高粱等，经济收入来源主要以种植业、养殖业、光伏产业为主。

原恶虎滩村382户农户1,045人，常住户165户366人（基本为老年人），脱贫户110户339人，五保户2户2人，低保户16户20人，党员40人，耕地750亩。

李家庄村95户农户294人，常住户50户61人（基本为老年人），脱贫户35户108人，五保户8户8人，低保户10户21人，党员11人，耕地400亩。

康家沟村72户农户242人，常住户29户51人（基本为老年人），脱贫户28户56人，五保户0户0人，低保户11户14人，党员10人，耕地260亩。

本村主要种植农作物为土豆、玉米、小米、杂粮，平均亩产量分别为土豆2,500斤、玉米1,000斤、小米650斤、杂粮160斤。

二、驻村帮扶工作开展情况

（一）严格落实常态化帮扶机制，履行好帮扶职责。

工作队严制度、实作风、树形象，大力加强队伍建设，形成了巩固拓展脱贫攻坚成果的强大合力。一是按照县、乡两级要求，严格落实“一队三人”“五天四夜”工作机制和请销假制度，全部脱产驻村，按期限将党组织关系转至村党支部，成员每日签到，撰写工作日志，填写工作台账。二是与村支两委多次召开专题会议，制定《年度发展计划》和《五年发展计划》，统筹安排全年驻村帮扶工作。三是积极献言献策，向县乡两级政府提交《太原海关驻村工作队关于农村种植业若干问题的思考》《太原海关驻村工作队关于奥家湾乡“我为群众办实事”专项行动工作清单》等内容。四是注重在建强村党组织、推进强村富民、提升治理水平、为民办事服务上下功夫，坚持问题导向、目标导向、结果导向相统一，切实做到培训制度化（每周开展1次集体学习）、走访经常化（每半月遍访1次）、责任清单化（细化问题、责任到人）、帮扶精细化（坚持帮扶先帮志帮智）。

（二）以党建为引领，发挥政治优势，扎实推进乡村振兴工作。

深入学习贯彻习近平总书记“七一”重要讲话精神和全面推进乡村振兴重要指示批示，认真贯彻中组部抓党建促乡村振兴电视电话会议、全省脱贫攻坚总结表彰暨乡村振兴推进大会精神，知责于心、担责于身、履责于行，为巩固拓展脱贫攻坚成果、全面推进乡村振兴提供有力支撑、注入强劲动力。一是强化基层党建，引领治理创新，带领全体党员学习习近平总书记“七一”讲话精神，观看张桂梅先进典型事迹，提升党员奉献意识。组织恶虎滩村党支部与临汾海关党总支开展了联合主题党日活动，加深了村基层党组织规范开展组织生活的程序和意识。二是实施农村“带头人”队伍优化提升行动，突出党员示范引领，倡导劳动带头“致富”，培养一批优秀党员和后备人员，着力打造政治过硬、本领过硬、作风过硬的乡村振兴骨干力量。三是实施村级集体经济壮大提质行动，强化组织、人才、制度保障，赴壶关、太谷等多地考察学习，积极开拓视野，谋求发展路子，推动村级集体经济壮大提质，为推进乡村振兴战略奠定坚实基础。四是推广农产品价格险、灾害险和防贫保险，加大小额信贷投放力度和还款力度，全方位落实大学生生源地助学贷款，引深城乡居民补充养老保险，统筹解决好脱贫户今年的医疗保险缴费工作。五是管好用好光伏公益岗位，保证脱贫户家庭至少有一个稳定劳动力就业，保证无劳动力或弱劳动力的家庭政策兜底，确保稳得住、有就业、逐步富。

（三）落实好防止返贫动态监测和帮扶机制，坚决守住不发生规模性返贫的底线。

一方面是健全监测机制，最重要的是体现“快”，真正做到快速发现、快速响应。工作队通过农户自主申报、“网格员”定期反馈、队员下户排查等方式，严格执行“四个不摘”（不摘责任、不摘政策、不摘帮扶、不摘监管）政策，紧盯脱贫不稳定户、边缘易致贫户、因病因残因灾因意外事故导致生活严重困难户的常态化检测工作，逐村逐户逐人逐项全面排查，对符合监测对象条件的应纳尽纳，应扶尽扶。具体防止返贫监测机制落实情况为：快速度高质量地健全了恶虎滩村村级、户级全部脱贫户资料档案，完善了恶虎滩村113户脱贫户的家庭成员、收入测算、“三保障”和饮水安全等信息；整理脱贫户建档立卡手册115户（2户去世），整理归档户口本、残疾证、慢性病证和各类培训证书等共计900余份，移交兴县档案局；从家庭人员构成、年收入、三保障状况、饮水安全和风险类型等方面，入户测算了306户村民的信息排查表，并组织了签字确认；排查填写了恶虎滩村314户农户的“两不愁三保障”和饮水安全、医疗保险、养老保险等9个类型台账，根据省乡村振兴督导组的相关要求，整理完善了相关资料；在全国扶贫信息管理系统中，核对录入344条脱贫户信息数据。另一方面是完善帮扶机制，最重要的是体现“准”，真正做到缺什么，补什么。对有劳动能力的坚持开发式帮扶方针，落实好产业帮扶和就业帮扶，先组织技能培训，后进行就业推荐；对没有劳动能力的人口，要落实好低保、特困供养、残疾人补助、老年人帮扶等兜底式保障；对因病因灾因意外事故等造成的返贫要落实好应急性救助。从长远来看，工作队聚焦巩固拓展脱贫成果重要任务。

（四）做细做实帮扶工作，交好巩固脱贫攻坚成果衔接乡村振兴的合格答卷。

一是扎实开展农村人居环境“六乱”整治。“六乱”整治行动是乡村治理的“重头戏”。工作队与村支“两委”制定了环境问题整改清单，分工负责，加强公益岗位保洁员管理，动用机械设备对全村环境进行全面整治，使本村人居环境得到持续改善。二是配合做好村支“两委”换届选举工作。根据县委组织部和乡党委对工作队在换届选举中相关要求，与全体党员和村民代表进行深入交流，并深入农户进行政策宣传、摸底调研，与乡村两级做好分析研判，保证了村支“两委”换届工作平稳推进和选举成功。三是完成了工作队办公居住迁址工作。在保证“过紧日子”的前提下，工作队货比多家，在机关支持下，网购了便宜实用的办公和宿舍基本用品。迁址后，工作队的工作条件和生活环境得到了极大改善，工作队全体成员深深感受了关党委对驻村干部的关心关爱，进一步激发了工作队员安心驻村、干事创业的动力和热情。四是做好新冠肺炎疫情防控工作。对村民新冠病毒疫苗接种情况进行摸排，宣讲疫苗接种的必要性和重要性，动员村民普遍接种，实现新冠病毒疫苗接种全覆盖。结合太原海关新冠肺炎疫情防控相关要求，在队内建立《太原海关驻村工作队干部监测记录》等3个台账，疫情严峻期间，落实县政府对返兴人员24小时核酸检测要求，及时做到落地核酸检测。五是多渠道推进乡风文明建设。工作队捐赠一台多功能大屏幕显示音箱，配置广场舞视频优盘、话筒等配套设备，组织村民在农闲时，跳广场舞、唱爱国歌，使原本寂静的山村焕发出了新的生机，既搭建了一个交流展示的平台，又培养了村民积极向上的精神风貌。六是实施抗旱工程项目，为村民送到“及时雨”。2021年兴县遭受五十年不遇的大旱，近两个月几乎枯雨，村民生活用水数次中断，庄稼面临绝收，针对这种情况，工作队深入调研，了解旱情，并及时向关党委报告，太原海关党委第一时间专题研究，迅速决策，紧急拨款3万元资金用于抗旱救灾。工作队与村委密切协作，1周之内紧急施工，购买6台水泵，检修1口深井，增挖1口水井，铺设了2趟灌溉和1趟生活用水管线，共计2,300米。该工程可实现200余亩平地农田基本灌溉，保住了老百姓的“粮袋子”，解决了以后年度“靠天吃饭”的现状，同时一劳永逸地保障了居民生活用水不会中断。七是想方设法提升村民饮用水质量标准。工作队动员社会力量，捐赠了两台大型饮水机（价值2.5万元）和两台小型净水设备（价值9,000元），将自来水通过多级过滤，变为直饮纯净水，惠及全体村民，从而实现了自来水从饮水保障到质量提升的转变。此外，为邻村沟门前中心小学捐赠一台磁化水设备（价值3,800元），有效改善了学生饮用水的质量标准。八是做好工作总结与信息宣传。《把实事办在群众心坎上》一文于2021年9月7日在“并关政工”微信公众号刊发。向总署报送的《巩固脱贫攻坚成果　全面推进乡村振兴》获评总署第二批“我为群众办实事”百佳项目，根据相关要求，上报简报《脱贫不松劲　攻坚再发力》一文。《中国国门时报》二版头条刊登了文章《旱情发生后》。山西经济网发布《太原海关帮扶工作队：想群众之所想　切实巩固脱贫攻坚成果》。九是发挥力量办实事促消费。工作队通过太原海关采购、动员社会力量和工作队员直接购买等三种方式，全力推进消费帮扶。

三、驻村帮扶工作经验

（一）以党建为统领巩固脱贫成果。

坚持党建为先的导向，探索建立“支委引领、党员帮带”工作模式，发挥党员干部先锋模范作用，激发基层组织干事创业活力，不断增强“四个意识”、坚定“四个自信”、努力做到“两个维护”。加强政策理论学习，制定学习计划，明确学习内容和领学人，组织村支“两委”班子和在村党员，认真系统学习习近平新时代中国特色社会主义思想、脱贫攻坚等方面知识。积极开展党支部组织生活会，组织开展联合党日活动，按时召开第一书记讲党课。根据农村党员分散特点建立党支部群，定期推送党史学习教育专题内容等。

（二）常态化开展入户走访工作。

坚持开展对每户村民每半月至少一次的常态化走访。特别是持续推进“三类户”排查，对全村进行入户排查、信息采集，针对脱贫户进行了信息更新和录入。详细核实建档立卡户生产经营、外出务工等信息，测算人均收入，填写巩固脱贫攻坚成果入户信息排查、信息采集，针对脱贫户进行了信息更新和录入。详细核实建档立卡户生产经营、外出务工等信息，测算人均收入，填写巩固脱贫攻坚成果入户信息排查表、脱贫户及易返贫户信息采集表，这些工作进一步熟悉、了解了村情民情，密切了工作队与村民的关系。2021年面临新冠肺炎疫情的严峻形势，驻村工作队根据各级新冠肺炎疫情防控通知要求，及时与村支“两委”研究防控方案与措施。划分片区实行网格化监控管理，指定专人负责监督返村人员并按时上报登记，积极的配合了新冠肺炎疫情防控工作。

（三）防止返贫，重点做好5个方面的工作。

抓村集体经济，提升经营性收入；抓就业，增加工资性收入；抓资产管理，提高财产性收入；抓政策落实，保障转移性收入；抓重点人群兜底救助，提高低保养老收入。

（撰稿人：刘晋岩）

落实促进山西省经济社会发展任务目标专项工作

山西省年度目标责任考核是激励中央驻晋单位服务推动山西省全方位高质量发展的重要抓手，是检验太原海关服务山西打造内陆对外开放新高地、促进外贸稳增长成效的重要指标。太原海关自 2015 年起，根据《山西省年度目标责任考核工作规定》，主动参与“促进地方经济社会发展评价指标”相关工作，接受山西省考核评价。多年来，太原海关党委把落实年度目标责任考核工作作为落实习近平总书记关于山西要构建内陆地区对外开放新高地重要指示精神的具体举措，高度重视目标责任考核工作，切实加强组织领导，扛起政治责任，统筹推进落实各项考核目标，具有较好的工作基础和推进落实机制。截至 2021 年年底，先后获评促进山西经济社会发展贡献单位、促进山西经济社会发展突出贡献单位。

一、坚定不移加强政治建设

2021 年，太原海关坚持以习近平新时代中国特色社会主义思想为指导，深入贯彻党的十九大和十九届历次全会精神，在山西省委省政府的关心支持和总署的正确领导下，落实全方位推动高质量发展的目标要求和工作矩阵，锲而不舍、一以贯之推进“五关”建设，打造内陆“精品海关”，努力推动建设内陆地区对外开放新高地。各主办部门单位进一步增强大局意识、责任意识、服务意识，马上就办、真抓实干，围绕各自主办的考核任务，切实加强统筹协调，用务实的工作措施、严谨的工作作风、扎实的工作实绩，为开启社会主义现代化海关建设新征程、服务山西蹚出高质量转型发展新路子贡献力量。

（一）坚持以习近平新时代中国特色社会主义思想武装头脑、指导实践。

太原海关党委始终将“两个维护”作为最大的政治、最重要的政治纪律和政治规矩，坚持把学习贯彻习近平新时代中国特色社会主义思想、习近平总书记重要讲话和重要指示批示精神作为“第一议题”，学习领会精神，研究贯彻措施，狠抓推进落实，强化跟踪问效，不断提升政治判断力、政治领悟力和政治执行力。深入学习贯彻党的十九届五中、六中全会精神，落实习近平总书记两次视察山西重要讲话重要指示精神，坚定拥护“两个确立”，坚决做到“两个维护”。2021 年，共召开 31 次党委会、12 次形势分析及工作督查例会，组织安排关区两级党委理论学习中心组专题学习 212 次、专题宣讲 46 次。

（二）深入开展党史学习教育，扎实推进“我为群众办实事”实践活动。

认真学习习近平总书记在庆祝中国共产党成立 100 周年大会上的重要讲话精神，把党史学习教育作为重大政治任务，扎实开展“我为群众办实事”实践活动。坚守“人民海关为人民”的理念，扎实推进“国门安全工程、便民利企工程、暖心聚力工程”，组织开展“构建开放新高地、太原海关有作为”专题大讨论，组织开展“学史·铸魂”红色讲坛、“党旗在基层一线高高飘扬”等活动。圆满完成 156 项重点民生项目，2 个民生项目入选总署“‘我为群众办实事’百佳项目”，切实做到民呼我应“见速度”，让企业和人民群众从海关工作中感受到更多的获得感和安全感。

（三）创新工作思路，全面推进党建“强基提质工程”。

始终坚持把党建工作摆在突出位置，加强基层党建的组织领导，以“强基提质工程”为抓手，开展基层党组织规范化建设专项整治，通过合格支部、“四强”党支部、模范机关创建，争创党建品牌和党史学习教育学习品牌。发挥海关准军事化纪律部队优势，在“支部建在科上”全覆盖的基础上，向着“支部强在科上”迈进。2021 年，太原海关有 5 个全国海关基层党建示范（培育）品牌，1 个山西省直机关先进基层党组织、1 个“党建品牌”十佳优秀案例。太原海关机关被评为第六届全国文明单位，全部 11 个隶属海关、3 个事业单位均获“山西省直文明单位标兵”荣誉称号。

二、促进山西经济社会发展任务推进落实情况

按照《2021 年度中央驻晋单位促进地方经济社会发展评价指标》要求，太原海关 2021 年度促进地方经济社会发展评价指标共 6 项。

（一）强化口岸卫生检疫，严防新冠肺炎疫情，做好国际航班经停太原入境防控工作，加强高风险货物风险监测，严格排查口岸传染病。

新冠肺炎疫情发生以来，太原海关党委坚决贯彻落实习近平总书记“外防输入、内防反弹”重要指示精神，明确责任与分工，举全关之力做好疫情防控工作。持续做好口岸疫情防控，密切关注国际国内新冠肺炎疫情发展态势，按照总署和省联防联控机制要求及时调整口岸疫情防控措施，落实落细口岸疫情防控工作。坚持“人、物、环境同防”“多病共防”，加强

入境航班检疫监管，严格落实“三查三排一转运”检疫措施，落实闭环管理，加强埃博拉、疟疾、鼠疫等疫情防控，严防疫情叠加，当好“首都护城河”。持续加强进口冷链食品的风险监测和检疫工作，规范做好进口高风险非冷链集装箱货物口岸环节新冠病毒检测和预防性消毒工作。

（二）提升海关监管效能，强化正面监管，维护国门生物安全，推进进出口食品安全体系建设，严把进出口商品检验关。

持续强化海关监管，不断加强对货运渠道、旅检现场、邮递业务、跨境电商等新兴业态的实际监管，确保监管有效、严密到位。严格进出口贸易禁限管控和口岸检疫查验。实施新一轮保护外商投资企业知识产权专项行动。发挥风险管理的先导和引领作用，提升风险防控能力。强化稽核查工作，持续规范企业经营行为。优化商品质量安全监管，严格落实危险化学品100%查验要求。构建进出口食品安全体系，实施进口食品安全放心工程“国门守护”行动，开展供港澳食品专项整治。维护国门生物安全，有序开展疫病监测、安全风险监控和国门有害生物安全监测。

（三）落实“放管服”改革要求，优化口岸营商环境，巩固压缩货物整体通关时间成效，提高外贸便利化程度。

深化落实“放管服效”改革部署，围绕打造“六最”营商环境，持续巩固压缩货物整体通关时间成效，2021年，进出口货物整体通关时间分别为25.80小时、0.98小时，较2017年分别压缩78.78%、91.47%，圆满完成国务院“压缩整体通关时间三分之一”目标。落实《海关全面深化业务改革2020框架方案》，“两步申报”适用范围已覆盖全省企业，总体应用率46.59%；提前申报比例48.32%，应用率稳步提升。深化“减证便民”，推进“注销便利化”“多证合一”等改革，进出口环节需验核的监管证件由86种精简到41种。推进贸易便利化，推进行政审批制度改革，落实海关行政审批事项“一网通办”，国际贸易“单一窗口”主要业务覆盖率100%。2021年共为企业减免税款5,453.49万元，并指导企业充分利用原产地规则享受进口国协定税率。

（四）提升对外开放平台能级，加快太原武宿综合保税区发展，推动二期尽快封关运营；扎实推进太原、大同跨境电子商务综合试验区建设，争取跨境电商B2B出口监管试点；服务“南果中粮北肉”出口平台和“东药材西干果”商贸平台建设。

支持太原武宿综合保税区发展，3月22日太原武宿综合保税区（二期）正式封关运作，区内进境水果、冰鲜水产品指定监管场地顺利通过总署验收。支持太原阳曲综合保税区申建工作。自7月1日起，在全省范围开展跨境电商B2B出口监管业务，发挥好太原、大同跨境电商综合试验区作用。大同国际陆港保税物流中心（B型）通过总署验收并封关运行。服务侯马方略保税物流中心（B型）拓展业务。山西兰花保税物流中心（B 型）变更面积项目通过总署验收。太原中鼎物流园公用型保税仓库正式启用。支持开通更多直航国际航线，2021 年 6 月开通首条定期国际货运直航航线（太原—旧金山）的基础上，下半年增开至布鲁塞尔、伦敦、马德里航线。做好临时开放口岸监管工作，促进临时开放航空口岸获批正式开放，大同航空口岸对外开放通过省级预验收。支持国际邮件互换局（交换站）扩容升级。支持中欧（亚）班列常态化运行，开行突破 500 列。服务“南果中粮北肉东药材西干果”5 大平台建设，冬枣、羊毛脂、发酵饼干等多种特色食品农产品实现了出口“零”的突破。

（五）保持打击走私高压态势，开展“国门利剑 2021”专项行动。

严厉打击“洋垃圾”、象牙及其制品、雪茄烟、奢侈品、化妆品走私，开展“国门利剑 2021”、“蓝天 2021”、“护卫 2021”、打击治理“水客”等专项行动，深化重点领域打私力度，推进“智慧缉私”建设，提高缉私办案查发能力。严厉打击枪爆物品走私和毒品走私，维护国家安全和社会大局稳定。

（六）做好统计研究工作，加强宏观经济研究和外贸形势分析。

围绕应对中美经贸摩擦、新冠肺炎疫情防控、促进外贸稳增长等重点任务，深入开展研究分析，持续关注重点行业、重点企业、重点商品的供需、价格和进出口形势，积极向省委省政府建言献策。2021 年向省委省政府报送了统计分析及专项分析报告 73 期，为山西省转型发展蹚新路发挥海关作用。

三、2022 年工作思路

坚持以习近平新时代中国特色社会主义思想为指导，学习贯彻党的十九届六中全会和习近平总书记两次视察山西的重要讲话和重要指示精神，围绕山西省委省政府全方位推动高质量发展的目标要求和工作矩阵，扎实做好“六稳”，全面落实“六保”，有效推动“六新”，全力助推山西打造内陆地区对外开放新高地。统筹做好新冠肺炎疫情防控和促进外贸稳增长工作。毫不放松落实新冠肺炎疫情“外防输入”职责，坚持“人、物、环境同防”“多病共防”，加强入境航班检疫监管和高风险货物风险监测，统筹做好常态化防控，落实促进外贸稳增长工作举措，助力山西夺取疫情防控和实现经济社会发展目标双胜利。全面履行海关职责，服务山西高质量转型发展。进一步强化监管、优化服务，把海关工作融入山西“十四五”规划的各项任务之中，持续优化口岸营商环境，支持进出口企业做大做强，提升各类开放平台能级，为山西蹚出高质量转型发展新路子作出更大贡献，以优异成绩迎接党的二十大胜利召开。

（撰稿人：杜义新）

第三篇

党的建设

党建工作

概况

2021年，太原海关党建工作在关党委的坚强领导下，以政治建设为统领，扎实抓好党史学习教育，组织开展庆祝中国共产党成立100周年系列活动，开展“隶属海关党委规范建设”和“基层党组织规范化建设”专项整治，深化“强基提质工程”，“支部建在科上”实现基层一线全覆盖，持续推进“四强”党支部和党建品牌创建工作，深入推进清廉海关建设和思想文化建设，党建引领保障作用不断强化，各级党组织凝聚力战斗力显著增强。

宣传思想文化

【理论武装】2021年，太原海关坚持不懈加强理论武装，坚持“第一议题”制度，把深入学习宣传贯彻习近平新时代中国特色社会主义思想作为首要政治任务，学习贯彻党的十九大和十九届历次全会精神，组织召开学习贯彻习近平总书记“七一”重要讲话精神、《中共中央关于党的百年奋斗重大成就和历史经验的决议》专题宣讲会，全年组织党委理论学习中心组开展集中学习16次，以上率下带动全体党员常学长新、入脑入心，引领形成党委带头学、支部主动学、党员强化学的浓厚学习氛围。严格落实意识形态工作责任制。严格执行关党委加强意识形态工作的实施意见及意识形态工作责任制实施办法，明确各级党组织工作责任，建立健全检查考核制度，重点加强网络意识形态领域制度建设，牢牢掌握意识形态工作领导权，切实发挥意识形态工作统一思想、凝聚人心的重要作用。深入开展机关文化建设，倡导“爱国守法、团结友善、敬业奉献”的核心理念，将推进机关文化建设作为加强

▲2021年3月12日，太原海关召开党委理论学习中心组（扩大）学习会

队伍建设的重要举措，重新组织全关同志报名参加文体协会各个分会，切实加强“四室一场”建设，整修开放漪汾街办公区运动活动室。已成为知名品牌的“走进剧场”再上台阶，2021年继续组织开展14次，吸引300余人次参加观看。

【精神文明建设】2021年，太原海关将文明创建列为关党委、党总支、党支部“书记工程”，以党员示范岗、青年文明岗、精品示范岗位为重点，做到书记抓总、“三岗”带头、全员参与。取得丰硕文明创建成果：继太原海关机关2020年被继续认定为第六届全国文明单位后，2021年太原海关机关、太原机场海关等11个隶属海关和太原海关技术中心等3个事业单位获评2020年度“山西省直文明单位标兵”荣誉称号，机关及所属运城海关被评为山西省社会主义核心价值观建设示范点，实现文明单位“全覆盖”。

【“双拥”单位创建】2021年，太原海关成立退役军人服务站、加强国防宣传教育、开设“双拥”主题展室，发挥转业军人带头作用，与武警太原支队签订《军民共建协议书》，至武警太原支队开展“喜迎中秋国庆节　军民和谐一家亲”双拥慰问活动。

基层组织建设

2021年，太原海关各基层党组织坚持以政治建设为统领，推动党员干部在学深悟透中把方向、找方法、抓落实。抓好政治理论学习，落实“第一议题”制度，及时跟进学习习近平新时代中国特色社会主义思想等党的最新理论成果，持续学习传达贯彻党的十九大和十九届历次全会精神。组织两级党委理论学习中心组专题学习212次、专题宣讲46次。落实庆祝中国共产党成立100周年系列活动安排，开展党史学习教育，推进“我为群众办实事”实践活动。注重分类指导，丰富考核手段，推进党建工作高质量发展。开展基层党组织规范化建设专项整治，通过内部自查、交叉互查、实地检查，查发并整改4方面19类问题，修订完善《关于加强基层党组织规范化建设的实施意见》，编制配发《太原海关党支部工作标准化手册》，使各党支部抓党建工作“规范有遵循”“标准有依据”，有效促进基层党组织建设规范化标准化。持续深化“强基提质工程”，调整优化基层党组织设置，新设立科级党支部32个，“支部建在科上”实现基层一线全覆盖，推进基层党组织建设提质增效升级。组织开展执法一线党支部书记党建述职交流会，进一步检验基层党建工作成效。持续挖掘和扩散基层“热源”，以“3个总署示范+2个总署培育+63个关区品牌”党建品牌格局为引领，组织开展党建品牌示范观摩活动，抓住典型、带动一片。严格落实双重组织生活制度。党委班子成员以普通党员身份参加所在党支部组织生活，到所在党支部宣讲习近平总书记“七一”重要讲话精神、党的十九届六中全会精神。落实“五必谈”、基层联系点、党建联系点制度，在联系点党支部开展党建调研，开展“建强基层党组织”调研。加强党建工作过程管理，将模范机关建设与打造内陆“精品海关”有机融合，对标讲政治、守纪律、负责任、有效率要求和“精品海关”建设目标，通过重点考核基础工作和精品工作成效，全面推进模范机关创建。改进党建考核评价办法，将党建责任、工作业绩、问题整改、品牌创建和融合发展等10个方面工作纳入考核内容，丰富考核方式和考核主体，使考核结果更准确反映党建实际开展情况。截至2021年年底，太原海关直属机关党委下设党总支12个（隶属海关党总支11个、离退休干部党总支1个），党支部70个（机关处室党支部14个、事业单位党支部3个、隶属海关科级党支部46个、企业单位党支部1个、离退休干部党支部6个）。共有党员582人，其中在职党员442人，离退休党员140人。在职人员中（509人），党员占比86.83%，其中在职公务员432人，党员（378人）占比87.5%；在职事业人员77人，党员（64人）占比83.12%；企业单位党员7人。

党风廉政建设

【压紧压实管党治党政治责任】2021年，太原海关党委坚持以习近平新时代中国特色社会主义思想为指导，在总署党委的领导下，扛起管党治党政治责任，坚持“两个责任”同向发力，学习、教育、制度、监督、惩处多措并举，把严的主基调贯穿始终，全面从严治党、党风廉政建设和反腐败工作取得新成效。落实全国海关全面从严治党工作会议精神，结合实际，细化分解72项重点工作任务，做到目标明确、措施有力。每半年专题研究全面从严治党工作，分析研判形势，提出加强和改进措施，层层压紧压实责任，推动解决突出问题45个。组织对两级党委全面从严治党主体责任清单进行再梳理，细化党委班子成员个人履责清单，做到一人一表、各尽其责。细化37项加强对“一把手”和领导班子监督具体举措，通过“书面+现场”听取隶属海关党委“一把手”述责述廉述党建，检查和督促下级“一把手”压实管党治党政治责任。加强对下级党委的监督管理，开展“隶属海关党委规范建设”专项整治，围绕4方面21个易发多发问题补短板、强弱项。注重抓早抓小，用足用好“第一种形态”。

▲2021年11月1日，太原海关党委组织召开理论学习中心组（扩大）学习暨党史学习教育第九次专题学习会

【警示教育】2021 年，太原海关持续提升防治腐败综合效果。开展纪法教育、警示教育，坚持每月“廉政教育日”制度和典型案例通报分析制度，深入开展警示教育月活动，汇编典型案例，用身边案例教育警醒身边人，纵深推进廉政风险防范处置。

【创新监督工作方式】2021 年，太原海关深化“自查 + 互查 + 集中抽查”相结合的工作模式，探索对 3 个隶属海关的审计监督与巡察监督、业务财务专项检查同部署、同开展，做到结果互认、成果共享，有效激活各类监督力量贯通融合。坚持严的主基调，做实以案促改，坚持“一案一总结、一案一分析”，落实整改措施 4 条。

【纪律作风建设】2021 年，太原海关严格贯彻落实中央八项规定精神，研究制定 6 方面 21 条落实中央八项规定精神持续为基层减负、进一步推进清廉海关建设的细化措施，明确责任传导，细化落实、牵头、配合部门。严格准军事化纪律部队建设各项要求，定期开展视频检查和内务督察，持续纠治酒驾醉驾，确保令行禁止。开展干部监督管理和纪律作风专项整治，从严规范领导干部配偶、子女及其配偶从业行为。深化“放管服效”改革，拓展海关政务服务“好差评”系统成果运用，主动接受企业和群众评价，系统评价率及“五星”好评率均达 100% 。

群团工作

【机关工会工作】2021 年，太原海关开展各种慰问活动，做好关党委对全体会员关心关爱的传递工作。做好对全体会员春节、元宵节、端午节、中秋节 4 个传统节日的慰问；做好全体会员疾病预防防护工作，配备随身携带的方便急救盒；开展疫情防控一线封闭人员“送清凉”慰问活动；做好春节期间依然坚守在疫情防控一线人员“送温暖”慰问工作；做好对个人患病及家庭生活困难职工“送温暖”慰问；做好对暴雨受灾影响的会员开展“送温暖”；做好对会员结婚、生病住院和会员及会员直系亲属去世慰问。开展工会“兴趣小组”活动，增加会员沟通交流机会，提高凝聚力。机关工会组建兴趣活动小组 5 大类 11 个小组，成员共 658 人次。组织会员参加“走进剧场”活动 14 次，300 余人次观看。组织 8 名女会员参加了“第三届全省女职工乒乓球比赛”，太原海关获“优秀组织单位”奖，1 人获“厅（局）级女领导”组第二名。组织 13 名书画爱好者 34 件作品（书法、国画、油画、篆刻），参加总署政工办和中国海关传媒中心组织的《金钥匙》庆祝中国共产党成立 100 周年专刊稿件征集活动；组织征集、评选出 4 名书画爱好者的 4 幅作品，参加山西省直机关 2021 年庆祝中国共产党成立 100 周年书画展，其中 1 幅获“优秀作品奖”，1 幅获“绘画作品二等奖”；征集 26 件作品，通过“并关政工”微信公众号平台主办了“庆百年华诞　传红色基因”书画展。开展传统节日庆祝活动，丰富会员文艺活动。为庆祝三八妇女节，组织全体女干部职工参加“三八女子健步走”活动；为庆祝元宵佳节，组织开展了“元宵节线上猜谜语”活动，约400人参加。

【机关团委工作】2021年，太原海关把党史学习教育作为团员思想武装和团的思想建设的重要内容，全年开展各级青年理论学习会8次，组织开展党史知识竞赛、主题演讲比赛、团支部书记讲党史、“红色经典朗读”主题团日等形式多样的青年大学习活动，带领引导团员青年赴习总书记曾考察过的山西转型综合改革示范区服务中心改革创新展厅、太钢不锈钢精密带钢有限公司、太原重工轨道交通设备有限公司参观学习，进一步坚定海关青年投身山西高质量转型发展的信心决心。树典型、创精品，着力推动青年岗位建功。拓展团员青年的专业技能和综合素质，充分发挥青年的生力军和突击队作用。近年来陆续创建省级青年文明号集体10个、培育山西省青年岗位能手5人。担使命、有作为，展现青年奉献担当。组织开展青年志愿活动，赴老军营街道、山西博物院、太原市儿童社会福利院、口岸机场开展志愿服务累计300余人次、志愿献血24人次。特色志愿服务项目“国门生物安全进校园”活动全年走入1所大学、3所小学为全体师生讲解口岸检验检疫的有关知识。特别是面对新冠肺炎疫情“外防输入”大考，太原海关青年干部职工义无反顾驰援防疫一线，8名青年干部荣获省部级以上抗击新冠肺炎疫情表彰。

（撰稿人：朱江涛）

巡视巡察

概况

2021年，太原海关党委坚持以习近平新时代中国特色社会主义思想为指导，学习贯彻习近平总书记关于巡视工作的重要论述和中央巡视工作会议精神，深入落实总署党委关于加强巡视巡察上下联动工作的部署要求，深化政治监督、强化上下联动、精准发现问题、探索机制创新、狠抓整改落实，以高质量推进巡视巡察工作助力构建“三不”一体格局，为推进“五关”建设、打造内陆“精品海关”提供坚强政治保证。推进监督“全覆盖”。开展中央巡视反馈问题整改落实情况“回头看”，4方面8大项76条整改项目已全部完成，其中10项需长期推进的整改措施取得显著成效。接受总署党委第二巡视组的巡视监督，对照巡视反馈问题，关党委全面认领、全盘接收，研究制定了103项整改措施，并针对突出问题和普遍性问题，组织开展“1+5”专项工作。“1”是开展“构建开放新高地、太原海关有作为”专题大讨论；“5”是开展“隶属海关党委规范建设”“基层党组织规范化建设”“干部监督管理和纪律作风”“选人用人”“支持地方开放促进海关特殊监管区域高质量发展”5个专项整治。持续推进整改、逐条对账销号，确保整改行动到位、措施到位、效果到位。推进联动“一盘棋”。坚持系统思维推进巡视巡察上下联动，既保持与巡视工作目标任务、规范要求相统一，又结合实际细化举措，深入开展巡视巡察上下联动课题研究。配合、自觉接受总署党委巡视监督检查，巡视期间对办公室等9个内设部门和11个隶属海关同步联动开展了专项巡察，针对“业务证书授权签证人员管理”“总署党委上一轮巡视整改中长期任务落实情况”，精准发现问题23个，推动政治监督一贯到底。推进整改“无死角”。一体推进巡视巡察整改，针对巡视反馈的问题逐项细化，研究制定整改措施并严格落实；狠抓上下联动专项巡察整改落实，督促被巡察党组织100%按期按质完成。强化对巡视整改的跟踪问效，对统计处等6个部门单位开展“巡视反馈意见整改落实情况”专项巡察，发现整改责任落实不到位、长效机制不完善等14个方面问题，以点带面推动全关上下保持巡视整改定力和韧劲，不断推动太原海关各项工作全面进步、全面过硬。

巡视整改工作

【巡视整改推进】2021年4月6日—6月10日，总署党委第二巡视组对太原海关党委开展了常规巡视。2021年7月30日，总署党委第二巡视组反馈了巡视意见；同日，太原海关关党委召开专题党委会，成立巡视整改工作领导小组，对巡视反馈的4方面16项36个具体问题逐项细化、分析原因、一一回应，研究制定103项整改措施。针对巡视发现的具有普遍性的重点问题，集中开展"1+5"专项工作。关党委坚持把巡视整改作为检验捍卫"两个确立"、做到"两个维护"的重要标尺，将思想和行动统一到习近平总书记关于巡视工作重要讲话精神上来，严格落实总署党委巡视工作领导小组会议精神和巡视反馈会工作要求，在总署巡视办、天津特派办督导下，坚决扛起巡视整改重大政治责任，带领全关全面迅速有力地推进整改落实。2021年9月13日，召开巡视整改专题民主生活会，班子成员认真对照检查、深入分析原因、严肃开展批评与自我批评，深入查摆"四个落实"方面存在的问题，提出相互批评意见51条，明确4个方面16条整改措施。党委书记坚决扛起巡视整改"第一责任人"责任。带头研究制订《中共太原海关委员会关于巡视反馈意见的整改方案》《太原海关党委主要负责同志推动巡视整改工作方案》《太原海关党委巡视整改清单》。党委书记先后主持召开党委会、领导小组会等19次，专题听取整改进展汇报。直接承担53项整改任务，召开10次专题推进会，对重要工作亲自部署、重大问题亲自研究、重要环节亲自协调，以身作则推动问题整改。党委班子成员认真履行"一岗双责"。每位班子成员主动认领任务，严把分管领域整改工作质量，对已完成整改措施逐一对账审核，共计签发88份整改事项"销账呈阅单"。集中整改阶段通过每周碰头会研究、每半月召开领导小组会议、及时召开整改推进会议等形式，解决整改难题，强化督促指导。持续深化阶段通过领导小组工作会议和形势分析及工作督查例会定期听取巡视整改专题汇报，有力传导压力、压实整改责任，确保问题逐一整改到位。截至2021年年底，党委103项巡视整改措施已完成88项，7项"立行立改并长期坚持"

▲2021年12月27日，太原海关召开巡视整改工作领导小组第七次会议

措施已完成阶段性任务，3项未到期措施和5项“中长期”措施正推进，整改总体完成率92.2%，同步开展的巡视整改“1+5”专题讨论和专项整治如期完成。

【巡视整改监督】主动接受总署巡视办和天津特派办督导检查。集中整改期间，总署巡视办和天津特派办巡视整改督查组先后3次实地和1次视频督导检查太原海关整改工作，充分肯定了整改工作，提出不断完善制度机制、加强长效机制建设等意见建议。关党委对督查意见高度重视、积极回应、迅速落实，推动整改质量不断提升。加强日常监督。成立纪检监察和人事政工2个日常监督组，分别制订了监督工作方案，集中整改阶段累计开展监督70余次，制发监督通报4期，通报“边改边犯”情事1起，持续深化阶段定期通过形势分析及工作督查例会通报监督开展情况，做到以监督传导压力，用压力推动整改。纪检监察监督组聚焦主责主业，明确4方面13项主要监督内容，综合运用调研督导、纪检监察建议等方式开展监督，查发相关部门单位整改重点不够突出聚焦、印证材料与整改措施对应性不强等10个共性问题，制发监督建议书1份。切实发挥派驻监督优势，强化上下联动整改监督，确保隶属海关、事业单位同步开展巡视整改。人事政工监督组对照反馈意见和整改方案，细化3方面14个监督重点和7种监督方式。紧盯具体问题整改，集中整改阶段赴23个职能部门、隶属海关，开展点对点监督47次，针对整改不到位、不及时的措施提出意见建议31条。建立日常监督通报制度，整改阶段共通报整改责任落实、整改措施质量等方面问题23个，提出思路举措9个。用好考核“指挥棒”，将巡视整改落实情况纳入干部考核、党建考核重要内容，不断巩固巡视整改成果。

【巡视整改成果运用】坚持开门整改。从制订整改方案开始，集思广益，“三上三下”面向全体干部群众征集整改方案意见建议，整改期间，在太原海关政务信息网增设“巡视整改工作”专栏，开通“工作动态”等10个栏目，以图、文、表格等形式对整改成效实时“网上直播”，主动接受干部群众监督。先后2次组织干部群众458人次开展巡视整改满意度问卷调查，平均满意率98%。回应群众关切。针对“形式主义问题整治不彻底”问题，关党委开展基层减负情况调查分析，确定基层减负监测点，开展“指尖上的形式主义”专项整治，制发“落实中央八项规定精神持续为基层减负”工作措施21条，推动“为基层减负担”工作持续长效。服务发展大局。组织开展“构建开放新高地，太原海关有作为”专题大讨论，收集干部职工意见建议182条，系统梳理2018年以来促进外贸稳增长各项支持措施，汇总形成《太原海关服务山西构建对外开放“新高地”政策措施汇编》。针对综合保税区和保税物流中心（B型）运行不佳等突出问题，开展支持地方开放促进海关特殊监管区域快速发展专项整治，建立业务研判处置工作机制，全力支持综合保税区高质量发展。

【巡视整改方法优化】坚持系统整改。关党委以103项整改措施逐项推进和"1+5"专项工作开展为主线，树牢系统观念，点面结合、统筹推进整改深入落实。建立关、处、科、岗上下联动、四级协同推进机制，在全关形成同向发力、同题共答整改局面。探索创新整改周报、定期提示、台账纪实、销账审核、监督通报、经验交流6项整改机制。对已完成的整改措施，严格落实"主办部门初审、分管领导审核、领导小组审议"的3级销账审核责任制，持续深化阶段对103项整改措施分类管理、动态更新，持续完善最新进展和取得成效。强化上下联动。充分发挥巡视巡察综合监督作用，巡视期间，配合总署党委第二巡视组对办公室等9个内设部门和11个隶属海关开展"业务证书授权签证人员管理"和"总署党委上一轮巡视整改中长期任务落实情况"专项巡察，共发现相关问题23个，实现"双巡"查深查透联动效果。坚持举一反三，释放巡视辐射效应，拓展巡视整改工作覆盖面，自2021年11月起，关党委组织开展业务和财务管理专项大检查，立足"强化基础、规范作业、提升效能"，深入推进巡视反馈问题与业务和财务专项大检查发现问题集成整改，推动解决业务和财务工作共性问题，不断巩固深化巡视整改成果。

巡察工作

【巡察工作部署开展】2021年，太原海关党委始终将巡察工作作为履行管党治党政治责任的重要抓手，在党委会、党委理论学习中心组学习、党委巡察工作领导小组会上，第一时间传达学习习近平总书记关于巡视工作重要论述和党中央关于巡视巡察工作新精神新部署，学习总署党委《关于直属海关党委开展巡察工作的指导意见》《关于加强巡视巡察上下联动的实施意见》和全国海关巡察工作推进会精神，把握内涵、全面贯彻、落实到位，高质量推进巡察工作。统筹谋划推进。关党委坚持统一领导和"分级负责"原则，将推进政治巡察6项工作列入重点工作，在人员经费、办公设备、技术支持等方面给予巡察工作充分保障。强化顶层设计，结合总署要求和工作实际，及时调整巡察工作计划，统筹推进巡察"全覆盖"。压紧压实责任。党委书记、关长高继科履行"第一责任人"职责，5次主持召开领导小组会议，专题研究部署、听取工作汇报，针对巡察工作计划、巡察对象选定、巡察力量组成、巡察报告质量等，明确提出指导意见和要求，推动巡察目的更明确、巡察任务更具体、巡察重点更聚焦。领导小组副组长主持召开3次巡察动员会，巡察中期及时指导督导。巡察办主动担当尽责，强化巡前研判、巡中指导、巡后审核、日常监督，充分发挥"统筹协调、指导督导、服务保障"作用。关党委、党委巡察工作领导小组按照巡察工作五年"全覆盖"要求和年度工作计划，部署开展了对2个隶属海关的常规巡察，总署党委第二巡视组巡视期间对20个部门单位联动开展了以“业务证书授权签证人员管理”“总署党委上一轮巡视整改中长期任务落实情况”为主题的专项巡察，组织开展针对总署党委第二巡视组巡视反馈意见整改落实情况的专项巡察，巡察覆盖率达86.2%。

【巡察整改】注重标本兼治，做实“后半篇文章”。严肃开展反馈，压实整改责任。领导小组副组长参加巡察意见反馈会，求真务实“点人点事点问题”，巡察组严肃全面反馈巡察问题，要求被巡察党组织提高政治站位、履行整改责任、梳理问题清单、制定整改措施、建立长效机制、切实抓好落实。巡察发现的75个问题已全部完成整改。贯通监督力量，强化监督实效。巩固深化监察人教整改日常监督、派驻纪检组日常专责监督、职能部门业务指导、巡察办综合督导的“四位一体”巡察整改监督机制，及时跟进整改进程，督促整改落实。对2020年11月以来21个部门单位的巡察整改情况开展“回头看”，督促114个问题全面整改到位，形成了巡察、报告、反馈、整改、销号的有机闭环。坚持问题通报，深化成果运用。建立巡察发现共性问题通报机制，分析研判、梳理汇总2020年度巡察发现的普遍性问题4方面22条，举一反三、对照借鉴，推动各部门单位通过问题早查找、早发现，推动问题早纠正、早解决，实现巡察效果“最大化”。

▲2021年6月4日，太原海关召开党委专项巡察反馈会

【巡察队伍建设】坚持政治过硬、德才兼备、竞争择优、动态管理原则，选拔纪检监察、组织人事、党务政工、海关业务、督审财务等岗位优秀干部参加巡察工作，着重吸纳青年骨干和执法一线优秀科长，调整充实巡察组长库8人、巡察干部人才库40人。加强教育培训，推荐4名同志参加总署党委巡视工作，强化以干代训。持续加大教育培训力度，集中开展巡察干部专题培训，施行巡前动员研讨学、集中培训全面学、线上课程自主学等学习模式与走出去学、实战中练、带回来讲等培养模式相结合，全面提高巡察干部的政治站位、监督意识和实战技能。搭建培养提升平台。将巡察干部工作情况纳入年度客观指标考核，探索建立巡后评价机制，及时向巡察干部所在单位反馈，形成正向激励。注重理论研究，撰写的《增强发现问题能力　提高巡察监督实效》获总署巡视办“提高巡察发现问题能力”课题研究报告评选三等奖。

（撰稿人：王嘉琪）

纪检监察

概况

2021 年，太原海关党委和党委纪检组，以习近平新时代中国特色社会主义思想为指导，围绕纪检监察工作高质量发展目标要求，聚焦中心任务，强化监督执纪问责，一体推进不敢腐、不能腐、不想腐，纪检监察工作高质量发展迈出坚实步伐，为“精品海关”建设提供了坚强保障。

▲2021 年 11 月 18 日，太原海关党委委员、党委纪检组组长张军（右二）调研指导监察室工作

监督检查

【疫情防控监督】2021 年，太原海关围绕贯彻落实习近平总书记重要讲话和重要指示批示精神加强监督，努力做到件件落地、事事见效。制订《太原海关党委纪检组加强疫情防控专责监督工作方案》，成立党委纪检组组长任组长的专责监督工作领导小组，纪检组长带队深入一线开展监督检查。

【围绕巡视整改加强监督】2021 年，太原海关制订《太原海关党委纪检组关于加强巡视整改日常监督工作方案》，明确 5 方面 42 个监督主要问题、4 方面 13 项监督主要内容和 7 种监督主要方式，纪检组长带队深入开展印证式督导检查，开展日常监督。

【围绕落实中央八项规定及其实施细则精神加强监督】2021 年，太原海关坚持问题导向，重点规范公务用车、公务用房使用管理，督促开展专项检查，完成公务车辆管理系统优化升级，修订《太原海关公务用车管理办法》等 4 项制度；建立办公用房使用管理台账，对办公用房进行动态调整和管理。

【“一把手”和领导班子监督】2021 年，太原海关印发《中共太原海关委员会加强对“一把手”和领导班子监督的责任分工方案》，细化 37 项具体任务。纪检组组长通过参加党委会、形势分析及工作督查例会等，对党委班子贯彻落实重大决策部署、坚持民主集中制及“三重一大”事项决策过程进行监督，负责任地提出意见建议。

【重要节点、高风险岗位和人员监督】 2021年，太原海关紧盯元旦、春节、“五一”、国庆等关键节点，紧盯隐形变异突出问题，开展监督检查6次。紧盯选人用人及表彰奖励等重点环节，开展廉政审核。紧盯重点工作，对业务和财务管理专项大检查跟进监督，督促解决检查指标泛化、压力传导不实等问题。建立完善电子廉政档案，“智慧监督”更加有力。

【“现场监管与外勤执法权力寻租”专项整治】 2021年，太原海关履行协助和监督职责，统筹协同推进、严格监督检查、及时跟踪问效，专项整治工作取得明显成效。注重“宣传教育引导”与“畅通举报渠道”同步进行，营造浓厚氛围。张贴海报1,100余张，向74名特约监督员“全覆盖”发放专项整治告知书，设置29个专项整治举报箱，组织405名人员撰写心得体会，522人参与纪法教育答题活动，传导责任压力，营造浓厚氛围。成立5个调研组，结合“我为群众办实事”实践活动，深入29家企业开展实地调研，发放调查问卷67份，召开关企座谈会36次，收集意见建议8条。注重梳理清单与督导检查同步开展，摸“透”廉政风险。推动隶属海关开展全面自查，业务职能部门开展条线集中排查，双管齐下，梳理形成太原海关廉政风险清单。

【纪检干部队伍建设】 2021年，太原海关加强理论武装，学习贯彻党的十九届五中、六中全会精神，开展党史学习教育，组织开展“学党史 铸忠诚”主题党日活动，引领提升纪检干部政治理论素养。加强学习培训。制发2021年纪检干部学习培训工作方案和计划，印发《太原海关党委纪检组关于进一步加强纪检监察干部队伍政治素质和业务能力建设的通知》，举办3期纪检监察业务专题培训班，推荐4名同志支持驻署纪检监察组专项工作，选调6名派驻纪检组干部参加党委纪检组监督执纪工作，以干代训、提升能力。加强队伍建设。

执纪问责

2021年，太原海关坚持“严”的主基调，开展执纪问责相关工作。开展纪律审查情况分析，强化执纪审查结果应用。开展纪律审查季度分析4次，对存在的信访举报和执纪审查方面问题进行深度分析，对需要加强和改进的方面提出了12条意见建议。开展案例通报，强化警示教育。结合线索初核和案件查处情况开展案例分析，发布案例通报2期，用身边事教育身边人，强化以案示警、以案促改，充分发挥案例震慑和教育警醒作用。做好信息录入，为上级决策提供基础依据。根据驻署纪检监察组监督执纪问责系统考核办法，及时准确录入监督执纪问责信息，补全相关部门单位廉政档案信息，提高数据统计工作的准确性、规范性、时效性。迎接上级检查，开展整改。接受驻署纪检监察组执纪审查安全和整治信访举报处理工作中形式主义、官僚主义问题督导检查，对照所提问题清单逐项分析原因，及时查漏补缺，深入整改提升，及时向驻署纪检监察组上报整改情况报告。严格层级管理，及时移交线索。按要求及时将相关问题线索及相关材料移交驻署纪检监察组。

派驻监督

2021 年，为推动太原海关党委派驻纪检组全面落实工作任务，促进太原海关纪检监察工作高质量发展，根据《海关系统纪检机构工作考核实施办法（试行）》和《太原海关党委派驻纪检组工作细则（试行）》等规定，结合工作实际，2021 年 9 月，太原海关党委研究制定了相关文件，推动派驻监督紧盯基层廉情、主动查发问题、督促改正问题。12 月 10 日，党委纪检组召开组务会，对关区事业单位纳入派驻监督事宜进行了专题研究，形成《党委纪检组关于调整派驻纪检组辖区的报告》呈报关党委。12 月 27 日，经关党委研究，对派驻纪检组管辖范围进行了调整，将后勤管理中心、技术中心、山西国际旅行卫生保健中心（太原海关口岸门诊部）和中国电子口岸数据中心太原分中心纳入党委派驻纪检组监督范围，实现了隶属海关和事业单位派驻监督的全覆盖。在关党委领导、党委纪检组指导下，各派驻纪检组注重发挥“派”的权威和“驻”的优势，加强自身建设，突出政治监督，做实日常监督，严肃执纪问责，持续推动全面从严治党、从严治关责任压力传导，为基层政治机关建设和清廉海关建设提供坚强纪律保障。推动驻在单位落实中央重大决策，落实总署党委部署，落实关党委工作要求，开展党史学习教育监督、巡视巡察整改监督、对隶属海关党委“一把手”和领导班子监督、口岸疫情防控监督、安全生产监督、“现场监管与外勤执法权力寻租”专项整治监督、业务和财务管理专项大检查整改监督等。推动驻在单位领导班子落实全面从严治党主体责任，层层压实“两个责任”，监督完善辖区海关《党委全面从严治党主体责任清单》，深入开展纪法教育和警示教育，强化日常监督，严把党风廉政意见回复关，推动静态监督向动态监督、被动监督向主动监督、关门监督向开门监督、粗放监督向精细监督转变。精准开展监督执纪问责工作，开展问题线索处置和立案调查，以案促教、以案促改、以案促建，推动隶属海关党委常态化运用“四种形态”的“第一种形态”。

▲2021 年 11 月 29 日，太原海关党委第一派驻纪检组召开主要负责人任职见面会

（撰稿人：焦鹏飞）

干部队伍建设

概况

2021年，太原海关在机构编制管理方面，谋划、规范机构编制核查，推进事业单位岗位设置工作，确保编制科学配置，资源优化整合；在干部人事管理方面，从严开展干部选拔任用工作，严格落实公务员分类管理和职务与职级并行制度，发挥考核管理与激励统筹作用，从严监督管理干部，解决群众关切问题；在人才队伍方面，落实《“十四五”海关人才发展规划》，在人才选、育、管、培、用等方面制定切实可行的具体举措；在教育培训工作中，贯彻落实《“十四五”海关干部教育培训规划》《干部教育培训工作条例》和年初培训计划，不断提升干部队伍综合业务水平。

机构编制管理和人力资源调配

【规范编制管理】2021年，太原海关按照“严控总量、统筹使用、有减有增、动态平衡、保证重点、服务发展”工作思路，统筹做好机构编制总量严控和统筹使用，为推进内陆精品海关建设提供更有力的编制支持和保障。严格规范编制管理，强化法治意识。严格执行机构限额、领导职数、编制种类和总量控制等规定，强化刚性约束。推进机构、职能、权限、程序、责任法定化，推动机构编制规范化；抓好《中国共产党机构编制工作条例》和《机构编制管理评估办法（试行）》等相关政策法规的学习宣传培训工作，严格执行机构编制报告制度，督促各部门（单位）聚焦主责主业、突出重点关键，严格履职尽责。科学配置编制资源，优化编制结构。坚持编制资源向基层一线下沉，按照“编随事走、人随编走”的原则，推动编制资源从职能任务减少的部门单位向新增职能或职责任务重的部门单位调整，及时核减职能相对弱化单位的空余编制，向改革发展重点领域和关键环节倾斜；探索后勤保障相关岗位走社会化服务路子，腾出更多编制用于保障海关查验、检验检疫等重点工作，推进机构编制从“静态”向“动态”转变。

【完善监管机制】2021年，太原海关深入学习贯彻《中国共产党机构编制条例》，不断完善配套工作机制，加强对各部门（单位）贯彻执行《中国共产党机构编制条例》情况的监督检查，及时发现和纠正机构编制中存在职责不清、科室人员配备不够合理等问题，进一步提升机构编制工作的权威性；推动将机构编制专项督查列入巡察、选人用人专项检查、审计等工作，围绕机构编制领域重大决策部署、重要法规文件贯彻落实确定专项督查内容，切实发挥巡察、审计监督作用，推动党中央关于机构编制决策部署不折不扣贯彻落实。

【机构编制核查】2021 年，太原海关落实总署机构编制核查工作要求，组织相关人员学习《中国共产党机构编制工作条例》《机构编制监督检查办法》《全国海关机构编制核查工作实施方案》等政策规定，制订《太原海关机构编制核查工作具体实施方案》，明确将核查工作分为自查自纠、公示监督、集中核查、数据更新、总结评估 5 个环节，并倒排核查工作时间表，要求各隶属海关和事业单位严格落实主体责任，加强组织落实，务求工作实效。明确职能部门和各隶属海关、事业单位工作任务，加强协同配合，按时上报工作进度，做到责任清晰、方向正确。对核查中发现的问题，及时督导整改，做到立行立改，实行对账销号，真正发挥核查集中规范机构编制管理的作用，推进全关机构编制管理规范化、制度化、精细化。确保核查工作实施与目标同步。抓好培训指导。以机构编制核查为契机，及时组织具体承办人员学习《中央一级机构编制统计年报指标解决及填报说明》，翔实详细讲解核查进度安排、填报说明、指标解释等重点事项进行重点说明，掌握实名制系统操作和注意事项。通过电话、微信等方式，及时解答各类咨询，帮助各隶属单位准确把握政策和数据核对要求，进一步提升履职尽责能力。抓牢实施环节。严格按照机构编制核查工作的“机构清、编制清、领导职数清、实有人员清”的原则，要求各隶属海关和事业单位严格按照“三个阶段、五个环节”程序，仔细核对本单位名称、机构规格、人员编制、领导职数、内设机构、批准机关和文号以及机构编制变动情况等内容，按时间节点、任务要求完成好自查、公示、总结等环节，稳步推进核查工作的开展，确保数据准确及时、信息维护全面、核查内容真实。将核查工作同机构编制数据库年报工作相结合、相衔接。抓实现场核验。采取集中对账方式，审阅各隶属海关和事业单位公示材料、花名册、机构编制文件等有关信息数据，对实有人员情况、领导职数配备等进行综合比对核实，全面查验“账账相符”情况。针对发现的问题，涉及机构和人员公示信息不全面的，提醒相关单位及时进行完善；未进行公示的，要求按规定进行不少于 5 个工作日的公示，并公布举报电话，实现机构编制核查与问题整改统筹推进。高标准整改规范，确保核查工作要求与纪律同步。严守保密规定。

严格落实工作环节步骤，要求各隶属海关和事业单位主要负责人对核查数据信息全过程签字，确保源头有保证、过程能追溯、结果可对比。严明工作纪律。高度重视核查工作的政治性和严肃性，数据报送做到真实、准确、完整，杜绝弄虚作假、漏报瞒报，数据核查做到坚持原则、查验、反映实情，避免疏忽大意、出现纰漏，切实提升机构编制基础数据的管理水平和使用效益。严肃督促整改。按照“自查不遮丑、督查不护短”的要求，不断强化核查结果运用，全面起底核查工作中存在的问题，及时督促整改，对个别单位内设机构或人员编制调整未在报告体现出的，及时要求进行修改完善，确保本单位掌握数据与填报实名制数据库保持一致，进一步提升机构编制管理科学化规范化水平。

【事业单位岗位设置工作】2021年，太原海关贯彻落实总署党委和关党委工作部署，有计划、有步骤地推进事业单位岗位设置工作。多次深入后勤管理中心、技术中心和保健中心开展政策宣讲，倾听意见，现场答疑解惑，全面掌握事业单位队伍思想动态，为岗位设置决策打好基础。针对事业单位岗位结构不合理以及“双肩挑”等难题，实行“一中心一方案”，提前布局、量体裁衣，统筹考虑岗位设置对选拔任用、岗位晋升等后续工作的影响，提升岗位设置方案的科学性、可行性。印发《太原海关关于事业单位岗位设置有关事项的通知》，督促指导各事业单位根据已分配的岗位数量制定岗位名称、工作职责和任职条件等，督促指导各事业单位制订岗位聘任方案，指导事业单位完成专业技术高级岗位聘用方案修改定稿工作，为岗位聘用工作奠定基础。

【口岸防疫人力资源调配】2021年，太原海关落实疫情防控人员封闭管理模式要求，科学研判疫情防控一线人力资源需求，做好人力资源统筹规划，盘活存量，用好增量，确保人力资源保障到位。2021年下半年入境人员卫生检疫岗位工作人员封闭管理以来，加强疫情防控梯队建设，组建疫情防控一队、二队，交替上岗保障分流航班10轮次，27个部门单位派出257人次支援机场疫情防控工作。同时，协调5名在太原海关机关工作的太原机场海关协管员返回太原机场海关工作。在编制2022年公务员考录计划时，安排了3个名额用于招录医学专业人员，占总名额的33.3%。

干部选管用

【干部选拔任用】2021年，太原海关坚持正确选人用人导向，执行“凡提四必”，突出政治标准，选准用好领导干部。突出政治素质首要标准，加强改进领导人才政治素质考察，落实政治考察细化标准，定期对党政领导人才的政治表现进行分析研判。严格规范选拔使用优秀领导人才。坚持新时代好干部标准，在选拔任用工作中全面考察拟任人选的德、能、勤、绩、廉等各个方面。选优配强各级领导班子，不断优化班子年龄、工作经历和专业知识结构，对各处室注重选拔政治素质突出、综合能力优秀的领导人才；对事业单位注重选拔理想信念坚定，懂专业、善创新的优秀管理人才；为隶属海关配备岗位匹配、专业结构背景更加合理的人才。组织完成“一报告两评议”工作。组织召开“一报告两评议”工作会议，分级分层开展2020年度新提拔干部民主评议工作。完成副高级职称申报评审和中级职称认定工作。

▲2021年4月9日，太原海关举行科级领导干部任前廉政考试

【公务员分类管理和职务与职级并行制度】2021年，太原海关注重政策法规学习，加强宣传引导，通过多形式的学习，树立正确舆论导向。坚持党管干部，紧密围绕优化领导班子结构和消化超配干部，实施分类管理，释放政策红利。推进专业技术类公务员分类管理工作。

【考核管理】2021年，太原海关分层组织实施队伍建设考核和平时考核，强化客观指标考核，深入推广全国海关队伍建设综合管理平台运用。2021年实现队伍建设综合管理平台“平时考核”模块应用率100%，提升考核结果准确性。持续抓好疫情防控专项考核，对参加封闭管理人员单独考核，按照35%的比例单独核定优秀名额；对执法一线科长单独考核，按照不低于30%的比例核定优秀名额。发挥奖励激励作用，表彰2020年度优秀领导班子10个、集体12个、个人136人次；完成2021年度新冠肺炎疫情防控专项奖励及通报表扬工作，对15人记个人三等功、3人记功，对38人给予嘉奖，对115人予以通报表扬，不断提升队伍凝聚力和战斗力，激发广大干部职工的使命感、荣誉感。

【人才队伍建设】2021年，太原海关为全面贯彻落实总署党委关于人才发展的规划部署，加强新时代干部队伍建设，按照《中共海关总署委员会关于学习贯彻习近平总书记重要讲话精神　加强海关人才队伍建设的意见》《“十四五”海关人才发展规划》和总署关于队伍建设的有关要求，太原海关结合实际，制发《太原海关“十四五”干部队伍建设实施意见》，明确了太原海关“十四五”干部队伍建设的指导思想、基本原则、任务目标，特别是针对专家人才、紧缺专业人才、青年人才和专业执法人才提出工作目标，确保规划稳步实施，在人才选、育、管、培、用等方面制定切实可行的具体举措。

【专业人才引进培养】2021年，太原

海关通过考录招聘、军转安置等方式，持续引进口岸监管、财务审计、预防医学等领域人才。注重专业执法人才队伍建设，各渠道专业背景人才招录比例超过50%，将新录用公务员100%充实到基层一线。创新优化培训方式。综合运用集中调训、网络培训、岗位实训等培训方式对人才开展各种培训，结合实际选聘、增聘优秀专家人才担任兼职教师，全面提升培训工作质量，促进人才培养。动态管理专家人才库。各业务条线结合知识背景、专业能力和岗位变化，动态管理本条线专家人才库。统筹公务员和事业单位领导干部队伍建设，完善综合管理类、专业技术类和行政执法类人才的交流机制，持续加强机关和基层的人才交流，注重培养管理经验丰富、业务能力突出的复合型执法人才。强化青年人才培养。注重青年人才的培养，安排他们在新冠肺炎疫情防控、乡村振兴、重大改革等工作中砥砺品质、锤炼作风、提升素质，注重在专业岗位培养锻炼青年人才，抓好青年人才的战略培养。

【干部管理监督和日常管理】2021年，太原海关严格强化对各类人才的政治监督和日常管理。从严管理干部，发挥干部监督合力。主动接受群众监督，发挥干部监督刚性作用，用好监督利刃，不断提升监督效能。配合巡视整改，开展干部监督管理有关问题清理规范整治工作，强化对考勤、因私出国（境）、经商办企业、违规兼职等突出问题常态化整治。运用监督执纪“四种形态”特别是“第一种形态”，做到多提醒、多教育。加强信访举报查核处理，充分抓好群众监督，全面监督人才成长。

【关心关爱干部职工】2021年，太原海关加强正向引导，促进人才在基层奉献、在一线建功。鼓励改革创新。加大容错纠错政策运用，鼓励人才在工作中创新创造，正确区分组织应予容错的情形，为勇于负责的人才负责、为勇于担当的人才担当。表彰关爱人才。贯彻落实新修订的《海关工作人员奖励规定（试行）》和《海关工作人员及时奖励量化标准体系（试行）》各项要求，开展专项考核和表彰奖励工作。解决群众关心关注的实际问题，加强与山西省人事厅、山西省社保局和本关财务部门沟通对接，研究2021年养老保险缴费清算工作，推进机关退休人员养老保险正式待遇申报核定工作。

教育培训

【习近平新时代中国特色社会主义思想教育培训】2021年，太原海关将习近平新时代中国特色社会主义思想作为首课主课必修课，作为党委理论学习中心组的重要学习内容。严格落实总署制订的习近平新时代中国特色社会主义思想教学计划，做好规定内容的学习，100%达成学时学分考核标准。在各级干部集中培训中开设习近平新时代中国特色社会主义思想教学课程。组织全员参与海关系统学习宣传贯彻习近平法治思想网上专题培训班学习，

100%完成。举办处级干部党的十九届五中全会精神暨党史学习教育轮训班和党的十九届六中全会精神专题学习班。在“太原海关正处级领导干部能力提升培训”中开设了贯彻习近平总书记重要指示批示精神有关课程。第一时间组织学习贯彻习近平总书记在党史学习教育动员大会、庆祝中国共产党成立100周年大会的重要讲话精神，坚持“第一议题”制度，第一时间带头学，推动各级党组织及时跟进学。

【贯彻落实培训计划】2021年，太原海关贯彻落实《“十四五”海关干部教育培训规划》《干部教育培训工作条例》和年初培训计划，探索多元化培训方式，加强全员思想淬炼、实践锻炼、专业训练，不断提升综合业务水平。落实总署干部教育培训指标。提醒督促干部职工加强“重点考核项目”的学习，“习近平新时代中国特色社会主义思想”“党史学习教育及政治能力”“习近平法治思想”3个重点考核项目均100%完成。落实太原海关2021年度干部培训工作方案，44期培训100%完成。将教育培训完成情况纳入干部年度考核。严格按照总署要求组织开展党的十九届五中全会精神暨党史学习教育轮训。选派人员参加执法一线科长（基层党支部书记）网上培训班，参训率100%。

【完善培训内容体系】2021年，太原海关按照总署制订政治能力教学计划，顺利完成学习内容和学时学分考核要求，习近平新时代中国特色社会主义思想学分达标率、党史学习教育及政治能力学分达标率均为100%。组织关员参加“海关e课堂——党史学习教育”专题培训学习，深化党史学习教育。组织全员参加海关系统党史学习教育网上专题班学习，100%完成学习。派员参加总署举办的年轻干部党的理论和党性教育研修班。业务训练方面。落实总署制订的业务能力教学计划和培训计划，完成学习内容和学时学分考核要求。组织开展卫生检疫类培训实训12期、动植物检疫等资质类培训1期。参加总署举办的疫情防控等重点业务培训，组织学员参加2021年海关卫生检疫岗位个人防护装备规范使用网上培训班学习。执法训练方面。落实总署制订的执法能力教学计划和培训计划。通过线上线下学习、“三会一课”、专题辅导报告会、研讨、培训等形式，把习近平法治思想落实到法治海关和“精品海关”建设的各方面和全过程。

▲2021年12月13日，太原海关召开《中华人民共和国军人地位和权益保障法》宣讲会

【建立分类分级培训对象体系】2021年，太原海关制订并执行了2021年干部培训工作方案和培训计划。组织处级以上领导干部参加学习贯彻党的十九届五中全会精神暨党史学习教育培训、全国海关党建工作专题培训、司局级干部专业化能力提升网上培训等，并加强对隶属海关单位干部参训情况的督促检查，并将学习培训情况作为重要考核指标，确保培训质量。公务员方面，制订2021年干部培训工作方案和培训计划，根据疫情防控要求及时调整晋衔培训、任职培训；指导太原机场海关根据实际开展新冠肺炎疫情防控相关岗位实训。事业单位工作人员方面，加强对隶属事业单位培训工作的指导监督，鼓励各单位针对不同类型、不同岗位人员开展有针对性的培训，将事业单位培训工作纳入考核；严格执行《2021年海关培训学时学分统计规则》；按总署要求，选派高级专业技术人员参加专业能力提升培训。专业技术人才方面，派员参加总署举办的司局级干部专业化能力网上专题班，督促各业务处室组织开展岗位资质人员培训、专门化业务培训；按照总署要求，选派人员参加总署举办的赴外培训交流，培养国际化专家人才队伍。中青年干部方面，派员参加专门面向执法一线科长的年轻干部党的理论和党性教育研修班二班。艰苦边关和基层干部方面，持续抓好执法一线科长队伍建设22条措施的贯彻落实，派员参加总署举办的专门面向执法一线科长的年轻干部党的理论和党性教育研修班二班、面向全体执法一线科长和基层党支部书记举办的执法一线科长（基层党支部书记）网上培训班；举办党支部书记党建专题培训班1期，各级党组织书记、党务工作者110余人参训；结合基层党组织规范化建设专项整治，开展党务规范专题网上培训班1期，党务工作人员80余人参训。

【构建培训方式体系】2021年，太原海关推动实现精准实施集中调训，大力发展网络培训，广泛开展岗位实训，丰富拓展其他培训。制订2021年干部培训工作方案和培训计划，分集中轮训、专题培训、任职培训、岗位培训、业务培训和其他培训等类别。充分运用多种方式开展培训，视疫情形势加大网上培训班举办力度。督促各业务处室开展岗位实训。指导督促各部门单位做好党委理论学习中心组学习、支部学习、专题讲座等学习形式的相关系统录入工作，纳入培训学时学分统计范畴。做好课程资源录制和收集，以满足网络培训需要。

【健全培训机制体系】2021年，太原海关推动建立健全需求调研机制、质量提升机制、管理监督机制。加强培训需求调研，征求各部门单位2021年培训需求和意见，围绕业务发展需要制订2021年教学计划和培训计划。严格执行《2021年海关培训学时学分统计规则》，明确年度学时学分考核要求及统计方式。将学时学分完成情况纳入干部平时考核，将培训组织实施情况纳入隶属海关领导班子考核客观指标。严格落实培训质量评估机制，培训结束前均开展培训评估。

【建设培训保障体系】 2021 年，太原海关加强师资培养管理。建设政治过硬、素质优良、规模适当、结构合理的兼职教师队伍。举办兼职教师能力提升培训，组织人员学习“钉钉”平台兼职教师能力提升课程。加强课程教材建设。向总署推荐“好课程”参评课程。加强网络平台建设。充分利用“海关 e 课堂”、中国干部网络学院等学习平台开展系列专题培训，深度利用“钉钉”全员培训平台课程做好业务培训。做好经费管理保障。准确测算干部教育培训经费需求，列入年度财政预算，争取财政经费支持，保障培训所需资金；落实“过紧日子”要求，厉行节约，支持利用视频、线上教学等多种形式开展培训，勤俭办学。加大对一线干部教育培训的支持力度，做好资金统筹，重点保障新冠肺炎疫情防控和基层一线等培训班次的经费需求。

（撰稿人：崔　珺）

第四篇

业务建设

法治建设

【概况】2021 年，太原海关法治工作坚持以习近平法治思想为指导，坚持依法履职、执法为民，不断提升干部职工依法履职的能力和水平。聚焦执法需求，组织开展制度评估清理，全年共废止规范性文件 1 件；制定制度 24 项、修订 17 项、废止 26 项；更新《业务操作手册》工作依据 91 个，制定操作指引 4 项、修订 26 项。截至 2021 年年底，关区有规范性文件 3 件、内部制度 132 项、操作指引 79 项，关区制度规范体系不断完善。紧盯实际需要，开展精准普法，2021 年组织开展专题法治讲座 2 期、新法宣讲 4 次、制作普法微视频 1 个、印发案例解析 7 期、在“法治进行时”栏目开展专题普法 2 期，普法效果持续扩大。持续优化行政审批服务，行政审批事项取消 1 项、由注册改备案 1 项，办理行政审批 355 件，网上办理率达 99.72%。进一步加大“证照分离”改革力度，惠利山西省 6,000 余家进出口企业，有效降低企业制度性交易成本，不断优化营商环境。加强法治队伍建设，受理并办结一宗行政复议案件，参与办理一件行政诉讼案件、一起群众投诉举报、一件信访事项，用法治方式解决问题的能力进一步加强，公职律师在法治疑难问题研讨、执法研究、新法解读、案例解析、普法宣贯等工作中的作用进一步凸显。

▲2021 年 4 月 28 日，太原海关召开 2021 年法治工作会议暨《生物安全法》宣贯会

【法规管理】2021 年，太原海关废改立释并举，制度体系持续完善。修订《太原海关规章制度管理办法》《太原海关制度管理办法》，进一步健全制度管理规则，扎牢制度建设根基。组织开展制度评估与清理工作，2021 年共废止规范性文件 1 件；制定制度 24 项、修订 17 项、废止 26 项；更新《业务操作手册》工作依据 91 个，制定操作指引 4 项、修订 26 项，制修订后共有规范性文件3件、内部制度132项、操作指引79项。发挥“合法性＋合规性”双审作用，同步对40余项制度开展内控前置审核和合法性审核，保证制度生命力及决策部署的科学有效性。

【深化“放管服”改革】2021年，太原海关全面贯彻落实“放管服”改革举措，第一时间传达落实总署行政审批改革要求并督促业务职能部门做好事中事后监管，行政审批事项取消1项、由注册改备案1项，有效降低企业制度性交易成本，助力企业及时享受改革红利。全面推进行政审批事项全流程网上办理，严格审批程序和流程，缩短审批时限，提高审批效率。加大“证照分离”改革力度，对海关涉企经营许可事项推行“证照分离”改革全覆盖，此次改革惠及山西省6,000余家进出口企业。深入推进“三项制度”（行政执法公示、执法全过程记录、重大执法决定法制审核制度）落实，加强执法资格管理，实现全员100%持证上岗，组织公职律师分工开展法制审核工作，助力关区执法更加严格规范公正文明。

【复议应诉】2021年，太原海关加强法治队伍建设，用法治方式解决问题的能力得到锻炼。强化复议应诉能力建设，受理并办结1宗行政复议案件。参与办理1件行政诉讼案件、1起群众投诉举报、1件信访事项、3项协助司法调查。紧盯公职律师能力应用，制定公职律师管理办法，细化56项考核指标，组织公职律师开展法律知识培训4次、业务研讨交流6次，公职律师参与新法宣讲2人次，参与行政复议、行政应诉和法制审核工作13人次，1名公职律师获得“全国海关优秀公职律师”荣誉称号，在法治疑难问题研讨、执法研究、新法解读、案例解析、普法宣贯等工作中，发挥法治人员、公职律师和业务专家合力作用，实现多个零的突破：1则行政执法典型案例、1篇普法信息被总署采用采编、参与1次总署典型案例汇编专项集中工作。

【法制协调和法治宣传】2021年，太原海关聚焦重点内容，深入学习宣传贯彻习近平法治思想，邀请专家学者开展专题培训2期、发放学习资料、组织座谈研讨，持续推进学习领会习近平法治思想入脑入心、走深走实。印发《太原海关落实〈“十四五”海关法治建设规划〉的实施意见》《太原海关关于做好第八个五年（2021—2025年）时期法治宣传教育工作的实施意见》，制作“七五”普法回顾与“八五”普

▲2021年12月2日，运城海关对辖区企业开展宪法专项宣传

法展望微视频。聚焦执法实际需求，开展《中华人民共和国生物安全法》（以下简称《生物安全法》）、《中华人民共和国行政处罚法》（以下简称《行政处罚法》）、《中华人民共和国进出口食品安全管理办法》（以下简称《进出口食品安全管理办法》）等新法新规宣讲4次。聚焦社会对海关工作的关注，与山西经济科技频道合作，在“法治进行时”栏目开展专题普法2次，回应公众普法需求。聚焦一线人员需要，建立案例普法工作机制，按月开展“新法释义”和“以案说法”案例解析活动，印发案例解析7期，提升依法履职的能力和水平。聚焦专题普法，以“八个一”“六联动”等方式组织开展海关法治宣传日、宪法宣传周、民法典系列专题普法活动，主题更突出、内容更丰富、效果更明显。普法队伍逐步建立，关区形成“法规干部+公职律师+业务专家”为主体的法治宣传队伍，普法队伍呈现出年轻化、专业化态势。

（撰稿人：吴冬花）

业务改革与发展

【概况】2021年，太原海关落实总署党委“改革强关”建设总要求，统筹推动全面深化业务改革各项工作。以“两步申报”为引领，不断强化“两轮驱动、两端准入、两区优化、两类通关”等5项创新措施的实施效果，各项改革任务实现既定目标，完成改革任务。积极发挥海关职能，深化“放管服”改革，配合相关政府部门做好优化口岸营商环境评价工作。统筹推进业务整合优化工作，创新性实施业务执法协作机制，解决基层执法人力资源紧张问题。建立业务改革热点问题报告机制，坚持问题导向，“快速化”“系统化“总结业务改革进程中热点问题。统筹“我为群众办实事”专项活动，开展业务改革问题清零工作。多方位保障进出口通关畅通，强化业务运行监控管理，综合运用各类通关运行系统，构建职能、基层2级业务运行监控体系，切实发挥事中监控和过程管理作用。不折不扣落实通关便利化措施，指导企业用足用好政策红利，进一步降低进出口环节通关成本。持续巩固压缩进出口货物整体通关时间成效，有效保持整体通关时间下降总趋势，进出口整体通关时间优于全国平均水平。

全力落实新发展格局要求，推动各项业务发展迈上新台阶。积极支持山西转型发展蹚新路，支持山西打造内陆地区对外开放新高地。先后与山西省商务厅、中国银行山西省分行、山西省打击侵权假冒领导小组办公室建立合作机制。支持跨境电商新业态发展，倡导建立山西省跨境电商联席会议制度。落实国家区域协调发展战略，加强关际合作，做好海关服务黄河流域生态保护和高质量发展工作。落实国家贸易管制政策，落实监管证件联网核查工作要求，做好政策研究和实施，加强监控分析，防范禁限管控工作风险。加强技术

▲2021年12月14日，太原海关召开12月份形势分析及工作督查例会

性贸易措施研究，建立和完善技术性贸易措施工作机制，积极开展技术性贸易措施帮扶。持续实施知识产权强国战略，提升知识产权海关保护工作能力，维护进出口环节公平有序秩序。

【业务改革协调】2021年，印发《太原海关关于进一步持续推进落实海关全面深化业务改革2021年行动计划》，确定22项改革任务，提出总体要求，建立组织机构，明确任务分工，建立月度报告和通报制度、建立业务改革问题协调解决机制、建立考核评估机制等。大力推行“提前申报”，优化进口“两步申报”通关模式；大力推动关区业务改革“问题清零”工作，全年报送改革问题23个，涉及综合业务、监管、商品检验、加工贸易等业务领域，实现反映基层诉求、推动业务改革的目标，其中“进口旧手机显示屏（组件）适用旧机电还是固体废物监管”改革问题入选总署综合业务司编制的《改革问题收集反馈案例（第二期）》，供全国海关学习借鉴。持续推动业务改革信息化发展，年内顺利完成H2018新一代通关管理系统3.0版全关区全面切换，完成检查异常处置功能模块试点上线运行，完成H2018拟证出证子系统全面运行，成功签发关区首票入境货物检验检疫电子证书。建立业务改革热点问题报告机制，编发7期《业务热点问题情况报告》，内容涵盖跨境电商、服务贸易、口岸建设、航空货运、营商环境、通关时长等方面，全面介绍关区业务热点问题的背景、现状、工作进度、措施、成效，困难、问题、建议。统筹推进业务整合优化工作。针对基层外勤任务点多面广，执法人力资源紧张等问题，深入调研、综合施策，制订《太原海关业务整合和人力资源优化工作实施方案》，解决有资质人员不在岗、在岗人员无资质问题的同时，让有资质的人干有专业要求的事；出台《太原海关业务执法协作区工作办法（试行）》，通过隶属海关执法协作和业务职能部门统筹专项执法行动两项措施进一步提升业务协调联动能力。改革试行以来，各隶属海关间共申请开展执法协作17次，基层执法人力资源紧张问题得到有效纾解。助力黄河流域生态保护和高质量发展走深走实，成立太原海关服务黄河流域生态保护和高质量发展领导小组，印发《太原海关服务黄河流域生态保护和高质量发展具体举措任务分解表》，建立太原海关服务黄河流域生态保护和高质量发展4项工作机制，深化关际合作领域和手段，抓重点工作落实，在促进区域协调发展上发挥好海关职能。支持跨境电商新业态发展，倡议发起包括海关、商务、综合改革区、山西省跨商协会、重点跨商企业在内的跨境电商联席会议工作机制，2021年举行5次会议，共解决涉及海关工作的企业问题8个。

【通关运行管理】2021年，太原海关持续加强通关业务运行监控，加强业务监控体系建设，立足重大决策部署落实、直属海关内控管理要求、绩效考核指标、审计“屡查屡犯”问题形成《通关（知识产权）条线重点监控项目（2021年第三版）》，明确监控方法和文件依据，将领学促学与业务监控相融合，指导夯实业务基础。年内，共制发月度情况通报12期，制发问题监控核查单97份，发布综合条线业务运行通报12期，对进出口整体通关时间、“两步申报”率、“提前申报”率、超期未结关报关单等主要通关指标运行情况进行通报，提高业务运行监控实效，做好异常报关单监控和排查工作，有效防范业务风险。持续推动通关便利化，落实精简监管证件、简化报关单随附单据、进一步提升进出口环节证件和单证无纸化水平等通关便利化措施，加大“提前申报”“两步申报”“两段准入”“汇总征税”“预约通关”“船边直提”“抵港直装”等措施的宣传力度，指导企业用足用好通关便利化措施，进一步降低企业通关成本。编制《太原海关服务山西打造内陆开放新高地，促进外贸稳增长2021年—2023年行动方案》并组织推动落实，梳理形成《太原海关服务山西构建对外开放“新高地”政策措施汇编》；建立服务打造开放新高地、促进外贸稳增长联系配合工作机制，对政府重点工作、企业反馈问题实施台账管理，解决企业“急难愁盼”问题6项。全年开展政策宣讲88次，涉及30余个政府部门、450余家企业。为有效评估措施实施情况，组织开展《海关通关便利化措施落实情况》问卷调查，收到有效问卷104份。持续巩固压缩进出口货物整体通关时间成效。逐月开展超长通关时间分析和通报，针对海运、空运、陆运等不同运输方式开展重点分析，通过向总署反映、与企业沟通、加强信息系统建设，重点现场票票盯等方式做好压缩货物整体通关时间工作，沟通调整整体通关时间通报格式，将陆运方式细化为公路、铁路运输方式。2021年，进出口货物整体通关时间分别为25.80小时、0.97小时，较2020年同期减少11.66小时、1.32小时。统筹协调优化口岸营商环境。将总署优化口岸营商环境部署安排分解细化为69项任务并落实到具体部门，开展优化口岸营商环境在线访谈，组织营商环境评价专题培训，以配合地方政府开展营商环境评价为突破口，全面推进海关与地方优化口岸营商环境工作的协同配合。

【贸易管制与技术规范】2021年，太原海关加强进出口贸易禁限管控。加强进出口环节监管证件验核管理，结合禁限管理最新要求，修订《太原海关单证审核操作指引》；加强通关环节监管证件管理监控，利用HZ2011系统和HLS2017系统开展漏收监管证件、监管证件超量核扣、超次核扣监控检查。结合实际业务开展禁限管控政策研究分析，年内向总署上报3篇研究材料，提出加强禁限管控有关工作意见建议。

【技术性贸易措施研究工作】2021年，太原海关建立和完善技术性贸易措施工作机制，强化技贸专家队伍建设，印发《太原海关技术性贸易措施工作指南》，建立太原海关技术性贸易措施人才库；加强技术性贸易措施信息收集与分析，开展专项研究，选取山西省祁县玻璃器皿行业为样本开展技术性贸易措施影响研究，提出应对工作建议，获得山西省领导批示，并推动出台行业帮扶性政策。推进山西法兰锻造技术性贸易措施研究评议基地建设，以评议基地为依托，建设综合信息平台，发布各类信息200余条，及时向企业推送风险预警，指导企业规避风险；开展技术性贸易措施影响调查工作，同时，完成《中国技术性贸易措施年度报告》的汇总分析编写任务；积极开展技术性贸易措施评议，建立通报评议工作协调机制，组织专家对化学品法规、动物饲料添加剂使用、食品农兽药残留限量等国外技术性贸易措施通报评议，结合出口产品实际情况，向总署提交评议意见；加强技术性贸易措施培训宣贯，利用技术性贸易措施影响调查的契机，通过召开座谈会、入企宣讲等形式，对潜在造成山西省省内重点企业影响的国外重大技贸措施进行宣传20余次，与山西省商务厅商定建立技术性贸易措施信息定期共享交流机制。

【知识产权保护】2021年，组织实施太原海关2021年知识产权保护专项行动（代号“龙腾行动”）和太原海关2021年寄递渠道知识产权保护专项执法行动（代号“蓝网行动”）。1个案例获评“中国海关2021年知识产权保护典型案例”。开展知识产权协作交流，与南京、郑州、乌鲁木齐、福州4个海关联合组织跨关区知识产权侵权鉴别线上培训2次，200余人次参加；赴郑州海关沟通交流行邮寄递渠道、中欧班列货运渠道查发侵权案件的经验做法；与满洲里海关综合业务处签订《关于加强知识产权保护执法合作的联系配合办法》；与山西省打击侵权假冒领导小组办公室签订《关于海关打击侵权假冒数据共享协议》；与山西省有关部门联合开展“网剑行动”，进一步推动知识产权保护工作形成齐抓共管的良好局面。坚持“打促结合、综合施治”，做好对市场主体自主知识产权企业的培塑和重点服务，2021年对关区18家企业开展了知识产权工作调研（涉及2家国有企业、15家民营企业、1家中小微企业），向企业宣讲解读海关知识产权保护政策措施，了解企业知

▲2021年4月27日，太原机场海关关员为社区居民讲解知识产权海关保护知识

识产权工作诉求，积极为企业纾难解困。年内，新增5家自主知识产权海关备案企业，山西省自主知识产权企业保护意识逐渐增强。修订《太原海关知识产权海关保护操作指引》，缩短出境邮件通关时间，规范业务现场侵权商品处置流程。

（撰稿人：李　盼　牛　煜）

自贸区和特殊监管区域管理

【概况】截至2021年年底，山西省有1个海关特殊监管区域和3个保税物流中心，分别是：太原武宿综合保税区、山西方略保税物流中心（B型）、山西兰花保税物流中心（B型）和大同国际陆港保税物流中心（B型）。

【平台发展情况】2021年，太原海关深入贯彻习近平总书记视察山西重要讲话精神，积极适应全方位推动高质量发展需要，以务实管用举措助力海关特殊监管区域和保税物流中心（以下简称“区域和中心”）进出口再创历史新高。山西省区域和中心延续企稳向好发展势头，实现进出口395.2亿元，同比增长3.2倍，占同期全省外贸比重由2020年6.3%提高到17.7%。其中，出口209.1亿元，增长3.4倍，进口186.1亿元，增长2.9倍。太原武宿综合保税区进出口351.7亿元，同比增长2.8倍，占全省外贸进出口值（2,230.3亿元）的15.8%，在2020年度综合保税区发展绩效评估中排名第56位，评估结果在全国和地区排名跻身“双B类”。同期，山西方略保税物流中心、山西兰花保税物流中心和大同国际陆港保税物流中心分别实现进出口值961万元、33.5亿元、9.8亿元，增幅为－93.3%、404.9%、0，占各市外贸进出口值（30.7亿元、52.1亿元、69.7亿元）的0.31%、64.3%、14.1%，进出口值在全国85个物流中心中分别排名第75、12、29位。

▲2021年10月28日，首架飞机通过太原武宿国际机场直达太原武宿综合保税区

【平台建设情况】2021年1月，总署正式批复大同国际陆港保税物流中心（B型）通过验收；6月，中心封关运营。2021年2月，山西省政府《关于设立中国

（山西）自由贸易试验区的请示》（晋政〔2021〕6号）正式上报国务院。2021年3月，太原海关督导武宿综合保税区（二期）正式封关运营，6月、7月分别完成进境水果、进境冰鲜水产品2个指定监管场地的验收；冷冻品集中监管总仓、跨境电商监管中心完成建设。太原海关与山西转型综合改革示范区共同签署了合作备忘录。2021年9月，山西省政府《关于设立太原阳曲综合保税区的请示》（晋政〔2021〕22号）正式上报国务院。太原海关对山西省各类对外开放平台发展现状和有开放平台设立需求的地市开展了专题调研，提出了发展建议；重点对阳泉、运城、长治3地提供针对性指导，其中运城市符合保税物流中心申建标准并积极筹备。12月，为运城市经开区管委会实地宣讲了政策与功能。

▲2021年7月29日，武宿海关对中欧班列出口货物实施监管

【自贸试验区制度创新】2021年，太原海关全面做好复制推广工作，加快落实《太原海关复制推广自贸试验区海关监管创新制度工作机制》，积极推进自贸试验区改革试点经验有效复制推广。截至年底，国务院六批自由贸易试验区改革试点经验涉及海关61项，太原海关结合山西省情复制推广其中52项。前五批改革试点经验复制推广已全部完成，第六批8项任务已完成6项，剩余“海关公证电子送达系统”“进出口商品智慧申报导航服务”2项将于2022年积极推进。总署25项自贸试验区海关监管创新制度中，在武宿综合保税区及区外企业实现了20项对接。山西省自选的深圳前海蛇口自贸试验片区2批改革创新经验中，太原海关所承担的26项贸易便利化措施全部完成，并梳理形成7个典型案例报送山西省复制推广领导小组。

【特殊监管区域管理】2021年，太原海关针对特殊监管区域管理，实施了优化开放平台建设，开展开放平台发展现状和新设需求调研，积极协调总署，争取太原阳曲综合保税区早日获批建设。全方位优化保税物流中心行政审批，大力支持运城、长治申建保税物流中心，多角度支持方略保税物流中心迁址。积极支持中国（山西）自贸试验区申请建设，并推进新设综合保税区和保税物流中心加快建设的验收工作。全面推动开放平台发展，主动发挥“支持综合保税区高质量发展领导小组”办公室作用，抓好《太原海关　山西转型综合改革示范区管委会合作备忘录》中海关支持事项落实，指导用好一般纳税人资格试点企业政策，禧佑源航空保税维修、再制造项目落地，促进跨境电商业务发展等。全程采用全球先进的风险管理模式，加强事中事后监督，以先进的管理理念，开展了武宿保税区 2021 年度发展绩效评估，并督促武宿保税区管委会履行好规划建设、运行管理、安全监管等主体责任。加大政策宣讲力度，开展《综合保税区申请设立工作指引》《综合保税区适合入区项目指引（2021 年版）》宣讲。持续贯彻落实《国务院关于促进综合保税区高水平开放高质量发展的若干意见》，积极支持经济发展的新业态新模式，吸引更多企业进驻综合保税区。

（撰稿人：侯素宏）

风险管理

【概况】2021年，太原海关深入学习贯彻国家总体安全观，大力提升业务风险防控效能，较好地完成了各项工作任务。

完善太原海关新冠肺炎疫情防控信息收集和风险联合研判。充分利用互联网手段，收集整理国内外疫情最新信息，定期报送总署风险管理司。开展关区疫情风险防控筛查报送工作。根据总署风险管理司相关要求，做好进境分流航班风险分析工作。自2021年8月起，按要求进一步加强进境航班终末消毒布控监督工作。进一步加强防疫物资布控查验、解控工作，有效沟通相关业务现场，对防疫物资需解控放行的及时解控。进一步加强应对首都国际航班分流有关事宜的准备工作。制订《太原海关入境航班旅客新冠肺炎疫情“逆输入”风险防控方案》，形成多篇分析材料并及时上报风险管理司。

加强国际邮件业务领域风险分析和防控工作，全年开展邮递物品风险评估4次，开展业务实地调研8次，组织风险联合研判8次，向邮件现场发布风险信息整编不少于12期，撰写邮递物品风险态势分析报告4篇；充分利用口岸安全准入风险联合防控机制，加强同地方部门的合作，有效拓展了风险分析和信息的渠道，提升风险防控效能。

2021年，太原海关对入区申报报关单进行100%风险布控，严格防控安全准入风险入区。加载盘库核查指令，对核查发现的盘亏情况，均已按照要求进行补征税款工作。通过企管稽查部门下达贸易调查指令，查发企业存在“未严格履行跨境电商企业主体责任、合作平台企业运营不规范、订购人存在囤货进行二次销售”等风险情事，并根据调查结果移交缉私案件线索。

▲2021年12月20日，山西省进口高风险非冷链集装箱货物检测和预防性消毒及从业人员健康管理工作会议在太原海关召开

【风险信息情报】2021年，太原海关以“服务领导决策、服务职能管理、服务

现场执法”为风险信息工作定位，把风险信息纳入风险防控绩效考评范围，充分调动关区风险信息工作积极性。

【风险预警】2021 年，太原海关严格按照《海关内部风险预警联系配合办法（试行）》，积极推进新海关风险业务全面深度融合。在新冠肺炎疫情风险防控中，综合利用 GBASE 系统、海关综合业务管理平台，严密跟踪境外入境旅客前 14 天健康状况，及时制发风险预警提示联系单，有效配合了进境分流航班旅客新冠肺炎疫情传播的防控工作。

【风险分析处置】2021 年，太原海关通过综合业务管理平台，调取关区相关业务数据，排查风险点。加强与各业务现场协同配合，对各现场上报的风险信息及时转化为稽核查指令，指导隶属关稽查部门开展专项稽查和风险核查工作。按照总署风险管理司要求，做好关区其他部门核查指令授权工作，指导关区业务职能部门和隶属海关有效开展管理类核查指令下达工作。

▲2021 年 12 月 20 日，太原机场海关关员在实施出口防疫物资监管

【大数据应用】2021 年，太原海关积极利用大数据分析手段，提高海关业务风险管理的有效性、精准性。结合总署“云擎”系统推广应用，在太原海关关区加强“云擎”系统应用授权工作，高效利用“云擎”系统建模功能，加强进出境货物、非贸渠道物品、货物风险分析，提升进出境人、货物、物品风险甄别水平，积极培育建模人才，创新关区数据建模分析的路径尝试，为关区业务运行提供了有效的数据支撑。

【口岸风险联合防控】2021 年，太原海关按照总署 2021 年风险管理工作绩效考核指标，分析本关区情况，积极拓展分析思路，大力加强贸易和非贸易渠道风险联合防控工作。通过报关单预审制度等方法加强风险联合研判，提升关区布控查验指令精准度，有效提升风险布控效能。同时，根据关区业务特点，做好优化特殊监管区域布控查验工作，合力调整高信用等级企业布控查验，优化布控查验资源配置。

（撰稿人：侯素宏）

关税征管

【概况】2021 年，太原海关“两税”实际入库 237,857.95 万元，同比下降 13.03%。其中，关税 17,789.80 万元，同比增长 11.82%，进口环节税 220,068.15 万元，同比下降 14.56%。

【税则税政】2021 年，太原海关积极开展税政调研工作，组织隶属海关上报税政建议 7 条，经筛选后，上报总署税收征管局（上海）2 个，“关于增列绝缘轴承税则子目的建议”获总署关税征管司采纳。

【税收征管】2021 年，太原海关积极延伸工作长度，精心服务，加强税收征管。实施以企业为单元征管改革，落地属地纳税人管理。积极落实《属地纳税人管理工作制度》，广泛开展属地纳税人管理内部培训和对外宣传，加强重点税源企业政策理解度，引导企业积极配合属地纳税人管理工作，做好预裁定工作，提升企业纳税遵从度及申报规范性。开展纳税遵从度评估指，探索纳税遵从度评估结果和差别化合规管理服务方案，根据企业基础信息、纳税配合、纳税情况、涉税合规、财务状况、行业示范等内容设置评分标准，并评分值划分纳税遵从度高、中、低 3 个等级，有计划性地引导企业守法规范纳税。

做好税收征管方式改革，全面推行“一保多用”政策。第一时间向企业宣传解读政策内容，对有担保需求的企业进行重点推介，实现备案保函对涉及多种担保方式的进口货物向海关申请担保放行，让企业尽早享受到政策红利，不断提升企业“获得感”。

加强减免税管理。做好“十四五”期间减免税政策及《中华人民共和国海关进出口货物减免税管理办法》（以下简称《减免税管理办法》）的宣讲和实施工作，落实审核确认手续合并政策，提升减免税办理效能；开展 H2018 减免税及后续管理系统、减免税税款担保系统上线及全国海关减免税抽样考核系统推广上线工作，完善减免税工作硬件基础；开展减免税年报检查工作，对辖区减免税申请人使用减免税设备情况进行梳理。

非贸征税健康发展。开展《海关进境物品税收征管工作制度》专题培训；按月对征税商品情况征税商品变动趋势进行统计分析，并及时转化分析结果。

【税收风险防控】2021年，太原海关坚持完善税收风险防控机制，凸显执法精准，做好税收风险防控。持续优化关区验估作业，提高关区估价工作能力，加强对业务现场指导，密切与税管局联系沟通，积极与企业开展磋商，制订磋商方案，处置价格风险。深入细致开展走私违规案件税款计核工作。加强与案件侦办部门的联系配合，对移交的走私、违规案件税款进行计核。

【原产地管理】2021年，太原海关稳步推进RCEP上线运行，助力企业抢抓RCEP新发展机遇。丰富RCEP宣传工作，采用“线上+线下”融合模式，拓展宣传的深度和广度，帮助企业深入了解各成员国降税清单产品范围、关税减让幅度和原产地规则等内容，助力企业融入RCEP“朋友圈”，前后开展3个轮次共计15次线上培训，4次线下集中培训，共计778人次参加。

▲2021年1月3日，运城海关关员向企业宣讲原产地证书智能审核政策

指导企业设计享惠方案，帮助企业用足用好RCEP原产地累积规则，促进区域内生产要素低成本流动，打通国内跨国企业内外循环堵点，促进双循环良性互动，降低税收成本，帮助省内企业激发生产活力，提升出口产品在区域市场的竞争力。

▲2021年4月14日，晋阳海关关员为辖区外贸企业签发原产地证书

推进原产地签证自助打印及智能审核功能应用，经过持续宣传指导，省内原产地签证自助打印率由该功能启用之初的9.32%提升至29.99%，填写规范证书平均审核通过时间缩短至44秒，帮助企业节约签证时间，提升通关效率。

（撰稿人：侯素宏）

卫生检疫

【概况】2021 年，太原海关切实贯彻习近平总书记关于新冠肺炎疫情防控工作重要指示批示精神，按照总署、山西省委省政府要求，做好卫生检疫工作，持续做好入境分流航班、内部疫情防控工作，从严从紧落实疫情防控各项要求，在新冠肺炎疫情防控工作中实现“打胜仗、零感染”。

【检疫管理】2021 年，太原海关坚守底线思维，抓好常态化口岸疫情防控。提高政治站位，强化组织领导。从讲政治的高度，把做好常态化疫情防控作为重中之重的工作，坚决克服麻痹思想、松劲心态，坚持“人、物同防”“多病共防”，贯彻落实疫情防控的各项决策部署，抓好疫情防控各项工作。严格检疫措施，筑牢口岸检疫防线。按照总署要求，落实“三查三排一转运”，严格登临检疫、健康申明卡核验、两道测温、采样检测、信息通报和移交处置等各个环节工作。坚持“人、物同防”，做好高风险非冷链集装箱货物采样检测及预防性消毒监管工作，切断可能的输入途径。做好个人防护，确保“人员零感染”。持续健全“三位一体”安全防护制度体系，严格落实安全防护监督制度，执行个人防护操作要求，开展“每月一自查、每季一督查”，利用现场随机抽查、视频监控检查等方式，查找问题，立行立改，建立完善长效机制，杜绝问题反复，防范和化解安全防护风险。落实入境人员卫生检疫岗位工作人员封闭管理要求。成立工作专班，按照“三区两通道”要求确定集中封闭管理场所，细化修订封闭管理工作方案、指南以及应急处置预案，严格落实登记造册、封闭管理、两点一线、一天一检、全员全程接种疫苗的要求，持续加强人员管理，开展监督检查，加强对长期封闭管理人员心理疏导和人文关怀，保证一线人员战斗力，做好口岸疫情防控工作。夯实基础保障，提升应急能力。抽调人员组建两个一线工作梯队轮换上岗，每次上岗前严格开展岗前培训，对岗位工作要点、个人防护操作进行“一对一、面对面”考核，考核合格方可上岗。及时修订完善各类突发事件应急处置预案，定期组织开展职业暴露、标本溢洒等突发事件应急处置“实地、实战”演练，提高口岸一线人员现场应急处置能力。强化联防联控，做好协调沟通。发挥海关口岸卫生检疫职能作用，加强与地方联防联控部门沟通联系，信息共享、结果互认，争取地方医护人员支援口岸采样及实验室检测，做到入境人员100%转运移交和闭环管理。

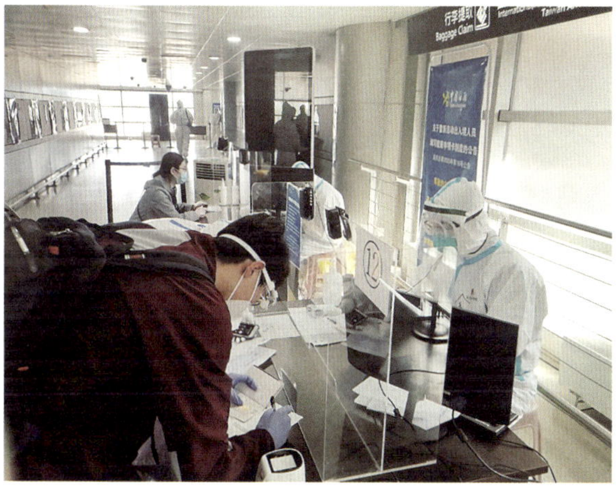

▲2021年7月26日，太原海关关员开展新冠肺炎流行病学调查

【生物安全】2021年，太原海关做好特殊物品监管，保障国门生物安全。按照科研、生产、医疗、销售等类别，针对不同类别、不同信用等级企业实施综合监管，督促企业强化落实生物安全主体责任。按照出入境特殊物品的风险等级实施分级管理，实现高风险特殊物品风险可控，低风险特殊物品快速审批；开展入境高风险特殊物品风险评估工作，综合评估拟入境物品的风险等级以及企业风险防控能力。推进新版“海关出入境特殊物品卫生检疫审批与分析”系统上线运行，指导督促企业加快系统切换进程。在确保安全前提下，助力山西省流感疫苗和体外诊断试剂研发和生产，营造良好营商环境，支持山西省生物技术等新型贸易业态发展。

【疾病监测】2021年，太原海关加强保健中心管理，提升国际旅行健康服务。强化风险研判，精准开展防控。密切跟踪国内外疫情形势变化，结合口岸通航实际，定期开展风险评估，研判疫情输入、输出风险，做到口岸精准防控。坚持“多病共防”，严防疫情叠加输入。针对总署下发的黄热病、鼠疫等传染病疫情警示通报，结合通航情况开展风险评估，细化排查处置措施，在检测新冠病毒的同时，开展其他传染病病毒的检测。加强保健中心管理，开展全面检查，确保严格执行疫苗管理接种操作规程，组织开展应急处置演练，提高突发情况处置能力，提高国际旅行健康服务水平。

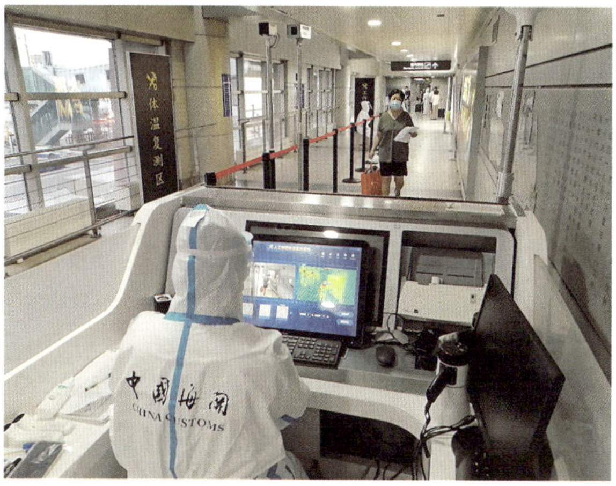

▲2021年7月26日，太原海关关员对入境国际航班旅客开展红外测温

【卫生监督】2021年，太原海关保障口岸公共卫生安全，服务地方经济发展大

局。严格开展口岸卫生监督，监督企业落实主体责任。制订年度口岸卫生监督工作计划和口岸食品安全抽检计划，有序推进任务完成，督促企业落实主体责任，做好国境口岸卫生监督“双随机、一公开”，指导口岸运营单位做好候机楼集中空调通风系统消毒，切实保障口岸公共卫生安全。指导口岸硬件建设，提升口岸公共卫生核心能力。对照考核标准指导关太原、大同、运城等航空口岸航站楼的新建和改造，补齐卫生检疫功能区硬件短板，强化关区各口岸公共卫生核心能力提升。

（撰稿人：曹　欣）

动植物检疫

【概况】2021年，太原海关坚持以习近平新时代中国特色社会主义思想为指导，贯彻习近平总书记重要指示批示精神，坚持总体国家安全观，持续加强国门生物安全，以维护国门生物安全为重点，以提升动植物检疫能力为抓手，统筹做好新冠肺炎疫情和外来入侵物种防控工作，落实海关动植物检疫业务改革，服务外交外贸大局，服务山西高水平对外开放，推动高质量发展，完成全年进出境动植物检疫各项任务。

【进出境动物检疫】2021年，太原海关加强非洲猪瘟、高致病性禽流感等重大动物疫情防控。为筑牢口岸检疫防线，严防疫情传入和叠加，发布《太原海关关于进一步加强口岸高致病性禽流感疫情防控的通知》，落实禁令通知，加大疫情防控力度；落实防控措施，强化口岸检疫监管；立足海关监管，加大走私打击力度；落实防护措施，强化生物安全防护。与山西省农业农村厅、山西省林业和草原局有关部门积极联系沟通，联合发布了《关于加强高致病性禽流感防控的通知》，加强禽类养殖场防疫，健全联防联控机制，实施全链条监管，形成合力，共同维护国门生物安全。及时发布动物及其产品检疫监管风险预警。广泛收集国内外动物检疫方面的风险信息，及时发布动物及其产品检疫监管风险预警，持续做好强化口岸疫情防控。应对炭疽疫情严防“两疫”叠加。针对人感染炭疽疑似病例，发布预警信息。

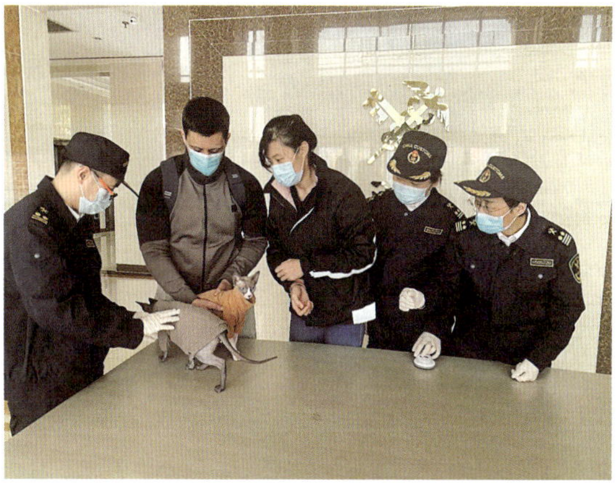

▲2021年11月15日，运城海关与大同海关开展出境伴侣动物执法协作

【安全监测和风险监控】2021年，太原海关完善监测预警体系，做到早发现、早预警、早处置，初步形成多点触发、快速预警的海关动植物疫情监测、预警体系。增强疫情信息收集能力。加强境外动植物疫情信息收集，组织全关区专业人员收集

动植物疫情信息。参与总署境外动植物疫情信息监测工作115人次，其中被总署疫情信息相关资料采编信息88条，被“海关12360”微信公众号采用信息2篇。口岸风险防控能力不断增强。持续开展进出口食用农产品和饲料安全风险监控。持续做好风险监控工作，全力保障山西省水果的顺利出口。

【助力山西省首批羊毛脂顺利出口】2021年，太原海关发挥技术优势，派出业务骨干，指导出口企业完善质量管理体系；通过技术法规解读，指导企业熟悉进口国技术标准要求，应对国外技术性贸易措施，规避跨境贸易风险；落实预约申报、“零延时”通关作业等利好政策，提高货物通关效率，最大程度帮助企业降低通关成本。4月6日，大同市中银纺织集团有限公司生产的15.2吨羊毛脂顺利装运出口至日本，实现山西省羊毛产品出口“零”的突破。

【“吕粮山猪”走出大山】2021年，山西省供港活猪3,640头，同比增长20倍，供港活猪数量创年度新高。太原海关把支持地方特色农产品出口纳入重点工作，深入贯彻落实“六稳”要求，制定专门措施帮扶企业扩大出口，促进特色食品农产品“走出去”，助力打造地方农业品牌。成立工作专班，加强质量监管和技术指导，督促企业提升生产管理水平，定期开展风险评估，强化日常监测，加强现场检疫。针供港活动物时效要求高的特点，为供港活猪建立优先接单、优先查验、优先放行的工作机制，开辟“绿色通道”，克服监管地点偏远、需要凌晨启运等困难，实行预约通关和24小时全天候通关，做到产品有出口随时到场监管，确保活猪当天启运。

▲2021年10月12日，晋阳海关关员现场查验供港活猪并加施铅封锁

【进出境植物检疫】2021年，出口新鲜水果7,019批、3.37亿美元，同比批次增长7.2%、货值下降0.5%。其中，苹果3,818批、梨1,551批、葡萄1,155批、出口鲜枣167批；出口新鲜水果达13种，新增出口西瓜等水果；对14个国家（地区）推荐山西省注册备案水果包装厂及果园名单；出口国家（地区）75个，新增意大利、埃塞俄比亚。山西省注册备案出口水果包装厂99家、果园313个、面积46.79万亩，新增出口水果包装厂14家、果园48个、面积4.78万亩；配合山西省农业农村厅、运城市政府召开第六届山西（运城）国际果品博览会；积极支持武宿综合保税区进境水果指定监管场地建设，并于6月16日获得总署的批复。

【“国门绿盾2021”行动】2021年，太原海关部署落实总署“国门绿盾2021”行动，制订《太原海关关于开展打击非法引进外来物种和种子苗木“国门绿盾2021”行动实施方案》，各隶属海关负责具体实施。召开太原海关国门生物安全暨“国门绿盾2021”行动现场会，太原海关相关业务人员、山西省农业农村厅、山西省林业和草原局等部门派员参加。举办太原海关国门生物安全新闻发布会；与山西省农业农村厅、山西省林业和草原局进行动植物检疫政策及技术交流；培训一线人员国门生物安全监测知识及现场实际操作等。通过开展各项活动，全面打击非法携带、寄递、夹带外来物种和种子苗木进境行为，严防外来物种入侵和动植物疫情传入；持续巩固和提升口岸把关能力，维护国门生物安全；通过普法宣传教育，提高公众自觉保护国门生物安全的意识。加强国门生物安全宣传。举办形式多样的国门生物安全宣传活动，向社会公众、企业宣传贯彻外来物种入侵和动植物疫情疫病传入造成的危害，取得良好效果。突出工作重点，依法严格动植物种质资源引进和科研用途动植物检疫特许审批、强化外来物种入侵风险分析和研究、加大寄递、旅客携带等各渠道检查力度，协调各级农业农村、自然资源、生态环境、林草等部门，收集并初步调查非法引进外来物种和种子苗木信息，开展旅检渠道风险联合分析研判，有针对性地采取风险防控措施等。加强对非贸渠道（旅检、邮检）工作现场跟班，通过业务知识“传、帮、带”提高外来物种口岸截获率。

【外来物种入侵防控工作】2021年，太原海关调整外来入侵物种口岸防控工作领导小组，增加卫生检疫和进出口食品安全处、统计分析处、财务处、科技处、法规和督察内审处主要负责同志为成员，领导小组下设办公室，动植物检疫处负责牵头处理办公室日常相关事宜。强化外来物种入侵风险分析和研究、加大寄递、旅客携带等各渠道检查力度，有针对性地采取风险防控措施等，落实现场检疫布控作业要求，加强对进口货物和非贸渠道（旅检、邮检）工作现场业务指导，通过业务知识“传、帮、带”提高外来物种口岸截获率。做好外来入侵物种普查准备工作。做好进境粮食定点加工企业周围外来杂草监测技术指导工作；举办进境粮食外来杂草应急处置演练，加强外来入侵物种防控工作。

【动植物疫情应急演练】2021年，山西省进境粮食数量、备案粮食加工企业爆发式增长，为强化进境粮食的后续监管，严防外来有害生物入侵，11月10日，太原海关在武宿海关进境粮食监管现场，组织开展进境植物疫情应急演练；12月24日组织开展进境动物隔离检疫场突发非洲猪瘟应急处置桌面推演，以应急演练的成果检验应急预案。

（撰稿人：李　挚）

食品检验检疫

【概况】2021年，在总署进出口食品安全局的指导支持下，太原海关严格落实《2021年进出口食品安全工作要点》，强化监管，优化服务，进一步完善进出口食品安全管理体制机制，做好进出口食品安全工作，保障“舌尖上的安全”。

▲2021年3月31日太原海关党委委员、副关长丁三寅（右三）参加山西省食安委召开的全省食品安全集中整治百日行动总结视频会暨新闻发布会

持续强化政治建设见成效，深刻领会习近平总书记关于食品安全工作的重要论述，适应新发展阶段对海关进出口食品安全工作提出的新要求、新任务。严格落实进出口食品安全统筹协调工作机制。贯彻落实党中央、国务院重大决策部署，建立统筹协调工作机制。将进出口食品安全工作纳入山西省食安办年度考核，由太原海关负责对各地市进出口食品安全工作开展情况实施考核评议，督促各地市政府落实进出口食品安全总体责任。定期向山西省食安办通报全省进出口食品安全监管情况，形成监管合力。与山西省市场监督管理局等部门联合开展“双随机、一公开”检查，进一步加强事中事后监管。组织开展山西省进口食品安全集中整治百日行动，推进进口食品“国门守护”行动。切实履行食品安全监管责任。关领导定期听取进出口食品安全专题汇报，对进出口食品安全工作进行安排部署。深入企业调研，了解掌握进出口食品安全工作中存在的问题，及时解决。健全工作机制。持续完善进出口食品安全监管工作，更新9个进出口食品类检验检疫监督管理操作指引，推进关区进出口食品安全监管的规范化、标准化。

【进出口食品抽样检验和风险监测】2021年，太原海关开展进出口食品化妆品抽样检验及风险监测工作，完成年度工作任务。严格执行 e-CIQ 系统指令和总署下发的出口食品、化妆品抽检率，对长期未命中的产品实施人工布控采样送检。根据本地出口食品品种、以往出口情况、安全记录和进口国家（地区）要求等相关信息，通过风险评估，制订省抽计划，并圆满完成。完成出口动物源性食品风险监测、供港澳蔬菜专项监测和跨境电商零售进口食品化妆品风险监测计划。

▲2021 年 4 月 1 日，武宿海关关员对跨境电商网购保税食品安全开展现场检查

【进出口食品安全监管领域队伍建设】2021 年，太原海关开展《中华人民共和国食品安全法》《进出口食品安全管理办法》等法律法规知识培训，提升一线执法人员的执法意识。开展进出口食品安全管理体系等业务知识培训，切实提升食品专业人员的业务素质和履职水平。开展进口冷链食品新冠病毒采样、监督预防性消毒、个人防护有关知识培训，提高一线人员的业务技能，提升一线监管人员的新冠肺炎疫情防控能力，打造进出口食品安全专业人才队伍。

【助力进口食品农产品平台建设】2021 年，太原海关支持太原武宿综合保税区进境水果、冰鲜水产品指定监管场地建设，年内通过总署验收，为山西省水果、冰鲜水产品贸易发展提供了贸易平台。支持食品农产品出口平台建设。实施“六个一”支持“南果、中粮、北肉、东药材、西干果”和“晋中国家农高区（山西农谷）”等平台建设。创建出口食品农产品质量安全示范区，全省已建成出口食品农产品质量安全示范区 49 家，繁峙县黍米、藜麦、忻府区甜糯玉米、辣椒出口食品农产品质量安全示范区申报工作正在积极推进中。培育特色食品农产品出口企业，新增备案出口食品生产企业 28 家，为山西出口食品积蓄新的力量。提高出口食品农产品企业的自检自控能力，发挥太原海关国家重点实验室的公共服务平台作用，服务出口企业应对国外技术性贸易措施，协助企业提高自检自控能力。累计派出工作人员 150 余人次，开展帮扶活动 78 次。提升境内食品企业的国际市场竞争能力，实现乳制品等首次出口。规范食品农产品企业的质量安全管理，促进山西省特色食品农产品出口。收集、整理与辖区出口食品农产品密切相关的进口国家（地区）最新技术法规、标准和合格评定程序等信息，及时向企业宣传。

【进口检验检疫】2021 年，太原海关加强监督管理，确保国门食品安全。年内，未检出不合格。实施进口食品准入管理，加强进境动植物源性食品检疫审批，开展进口商对境外出口商、境外生产企业的审核，严格核验进口食品境外生产企业注册资格。加强进口食品检验监管，严格核查进口食品原产地证明、产品随附证书、检验报告，对系统布控命中的进口食品开展现场查验。强化风险监测，保证进口食品质量安全。开展进口食品专项整治。检查进口食品进口和销售记录、进口商经营范围，杜绝进口商超范围经营。

【出口检验检疫】2021 年，太原海关筑牢“三道”防线，保障出口食品安全。年内无被境外通报情况。规范出口食品原料种植基地、养殖场日常监督管理，保证出口食品原料安全。过程严管。强化出口食品生产企业监督管理，开展供港澳食品专项整治，排查整改出口食品生产过程质量安全风险隐患，将出口食品质量安全隐患消除在厂门之内。风险严控。进一步完善出口食品风险管理体系，对每种出口食品依据企业管理、产品风险、进口国要求等开展出口食品风险分析和风险评估，加强风险预警、风险处置。强化风险监测，加强出口动物源性食品疫病疫情监测，消除风险隐患，保障出口食品质量安全。

（撰稿人：曹　欣）

商品检验

【概况】2021年，太原海关加强进出口商品检验，健全完善进出口商品安全风险预警和快速反应监管体系，严格危险化学品等重点敏感商品监管。压紧压实危险化学品检验监管责任，梳理监管风险清单，建立长效工作机制。针对进出口危险化学品企业特点，对申报数据和包装使用鉴定拟装货物进行正反向“两查”，建立危险化学品品种、危险化学品生产经营企业“两库”，防范企业伪瞒报风险。修订工作规范、业务操作指引6项，明确操作具体事项20余项，组织参加总署岗位练兵收效良好，推进出口危险化学品检验实训示范基地建设。组织开展进出口危险品及其包装检验监管岗位练兵，以及条线业务培训共6次，提升关员风险防范能力。完善进出口商品质量安全风险预警监管体系。加强业务运行监控，开展商检业务条线“屡改屡犯”问题专项诊治，推动进出口商品质量安全检验监管工作对照“精品海关”标准持续巩固加强，探索“精品海关”建设新路径。采取“问题清零”和“不合格研判”等工作方法，突出问题导向，第一时间解决一线执法难点30余项。做好必须实施检验的进出口商品目录调整，开展相关企业目录调整政策的宣教工作，避免因企业不熟悉相关政策造成错报漏报，对进出口商品进行排查，不折不扣执行相关商品目录调整后的现场查验和抽样检测等布控指令，同时加强对调整后布控指令加载和实施情况的监控。开展2021年度进出口商品检验检测机构监督管理工作。抽调业务骨干组成现场审核组，赴中国检验认证集团山西有限公司进行现场审核工作。按照“一公开”要求，在太原海关门户网站对本年度工作情况进行公开。建立进出口商品检验监管数据报送机制，明确工作职责和工作要求，确保商检业务基础性工作的有序开展。开展技术性贸易性贸易措施应对工作。

【进口商品检验】完成太原海关2020、2021年度进出口商品质量安全风险监测工作。组织开展2021年进出口商品质量安全风险监测工作，明确对法定检验商品以外的进出口商品，其间通过市场上采购样品进行检测的方式，获取进出口商品质量安全风险信息。商品范围结合各隶属海关辖区市场实际情况，包括服装、饰品、文具、安全座椅、家用电器等。另外，在往年线下抽样方式的基础上，增加跨境电商平台线上抽样方式，并划定线上抽样的商品范围，包括婴幼儿用品等。

【进口旧机电、进口医疗器械等商品的检验监管】2021 年，太原海关建立进口旧机电检验监管工作台账，对 2019 年以来进口旧机电检验监管情况进行梳理汇总。对照检验监管的关键节点，分析研判总署下发的不合格典型案例，确保严格执行新版作业要求。通过集中授课、实操示范、跟班作业、培训考试等形式，就进口旧机电产品检验工作的相关法律依据、技术保障及实操案例等内容，开展培训学习 120 人次。排查进口医疗器械风险点，开展打击非法医疗美容服务专项整治。梳理汇总关区目前开展入境维修业务的企业情况，将企业情况、监管经验和建议报送总署。对命中取样送检指令的疑似固体废物进口商品进行固体废物属性鉴别，强化正面监管，打击“洋垃圾”走私。

▲2021 年 12 月 24 日，忻州海关关员开展进口旧机电查验

【出口商品检验】2021 年，太原海关加强出口危险化学品检验监管。压紧压实进出口危险化学品及其包装检验监管责任。召开太原海关安全生产领导小组会议专题研究部署相关工作，梳理进出口危险化学品及其包装检验监管风险清单，将检验监管工作纳入隶属海关领导班子绩效考核指标，建立关处科岗四级责任制，逐级压实安全生产责任；建立长效工作机制。针对关区进出口危险化学品企业“三多两少一散”的特点，对申报数据和包装使用鉴定拟装货物进行正反向“两查”，建立危险化学品品种、危险化学品生产经营企业“两库”，重点关注新产品新企业“两新”，从加强指导宣传、后续跟踪、风险防控、内部协调沟通、反向排查等方面完善内部管理制度及工作机制，防范企业伪瞒报风险。加强业务指导。修订工作规范、业务操作指引 6 项，明确检验监管事项 20 余项；建立“问题清零”和“不合格研判”工作机制，突出问题导向，畅通沟通渠道，一线执法难点第一时间反馈并予以解决；以案说法进行业务专题培训 4 次，推进出口危险化学品检验实训示范基地建设，总结提炼检验事前“四齐”，检验事中“八看”等经验做法，全面加强危险化学品及其包装检验监管。加强跟踪问效。建立直属海关常规监控—隶属海关月度监控两级业务运行监控制度，运用远程调单、实地检查、隶属海关互查等方式进行执法检查，梳理问题项 30 余项。开展执法检查“屡查屡改屡范”问题专项诊治，从保证现场查检工作质量入手，强化监控，及时纠偏。加强应急处置。制订《太原海关进出口危险化学品突发事件应急处置预案》，首次采取关企联动的形式，与辖区企业联合开展出口危险化学品泄漏突发事件联合应急演练。

▲2021 年 7 月 21 日，运城海关关员深入企业开展危险化学品查验

【敏感商品检验监管】2021 年，太原海关开展出口防疫物资质量安全监管专项工作，建立关内出口医疗物资涉检案件处置工作机制，与山西省商务厅、山西省药品监督管理局建立部门间出口防疫物资协调联络和信息共享机制。梳理总署及太原海关出口防疫物资质量安全监管有关文件 54 项，建立台账 200 余条，发布 3 版太原海关出口医疗物资案件查发操作指引，用指导业务现场医疗物资案件查发。严格按照系统指令出口生铁检验监管。密切关注出口生铁查验指令，积极向总署反馈指令异常问题，确保业务操作规范有效。加强出口化肥检验监管。坚决落实总署工作要求，全面履行监管责任，严格按照出口危险化学品要求进行检验监管。积极开展调研摸清辖区出口化肥底数，向企业宣传国家政策调整，争取企业的支持和配合。同时协调相关部门不断增强检测能力、提高经费保障严格把关，确保总署决策部署落实到位。

（撰稿人：牛　煜）

口岸监管

【概况】2021年，太原海关坚决贯彻落实中央决策部署，全力落实总体国家安全观，持续推进业务改革和业务规范性建设，着力夯实监管基础，提升口岸监管水平。加强进出境运输工具监管。做好进出境运输工具、进出境运输工具负责人和进出境运输工具服务企业的备案管理工作。对来自高风险国家（地区）的进出境运输工具实施指定地点登临检疫，对入境客运航空器终末消毒和国际入境航班固体液体废弃物处置实施监督。加强货物口岸检查作业规范性。加强业务运行监控，组织开展口岸现场检查作业的常态化监督检查，动态调整监控项目，定期进行业务通报。严厉打击“洋垃圾”走私，开展关区首次固体废物采样鉴定工作。首次对入境燕窝实施监管。做好新开国际货运航线保障工作。推动跨境电商新业态健康发展。支持太原、大同跨境电商综试区业务发展，牵头建立包括海关、商务、综合改革区、山西省跨商协会、重点跨商企业在内的跨境电商联席会议工作机制，积极解决企业诉求。大力推进跨境电商B2B出口和网购保税新零售业务，开展业务培训、政策宣讲，引导企业享受政策红利。深入开展打击跨境电商进口走私“断链刨根”专项整治行动，督促企业规范经营。毫不放松抓好常态化口岸疫情防控。不折不扣落实新冠肺炎疫情防控各项要求，严防境外疫情通过寄递渠道输入和传播。积极推动完善常态化口岸疫情防控机制，推广应用旅客通关管理子系统，做好进出境人员健康申报受理审核、体温监测和输入性病例核查追溯等工作，加强口岸监管作业现场监控检查。严格做好口岸环节进口冷链食品和高风险非冷链集装箱货物新冠病毒采样和预防性消毒监督工作。加强进出境行李物品监管，提升口岸监管环节查缉力度。开展航空口岸打击“水客”走私工作，强化风险防控，严密现场监管，加大处置力度，坚持高压严打，建立健全打击治理“水客”走私长效机制。做好海关口岸监管环节反恐维稳、“扫黄打非”工作和禁限类物品的管控工作，深入开展“寄递渠道禁毒百日攻坚行动”“国门绿盾2021”“国门利剑2021”“蓝天2021”“护卫2021”等专项行动。充分发挥CT机、X光机科技效能，开展邮递渠道国门生物安全监测。督促邮政企业完善安全准入自律机制，探索建立与国安、农业、林业、法院等部门的协调合作机制。组织专题培训1次，联合分析研判4次，开展应急演练6次。做好北京2022年冬奥会和冬残奥会等重要活动期间和中国共产党成立100周年等时间节点的政治保卫工作。与山西省无线电管理局建立联络机制。持续规范监管作业场所运行管理。支持大同、运城、五台山机场口岸开放和太原武宿国际机场T3航站楼升级改造，指导旅检集中作业场地规范建设。支持太原国际邮件互换局扩容升级改造，指导邮件集中作业场地规范建设。建立完善二级监控指挥中心管理制度、监控指标，应用好海关业务运行监控指挥平台，做好业务运行监控和应急保障值班。深入开展安全生产专项整治三年行动集中攻坚。制订《太原海关落实2021年安全生产年度重点工作任务行动方案》，持续深入开展海关系统安全风险隐患排查治理，动态调整问题隐患和制度措施“两个清单”，全面抓好整改落实。2021年，制发安全生产基础性制度3项，组织学习培训4次、应急演练1次，牵头组织专项安全隐患排查及节前检查5次，与省应急管理厅、省交通厅等部门建立安全生产联防联控机制。

【运输工具监管】2021年，太原海关加强进出境运输工具监管。做好进出境运输工具、进出境运输工具负责人和进出境运输工具服务企业的备案管理工作。加强对自高风险国家（地区）入境的北京分流航班登临检疫和入境客运航空器终末消毒监管。压紧压实航空公司入境客运航空器终末消毒的第一责任人的主体责任，严格审核终末消毒方案。全面梳理入境客运航空器新冠肺炎疫情终末消毒监督要点，按时向总署监控指挥中心报送入境客运航空器终末消毒印证材料。做好国际入境航班固体液体废弃物处置监督工作，实现对太原机场口岸多家航空公司废弃物处置的全覆盖，完成对口岸运营单位，固、液体废弃物处置的全流程监督。

【货物监管】2021年，太原海关加强货物口岸检查作业规范性。优化表单化查验指令和现场作业方式，提高指令可实施性和查验规范性有效性，修订完善《航空器管理操作指引》《进出境舱单管理岗位操作指引》《进出口转关货物监管工作操作指引》3项操作指引。加强业务运行监控，开展口岸现场检查作业的常态化监督检查，动态更新《口岸监管条线重点监控项目（2021版）》，确保业务运行监控与实际业务相适应、相匹配，持续发挥“月度通报”制度作用，2021年制发通报12期。依托新一代查验管理系统、移动查验单兵作业系统等，对现场检查作业的规范性开展实时检查和事后抽查，每月发布相关工作情况通报。做好高风险货物风险监测和预防性消毒，充分发挥二级监控指挥中心作用，监督落实口岸环节进口冷链食品和高风险非冷链集装箱货物预防性消毒措施。顺利完成太原至旧金山首条国际货运直飞航线保障工作，并加强与山西省口岸办联系，持续跟进增加国际货运航班事宜，年底前共开通 4 条国际货运航线，涉及 3 家航空公司，每周进出境货运航班 13 架次。

【跨境电商】2021 年，太原海关将支持山西跨境电商业务发展纳入年度重点工作任务，从助推太原、大同跨境电商综试区发展，争取 B2B 出口监管试点等角度渐进式推动关区跨境电商业务发展。倡议发起包括海关、商务厅、转型综改示范区管委会、山西省跨商协会、重点跨商企业在内的跨境电商联席会议工作机制，及时掌握、交流省内业务运行、政策扶持、企业需求等情况，共同研判解决问题。年内共召开联席会议 5 次，解决涉及海关工作的企业问题 8 个。与山西省商务厅联合举办山西跨境电商新业态发展研讨会，邀请国务院发展研究中心专家、海关系统业务专家、宁波保税区管委会代表和企业代表就山西跨境电商和服务贸易交流工作经验，对山西跨境电商和服务贸易等新业态发展提出意见建议，相关业务主管部门、山西转型综合改革示范区相关单位及部分跨境电商企业代表等 45 家单位参加研讨。全面加强跨境电商业务培训与政策宣讲，组织业务培训 7 次，跨境电商岗位相关人员 300 余人次参加；开展对企政策宣讲 27 次，辖区 200 余家企业参加，当场解决企业问题 20 余个。多次在《山西经济日报》等刊发宣传稿件。全面推广跨境电商 B2B 出口试点，指导辖区企业开展 B2B 出口业务，助力包括海外仓企业在内的跨境电商出口企业尤其是中小微企业便利通关，支持更多企业“走出去”。2021 年，共为 7 家跨商企业办理跨境电商出口海外仓业务模式备案。围绕区内网购保税业务发展现状、问题及企业诉求，积极指导企业开展网购保税新零售业务试运营，有针对性地支持商务网购业务发展。开展打击跨境电商进口走私“断链刨根”专项整治行动，牵头召开专项整治行动工作推进会 2 次，对“9610”海关监管作业场所进行实地检查，联合相关部门开展跨境电商政策宣讲和风险分析研判。

▲2021 年 4 月 1 日，武宿海关关员监管跨境电商出区包裹

【邮件监管】2021 年，太原海关不折不扣落实新冠肺炎疫情防控各项要求，严防境外疫情通过寄递渠道输入和传播，统筹邮政企业复工复产需求，保障防疫物资快速通关，对邮件监管场地实施“场地分区、防护分级、邮路分类”制度，督促邮政落实企业主体责任，对邮件总包和单个邮件进行预防性消毒，做好场地消毒和人员防护工作，加强对医疗垃圾的处理。加强海关口岸监管环节反恐维稳和“扫黄打非”工作，做好禁限类物品的管控。深入开展“寄递渠道禁毒百日攻坚行动”“国门绿盾 2021”“国门利剑 2021”“蓝天 2021”和“护卫 2021”等专项行动，严厉打击象牙等濒危物种、“洋垃圾”、毒品和枪支弹药等走私。针对邮寄渠道非法引进外来物种和走私濒危物种的高发态势，依托“大数据 + 人工智能 + 专家智慧”，围绕农作物和蔬菜种子、观赏植物等高风险对象，以及象牙、珍稀动物宠物、水生珍贵动物等重点对象，密切关注全国走私新动态、夹藏走私新手法，对来自重点国家和地区的邮包，加大查验力度，强化监管打击。充分发挥 CT 机、X 光机科技效能，运用同屏比对系统，开展邮递渠道国门生物安全监测。强化后续处置，对截获的动植物及其制品依法采取退回、销毁、无害化处理等措施。加强多方协作，推进综合治理。以太原海关与中国邮政速递物流股份有限公司山西省分公司合作备忘录为依托，充分运用金关二期邮递物品管理子系统，督促邮政企业提升申报信息传输准确性、及时性和规范性，落实实名收寄制度和验视管理，推动企业完善安全准入自律机制，从揽收环节杜绝走私违法行为的发生。积极探索建立与国安、农业、林业、法院等部门的协调合作机制，在信息情报共享、执法领域协作、复杂疑难问题、线索通报移交、企业服务等方面加强密切配合，强化国门安全立体防控体系，提升综合治理效能。

▲2021 年 1 月 1 日，太原机场海关关员在邮件监管现场开展重点查验工作

【行李物品监管】2021 年，太原海关开展航空口岸打击“水客”走私工作，强化风险防控，严密现场监管，加大处置力度，坚持高压严打，建立健全打击治理“水客”走私长效机制。加强海关口岸监管环节反恐维稳和“扫黄打非”工作。开展打击整治枪爆违法犯罪专项行动，举办枪爆知识和判图技能培训，邀请太原市公安局特警支队枪爆专家、企业技术专家围绕口岸监管环节枪爆查缉、判图应用案例分析进行授课及实物演示。组织开展口岸监管环节生物涉恐、化学涉恐和现场发现爆炸可疑物突发事件应急处置演练 6 次。召开口岸监管领域业务研判分析会 4 次，加强对严防疫苗非法进出境、加强芬太尼类物质监管查缉、打击整治枪爆违法犯罪、打击跨境赌博、反恐怖主义和“扫黄打非”等工作进行形势分析和计划部署。与山西省无线电管理局加强联系沟通，建立联络机制。积极推动完善常态化口岸疫情防控机制，推广应用旅客通关管理子系统，启用第八版健康申明卡，严格按照总署印发的技术方案、操作指南及相关文件要求，做好进出境人员健康申报受理审核与体温监测、输入性病例核查追溯和旅检现场防疫物资消耗统计工作。加强口岸监管作业现场监控检查。印发《太原海关监控指挥中心关于加强入境航班新冠肺炎疫情安全防护视频监控检查的工作方案》，全面梳理入境客运航班疫情防控措施监控节点和监控检查要点清单，加强对太原机场海关卫生检疫作业现场个人防护、洗消和医疗废弃物处置情况的监督检查，累计向总署全国监控指挥中心报送监控情况周（日）报95期。

【场所场地监管】2021年，太原海关共有各类监管作业场所（场地）10个，具体为旅客通关作业场地3个（太原武宿国际机场、大同机场、五台山机场），海关监管作业场所3个（太原机场国际货运监管仓库、中鼎物流园国际货物作业区、太原武宿综合保税区跨境电商监管中心），邮检作业场地1个［太原国际邮件互换局（兼交换站）］，指定监管场地3个（大同进口肉类指定监管场地、太原武宿综合保税区进境水果、冰鲜水产品指定监管场地）。加强对关区已达标场所（场地）的实地检查和视频巡查。推进监管作业场所（场地）巡查“双随机、一公开”工作，推广应用海关监管作业场所巡查双随机功能系统，建立“对象库”和“人员库”并动态调整，在门户网站对监管领域“双随机、一公开”工作进行政务公开。加强监控指挥中心建设，制订二级监控指挥中心应急值班预案，做好应急值班保障。加强对海关监管作业场所（场地）日常视频在线巡查，对视频故障问题做到及时发现、规范处置，着力解决海关监管作业场所（场地）视频监控平台在线率不高问题。有效运用海关业务运行监控指挥平台，加强对海关监管作业场所（场地）的监督检查和视频巡查。持续推动海关监管作业场所（场地）规范化建设。对于未达标和新建的场所（场地），进一步加强与地方相关部门联系，主动了解场所改造工作进展情况，明确海关监管要求，形成工作合力。海关相关部门提前介入，加大指导力度，推进场所整改和新建场所的规范建设。定期汇总梳理推进不达标场所整改推进工作进展情况，及时监督相关工作进展情况。积极推进不达标场所整改及新建场所规范化建设，严把审批、验收关。4月，指导武宿综合保税区进境水果和进境冰鲜水产品指定监管场地通过验收。11月，指导大同航空口岸通过省级预验收。深入开展安全生产专项整治集中攻坚，开展“七一”前海关系统安全风险隐患排查整治工作和山西省工业园区等功能区（含物流仓储园区、港口园区等）安全生产专项整治三年行动集中攻坚行动。对海关监管作业场所（场地）常态化开展安全风险隐患排查整治工作，以监控指挥中心视频巡查与“四不两直”实地抽查等方式，重点加强重大节日、活动前安全自查和督查。年内开展视频巡查50余次，“四不两直”现场检查10余次，未发现存在违规进出、存放危险化学品情况。

（撰稿人：牛　煜）

统计分析及政策研究

【概况】2021年，太原海关在贸易统计、业务统计、监测预警、政策研究方面，履职尽责，推动统计业务工作开展。年内，山西省货物贸易进出口2,230.3亿元，同比增长48.3%。其中出口1,366亿元，同比增长56.3%；进口864.3亿元，同比增长37.1%；贸易顺差501.7亿元，扩大106%。业务统计共有类指标10个，分类指标62个，统计项目指标251个，在用指标共6,618个。通过开展海关业务统计监管和业务交流，及时发现更正报关单申报、业务指标采集等错误。落实总署关于政策研究及统计分析工作的新部署新要求，以"揭榜挂帅"形式激发广大关警员研究热情，多渠道、多形式进行关级课题研究成果转化，充分发挥决策参考的智库作用，政策研究取得实质性突破，全年完成署级课题2个、关级课题32个，研究成果以海关专报、署内快报、并关政研、出台措施等多种形式实现转化，其中6篇研究成果获山西省领导批示。建立了一支监测预警分析队伍，在煤炭、焦炭等常规分析的基础上，钢材、太阳能电池、铁矿砂等方面也初具特色。按照区域贸易、贸易国别、主要贸易商品3种监测预警分析方法，对年内贸易统计数据进行分析。撰写监测预警分析文章79篇。

▲2021年1月11日，太原海关党委委员、副关长丁三寅（右二）主持召开统计等业务条线工作会议

【贸易统计】2021年，山西省货物贸易进出口2,230.3亿元，同比增长48.3%。其中出口1,366亿元，同比增长56.3%；进口864.3亿元，同比增长37.1%；贸易顺差501.7亿元，扩大106%。

从贸易结构看，加工贸易进出口1,279.1亿元，同比增长50.5%，占全省外贸总值的57.4%；一般贸易进出口741.3

亿元，增长39.8%，占33.2%；保税物流方式进出口186.7亿元，增长55.7%，占8.4%。

从企业性质看，民营企业进出口789.5亿元，同比增长121.5%，占全省外贸总值的35.4%；外商投资企业进出口1,062.5亿元，同比增长22%，占47.6%；国有企业进出口377亿元，同比增长36.4%，占16.9%。

从外贸市场看，对美国、东盟、日本、欧盟、中国台湾分别进出口404.5亿元、250.1亿元、242.7亿元、214.1亿元、178.1亿元，分别同比增长53.2%、62.8%、139.6%、21.2%、24.9%，依次占比18.1%、11.2%、10.9%、9.6%、8%，合计占比57.8%。

此外，对“一带一路”沿线国家与地区进出口495.7亿元，同比增长43.2%，占全省外贸总值的22.2%。其中，出口316.6亿元，同比增长54.9%；进口179.1亿元，同比增长26.2%。

对RCEP国家进出口687.9亿元，同比增长76.1%，占全省进出口的30.8%。其中，出口286.6亿元，同比增长122.3%；进口401.3亿元，同比增长53.4%。

从主要出口商品看，机电产品出口1,097.2亿元，同比增长60.1%，占全省出口的80.3%。其中，手机出口3,162.4万台、货值775.8亿元，分别同比增长52%、46.4%；集成电路出口59.4亿元，同比增长151%；太阳能电池出口8,511万个、货值13.4亿元，分别同比增长116.5%、34.1%。同期，钢材出口67.1万吨、货值74.7亿元，分别同比减少19%和增长3.1%；医药材及药品出口22.9亿元，同比增长36.4%；未锻轧镁出口7.2万吨、货值19.3亿元，分别同比增长8.2%、90.3%。

从主要进口商品看，机电产品进口528.7亿元，同比增长38.5%，占全省进口的61.2%。其中，集成电路进口342.6亿元，同比增长61.1%。同期，各类金属矿及矿砂进口1,622.4万吨、货值183.3亿元，分别同比增长1.1%、31.7%，占全省进口的21.2%；铁合金进口36.1万吨、货值87.8亿元，分别同比减少16.2%和增长35.2%，占全省进口的10.2%。

【业务统计】2021年，太原海关业务统计共有类指标10个，分类指标62个，统计项目指标251个，在用指标共6,618个。4名同志入选总署业务统计基础工作组成员。太原海关统计分析处与各隶属海关共同开展监管货运量和集装箱业务分析，定期上报总署，并指导各隶属海关开展业务统计监督和指标深度分析；指导运城海关每季度撰写运城地区出口果品检验检疫数据对比分析，太原海关统计分析处与武宿海关、朔州海关、大同海关完成中欧班列运行状况深度调研等。

进出口报关单结关数57,772份，同比增加10%。其中进口30,816份，同比增加10.8%；出口26,956份，同比增加9.2%。从业务现场来看，晋阳海关、太原机场海关、晋城海关、运城海关、长治海关、阳泉海关6个隶属海关降幅明显；武宿海关、临汾海关、大同海关、忻州海关出现增长，太原武宿综合保税区、兰花物流和方略物流保税物流中心增长明显，大同国际陆港保税物流中心（B型）2021年正式运行。

进出口监管货运量544.15万吨，同比下降44.8%；货值91.51亿美元，增长1.59倍。其中进口519.74万吨，同比下降46%，货值60.94亿美元，同比增长1.13倍；出口24.41万吨，同比增长7.7%，货值30.57亿美元，同比增长3.55倍。监管货运量与货值呈现反向变动值得关注。货运量下降主要关区大宗矿产品进出口萎缩影响，同期集成电路、手机等量轻价高等产品进出口增幅较大，推动货值成倍增长。

关区“两税”实际入库23.79亿元，同比下降13.03%。其中关税1.78亿元，同比增长11.82%；进口环节税22.01亿元，同比下降14.56%。

【政策研究】2021年，太原海关坚持以习近平新时代中国特色社会主义思想为统领，落实总署关于政策研究及统计分析工作的新部署新要求，以“揭榜挂帅”形式激发干部职工研究热情，多渠道、多形式进行关级课题研究成果转化，充分发挥决策参考的智库作用，政策研究取得实质性突破。

提供高质量统计分析及专项分析报告。围绕新冠肺炎疫情防控、促进外贸稳增长等重点任务，深入开展研究分析，持续关注重点行业、重点企业、重点商品的供需、价格和进出口形势，积极向省委省政府建言献策。年内报送统计分析及专项分析报告90期，得到省委省政府领导批示10次，为山西省全方位高质量发展积极发挥参谋助手作用。

▲2021年12月29日，太原海关统计分析处组织业务骨干研讨统计月报工作

参加总署黄河流域外贸监测分析工作小组，协同12个直属海关分析研究资源，轮流开展黄河流域外贸监测分析，积极服务黄河流域生态保护和高质量发展。

太原海关与山西省贸促会签署合作备忘录，开展跨境贸易多领域合作，实现智库人才共享，共同召开“强化贸易投资促进，更好服务外贸企业”座谈会，获得省领导批示。3名同志参与总署统计分析司的署级课题专项工作小组，负责制定编写署级课题相关制度，并编辑校对2020年全国署级课题。政研课题通过“揭榜挂帅”形式吸引100多名同志报名参与，全年完成署级课题2个、关级课题32个，研究成果以海关专报、署内快报、并关政研、出台措施等多种形式实现转化，其中6篇研究成果获山西省领导批示。

【监测预警】2021年，太原海关初步建立了一支监测预警分析队伍，在煤炭、焦炭等常规分析的基础上，钢材、太阳能电池、铁矿砂等方面也初具特色。按照区域贸易、贸易国别、主要贸易商品3种监测预警分析方法，对贸易统计数据进行分析。全年撰写监测预警分析文章79篇（区域分析15篇，贸易国别分析14篇，主要贸易商品分析48篇，2021年1—2月山西省进出口环比下降原因分析1篇，山西省进出口形势预测分析1篇）。共完成约稿5篇，其中山西省政府约稿3篇，山西省发展改革委员会约稿2篇。监测预警分析文章被总署采用4篇（煤炭1篇、钢材1篇、能源2篇）；被省领导批示10篇（山西省进出口分析5篇、山西省进出口情况速报3篇，山西省武宿综合保税区进出口分析1篇、统计月报1篇），上报总署统计分析司57篇，报地方政府61篇，获省领导批示10篇。

（撰稿人：杨建业）

企业管理和稽核查

【概况】2021年，太原海关积极落实属地查检业务领域安全生产和疫情防控督导检查工作视频会议要求，安排部署关区属地查检业务领域安全生产和疫情防控工作；组织93人次参加企业管理和稽查司组织的属地查检业务培训；汇总属地查检业务领域的文件、课件和工作要求，梳理成册，下发各隶属海关参考学习；围绕属地查检作业随机选人、进口货物目的地检查规范性和进口货物转目的地检查指令执行情况等开展自查并跟进整改，有效防范业务风险。

【企业管理】2021年，太原海关立足客观实际和企业诉求，创新“信用+”管理理念，强化信用给管理在海关监管中的基础作用，以“我为群众办实事”活动作为出发点和落脚点开展关区海关企业信用管理制度改革。支持重点进出口企业，帮扶中小微企业，加强政策服务力度，大力培育新的业务增长点和外贸新主体。梳理关区内国家和地方重点扶持企业、与“一带一路”沿线国家（地区）有贸易往来企业、海关特殊监管区域内企业、制造业民营企业、产业链供应链中龙头企业形成太原海关高级认证企业优先信用培育库。年内，组织开展认证培育20余家次。召开涵盖晋北、晋中、晋南所有片区共60余家企业参加的《中华人民共和国海关注册登记和备案企业信用管理办法》政策宣讲专题座谈会，直面企业现场宣传、解读并摸底企业经营情况，收集企业意见建议。组织各隶属海关企管部门开展企业信用培育工作，帮助更多的企业成为认证企业。通过电视、报纸、微信等多种途径，对“经认证的经营者”（AEO）持证企业开展积极的正面宣传，扩大海关AEO认证工作社会影响力。积极发挥AEO高级认证企业专属协调员作用，及时协调解决企业遇到的各类通关难题。积极引导认证企业入驻“中国海关信息管理”平台，对于企业在微信平台提出的问题，执行首问负责制和问题清零制，做到件件有落实、事事有回音，认证企业提出的一般性咨询问题，均保证24小时内响应回复。年内，关区新增高级认证企业2家，同比增长20%。截至2021年年底，太原关区有AEO认证企业12家（不含分支机构）。

▲2021 年 7 月 13 日，运城海关关员到北方铜业股份有限公司进行实地认证

【推进“放管服”改革】2021 年，太原海关畅通“多证合一”“注销便利化”办理渠道。推进关区报关企业注册登记行政审批转备案工作。报关单位备案工作实施“全程网办”，企业办理备案申请的手续大幅精简，企业可自主选择通过“单一窗口”或“互联网 + 海关”方式进行提交材料，无须纸质材料即可实现报关单位备案全程网上办理，企业的制度化交易成本有效降低。推进“多证合一”“注销便利化”改革，解决进出口企业备案与注销环节的实际问题。加强对“多证合一”改革的政策宣传和沟通解释，加大对“多证合一”申办方式的推广力度，依法依规办理备案，提高“多证合一”申办方式的应用率。年内，通过“多证合一”方式备案企业数占同期备案企业数比例为 2.37%，全国第 26 名。

坚持合规、快速办理报关单位注销事宜，解决企业注销环节多、耗时长等“注销难”问题，真心为企业办实事、解难题。将报关单位注销方式从原先的书面注销，转变为可通过“单一窗口”“互联网 + 海关”以及其他政府部门与海关联网的政务服务平台提交电子注销申请，注销流程大幅简化，注销时间大幅缩短。年内，办结报关单位注销作业 291 起，报关单位注销作业时长控制在 11 个工作日之内。

与地方市场监管部门多次就“多证合一”“注销便利化”等问题进行了沟通交流，对双方系统衔接过程中存在的“企业无法报送海关年报”“多证合一”数据异常等问题开展原因分析，合力解决企业的问题和困难。

【保税监管】2021 年，太原海关依托可视化监控平台，继续对加贸保税领域审计重点进行监控，对关区加工贸易及保税监管业务运行情况及存在的问题定期通报。继续加强对结案率、设立及时率等指标监控。根据总署的统一要求部署，积极联系做好 H883、H2000（H2010）系统遗留手（账）册清理工作。结合条线工作特点，组织人员开展“现场监管与外勤执法权力寻租”自查，特别要求加强对保税仓库和出口监管仓库所存货物的实货监管。举办 2021 年保税监管新政培训暨政策宣讲，宣讲保税维修、增值税一般纳税人、最新考核指标等政策，并就近期业务发现的问题开展业务交流。培训结束后开展业务知识测试，提升相关人员业务水平。根据“两区优化”方案，结合太原海关实际情况在优化营商环境方面、优化监管模式和提升监管效能方面、促进开放发展方面制定措施。年内，继续加强海关特殊监管区域内企业“四自一简”政策的宣传和培训，不断引导符合条件的企业适用政策，同时要求主管海关严格按照综合保税区政策功能对区内企业实施相应的保税监管，加强对综合保税区相关信息、案例、对外宣传工作。针对综合保税区新增加工企业，组织召开专题业务协调会，加强正面监管。

【业务改革】2021年，太原海关加强企业集团加工贸易监管改革和内销按季度申报征税工作宣讲力度，进一步促进内销便利化，在各隶属海关设立内销咨询窗口，充分发挥加工贸易在稳就业、稳外贸、稳外资方面的作用。参与起草《海关特殊监管区域保税账册管理办法》工作。积极研究提出金关工程二期网购保税系统的优化建议，参与企业管理和稽查司组织的对跨境电商网购保税进口业务研究工作和《企业管理和稽查业务规范汇编》编撰工作。根据太原海关加贸企业的实际情况，有针对性的加强企业集团加工贸易监管改革的政策选件个，顺应加工贸易企业的集团化发展趋势，解决保税货物在集团内企业间自由流转、协同加工的迫切诉求，实现了降本增效的改革目标。支持符合条件的跨商企业，开展电商零售进口退货中心仓模式，将跨境电商进口退货业务的质量验核、分拣等流程纳入海关监管，减少区内区外两次卸货环节，节约企业运营成本，改善消费者购物体验。

【助力综合保税区新型业态发展】2021年，太原海关实地调研航空维修业务，联合综合改革示范区赴大同轻飞及空军某部基地，深入调研交流飞机综合维修、航材管理、安全规程和污染防治等行业情况，赴保税区企业宣讲海关政策，就企业关心的海关监管规定进行讲解和交流。指导武宿海关与综合保税区相关部门研究制订《武宿综合保税区保税维修业务联合监管方案》。积极与总署企业管理和稽查司、自贸区和特殊区域发展司沟通请示，提前谋划入区管货物监事宜。对接阳曲综合保税区凯赛项目，赴宁波海关、重庆海关进行调研，围绕液体管道监管、铁路入区以及区内监管经验及进行学习和研讨，完成太原海关综合保税区辅助信息化系统的项目建议书。联合税务部门举办《税收惠民办实事　税务赋能综合保税区》专题宣讲会，进一步扩大综合保税区一般纳税人政策的宣讲范围，通过实际案例以及税收政策的对比让更多的区外企业了解政策，为地方外向型积极赋能。

【支持跨境电商网购保税业务发展】2021年，太原海关联合山西省商务厅举办山西跨境电商新业态发展研讨会，邀请国务院发展研究中心专家、部分海关系统业务专家、部分综合保税区管委会代表和部分跨商头部企业为地方发展跨境电商等新业态发展出谋划策。同时结合总署关于开展跨境电商进口走私“断链刨根”专项行动，不断规范关区跨商企业发展。会同缉私部门围绕现近年走私违规案例进行宣讲起到较好的震慑作用，组织主管海关加强对进出区车辆的管理，强化正面监管。紧紧围绕区内网购保税业务发展现状、遇到的问题，有针对性得支持关区商务网购业务发展。围绕企业的需求，指导主管海关开展网购保税新零售业务试运营。

【稽查核查】2021 年，太原海关强化企业管理和稽核查，全面推广稽查联合工作机制。全面落实《海关全面深化业务改革 2020 框架方案》要求，结合《太原海关业务执法协作区工作办法（试行）》，增强后续监管效能，在稽查集约化、核查属地化的基础上，全面推广稽核查联合工作机制，在 2020 年晋城海关和长治海关建立稽核查联合工作机制试点的基础上，2021 年达到关区海关稽核查联合工作机制全覆盖，构建区域化大监管格局。

▲2021 年 12 月 1 日，大同海关关员开展入企稽查工作

【稽查改革】2021 年，太原海关以查发率为目标，以追补税为抓手，稳步开展稽查改革。召开太原海关稽查改革推进会，统一关区稽查执法人员思想，领会和把握稽查改革精神，确保改革精神落实到位；根据关区实际情况，细化落实措施。取消常规稽查，推行直接实施稽查，聚力稽查查发能力，强化查发效果，严守海关监管“最后一公里”；注重精准查发，以查发问题、堵塞漏洞、防范风险为目标，加强部门间联系配合，发挥各部门专业优势，鼓励基层单位开展自主分析，收集风险线索，职能部门集中研判，提升稽查查发能力。年内开展多起风险联合研判，收集风险线索，提高稽查的精准率和重大查发率；聚焦重点行业、高风险企业稽查，根据总署要求组织开展了进口固体废物加工企业专项稽查、进口再生金属专项稽查、非贸付汇企业专项调查、高纯石英砂进口企业贸易调查、保税进口跨境电商“断链刨根”专项整治行动等专项行动。

【推广“互联网＋稽核查”工作模式】2021 年，太原海关坚决落实总署疫情防控和促外贸稳增长要求，因地制宜，精准施策，积极推广“互联网＋稽核查”工作模式。一方面利用互联网技术实现线上远程视频连线、文件数据电子线上传输、文书远程电子签章、地理位置信息采集等功能，突破新冠肺炎疫情空间阻隔，“让数字跑路”取代“让人跑路”，节约海关作业时间、成本，减少实地作业对企业的影响，切实帮助企业减负增效，助力外贸企业发展；另一方面深入高级认证企业开展实地调研，做好海关“互联网＋稽核查”对外政策宣传工作，就技术支撑、数据安全、资金投入、利弊对比、稽核查作业方式、ERP 系统应用情况、对接意愿和对接方式进行沟通，为下一步实现“互联网＋稽核查”系统运行做好充分准备。

【联合抽查执法】2021 年，太原海关积极落实总署工作部署，成立太原海关联合抽查工作小组，制订《太原海关关于推进海关与市场监管等部门在核查领域开展联合抽查工作实施方案（试行）》，建立职能部门协调联动机制，明确部门责任，形成由分管副关长牵头抓总，多部门协调联动的工作局面。主动对接山西省市场监督管理局、国家税务总局山西省税务局，细化随机抽查事项清单，制订 2021 年度抽查计划。充分发挥“联”的优势，与地方监管部门共同做好联合抽查工作，实现“进一次门、查多项事”，减轻企业负担，开辟优化营商环境新途径，有力响应了党中央、国务院深化“放管服”改革、优化营商环境的重大决策部署。

【属地查检】2021 年，太原海关积极落实属地查检业务领域安全生产和疫情防控督导检查工作视频会议要求，安排部署关区属地查检业务领域安全生产和疫情防控工作；组织 93 人次参加总署企业管理和稽查司组织的属地查检业务培训；汇总属地查检业务领域的文件、课件和工作要求，梳理成册，下发各隶属海关参考学习；围绕属地查检作业随机选人、进口货物目的地检查规范性和进口货物转目的地检查指令执行情况等开展自查并跟进整改，有效防范业务风险。推进业务整合和人力资源优化。针对基层属地查检工作外勤任务点多面广、执法人力资源紧张、部门单位间协调联动不足等问题，成立由党委书记、关长任组长、分管业务和人事的关领导任副组长的业务整合优化工作领导小组。通过开展业务整合和人力资源优化情况调研，制订《太原海关业务整合和人力资源优化工作实施方案》，解决基层资质人员短缺、业务协调配合不顺畅的问题。完成过渡期属地查检工作，印发《太原海关关于做好关区属地查检工作的通知》，明确关区属地查检工作的职责分工、执法作业要求和协作配合机制。参加属地查检业务领域安全生产和疫情防控督导检查工作视频会议并安排部署关区属地查检业务领域安全生产和疫情防控工作；积极参加总署企业管理和稽查司组织的属地查检业务培训；汇总属地查检业务领域的文件、课件和工作要求，梳理成册，供各隶属海关参考学习；组织岗位练兵春训，专题开展属地查检业务领域专题培训；9 月 26—29 日，组织北京、大连、上海等 11 个海关的业务专家集中研讨《海关属地查检作业操作规范（征求意见稿）》，参与研讨并承担集中工作会务保障工作。聚焦能力培养，制发《动植物检疫岗位资质教学计划》《危险化学品及其包装检验监管岗位练兵培训计划》等教培方案，组织各类专项培训、条线轮训21期，涉及业务环节93项。基层海关培训效果评价优良率95.2%。针对性进行轮岗培训，开展工作交流，与重点企业联合实战演练。年内新增38人通过考核取得进出口危险货物及其包装检验岗位资质，实训效果明显。推进协调联动，出台《太原海关业务执法协作区工作办法（试行）》，按照“就近便利、资质互补”原则设立5个业务执法协作区，提升关区内部业务协调联动能力，全面开展基层业务执法协作，各隶属海关间开展执法协作17次。

（撰稿人：张国琴）

查缉走私

【概况】2021年，太原海关坚决贯彻落实习近平总书记关于打击走私的重要指示批示精神，在总署党委的正确领导下，紧紧围绕2021年打击走私工作重点，推进“国门利剑2021”“蓝天2021”“护卫2021”专项行动，深化打击走私和综合治理，全力做好庆祝中国共产党成立100周年安保维稳工作，坚决捍卫国家政治安全、社会安定、人民安宁。

【执法办案】2021年，太原海关深入开展“国门利剑2021”专项行动。严厉打击“洋垃圾”走私，开展“蓝天2021”专项行动，推动禁止“洋垃圾”入境由治标向治本转变，实现了山西省固体废物“零”进口、走私“洋垃圾”“零”发案目标。严厉打击象牙等濒危物种及其制品走私，关区查发案件数量逐年下降。严厉打击“水客”、武器弹药、毒品、淫秽物品走私，开展了寄递渠道打击毒品走私“百日攻坚战”，参与全国打击毒品、淫秽物品走私收网行动。严厉打击重点涉税商品走私，开展打击跨境电商进口走私“断链刨根”专项整治行动。强化涉疫物资监管和专项打击，严防严打防疫物资、疫苗非法出境。

▲2021年5月19日，太原海关缉私局查获涉嫌走私奢侈品

【全员打私】2021年，太原海关党委加强对缉私业务工作的领导，压紧压实全员打私责任，统筹资金足额保障缉私经费、警务装备、业务技术用房改造等综合保障，确保打私工作不断取得新成效。综合业务一处围绕打击“洋垃圾”、“水客”、涉枪涉毒等重点工作，强化对进出境货物、运输工具、旅客行李物品的实际监管。综合业务二处加强国际邮件和跨境电商业务领域风险分析，做好税款计核工作。卫生检疫和进出口食品安全处推进“国门守护”行动，深入开展进口食品商品专项整治。动植物检疫处积极落实“国门绿盾2021”行动要求，深入开展打击濒危物种走私基础培训工作。统计分析处有效形成不实贸易管控合力，为缉私办案提供数据支撑。企业管理和稽查处深入开展进口固体废物企业专项稽查、进口再生金属行业专项稽查和跨境电商进口走私“断链刨根”专项整治。办公室加强办文办会、新闻宣传、保密管理、疫情内部防控等综合协调工作。财务处、后勤管理中心充分保障缉私业务经费、办公办案设施、后勤服务等，为缉私工作提供坚实后盾。科技处配合缉私信息化建设保障，加大对缉私基础网络、应用项目运维保障力度。法规和督查内审处积极推进普法宣传等工作，及时更新《业务操作手册》。人事教育处将打私工作纳入隶属海关领导班子客观指标考核，推动提升打私绩效。监察室积极推进“一案双查”联合检查和廉政回访，深化打私反腐利剑作用。机关党委、离退休干部办公室、保健中心结合各自职能，为打击走私工作提供了有力保障。各隶属海关强化正面监管，主动查办行政“两简”案件，与缉私部门形成衔接顺畅的线索快处机制，现场查发能力和办案质量进一步提升。

▲2021 年 5 月 20 日，太原海关缉私局破获邮递奢侈品走私案

【综合治理】2021 年，太原海关贯彻落实全国打击走私综合治理部际联席会议第一次全体会议精神，推动地方政府落实打击走私综合治理主体责任，优化打防管控治理格局。重新调整了 20 家成员单位成员、联络员，在全省 11 个市设立反走私综合治理工作联络员，召开全省打击走私综合治理工作会议，印发 2021 年全省反走私综合治理工作要点。充分发挥省打私办平台作用，协同烟草部门开展打击烟草走私情报核查；与市场监管部门建立查获走私冻品移交处理机制；联合税务等 4 部门开展“打击虚开骗税犯罪”专项行动；会同检察机关印发了《加强打私工作联系配合意见》；加强与公安、安全等打私办成员单位联系配合，反走私综合治理整体合力稳步提升。

【缉私专业能力建设】2021 年，太原海关持续推进“智慧缉私”建设，着力打造“主动查发、精准打击、规范执法”的缉私业务体系。会同公安刑侦、经侦、禁毒、食药环等部门对洗钱、涉枪、涉毒、涉食药环等犯罪开展联合研判。积极派员参加打击涉枪犯罪集中研判，建立涉枪线索联合落地核查执法协作机制。会同禁毒部门就打击毒品犯罪建立办案协作机制，开展联合研判。集中开展案件执法质量考评和执法检查，加强对案件数据录入的监督检查，持续推进执法规范化建设。严格落实“三个规定”和行政执法“三项制度”，打造覆盖执法全流程的记录机制，确保对执法活动全程依法管理。深入学习《中华人民共和国海关办理行政处罚案件程序规定》《进出口商品检验法》等法律法规，开展涉检类“两简”、一般案件处置模拟，组织开展关区“两简案件”培训和执法检查。出台20余项内部制度，组织开展全警实战大练兵和技能比武，强化岗位练兵，进一步提升缉私民辅警专业素养。

（撰稿人：孙　杰）

科技发展

【概况】2021年，太原海关组织贯彻落实《“十四五”海关科技发展规划》，有效发挥科技工作的引领及对业务的支撑作用。统筹资源做好疫情防控科技保障，部署完成远程电子流调系统，最大限度减少一线工作人员职业暴露风险；多措并举大力提升新冠病毒核酸检测能力，通过紧急购置等程序解决新冠病毒核酸检测设备不足问题。优化实验室管理运行模式，以国家重点实验室为依托，推进地方公共检测服务平台建设；强化以风险管理为核心的网络安全保障体系，有效保障重要时间敏感点的网络安全。加快推进工单式核销系统改造实施，响应山西外向型经济发展。加快重点系统的推广应用和升级改造，提升口岸通关智能化水平。做好科研项目管理和成果转化，完善项目管理体系。

【信息化建设】2021年，太原海关响应山西外向型经济发展，立足解决山西外贸企业的“急难愁盼”，推进工单式核销系统改造。争取总署支持，协商地方政府，成功落实项目改造资金，依规合法完成项目招标。严格项目流程把控和全过程监督，确保项目质量。

加快重点系统的推广应用和升级改造，完成政务公开模块上线、门户网站业务咨询列表同步、内外网办理功能升级、负载均衡联调测试及各类紧急故障排查解决，确保关区政务信息系统稳定可靠运行；完成运行管理平台关键基础字段和核心考核数据维护，上线部署新监管代理服务器及应用程序，有效保障关区信息系统运行的实时监控，及时报警；作为海关系统试点单位，完成新邮件系统数据备份还原、用户信息迁移、政务系统配置及操作培训推广，妥善应对处理系统上线过程中出现的人员权限失效、邮件信息缺失、登录展示异常等各类问题，圆满完成系统切换过程中的运行保障及异常信息监控；实现2台双活数据中心高端光纤交换机在关区的再上线、再利用，有效提升虚拟平台数据处理能力；做好虚拟化平台巡检维护、人事信息系统基础环境保障，涉密信息网络维护及分保测评技术保障服务等；积极做好通关管理系统多次升级、邮递物品管理子系统新增功能更新上线、税收征管子系统升级部署、稽核查业务管理系统与线索移交反馈系统对接联调、业务现场音视频执法记录系统上线实施、减免税管理系统推广应用等，全力保障关区各应用系统的稳定和业务顺畅。

▲2021 年 12 月 31 日，太原海关科技处巡查机关办公楼机房

【实验室管理】2021 年，太原海关以“科技服务主业”为基本导向，着力加强实验室技术能力建设，在巩固国家煤焦炭检测重点实验室（山西）、国家食醋检测重点实验室（山西）、国家蚧虫检疫重点实验室（山西）3 个国家检测重点实验室的基础上，成功筹建国家杂粮检疫检测重点实验室（大同）及国家温带果蔬检疫重点实验室（运城），形成以 5 个重点实验室为龙头、2 个区域实验室为支撑、2 个常规实验室为基础的公共检测服务平台。3 月 15 日召开了检验检测公共服务新闻发布会，通报太原海关检验检测平台建设概况及服务经济发展成效，平台建设情况获得时任省政府领导的肯定和批示。

按照事业单位改革的要求，形成以“理顺体制、优化布局、整合资源、提升能力”为基本原则、“一核三中心”为主导思想的关区实验室布局优化思路，进一步提升检疫检测设备使用效率。此项工作旨在避免“小而全”的实验室建设方式，集中优势资源流向优势区域，把闲置资源向业务量大的实验室集中，全面实现了“错位发展、一中心一特色”的目标。

提升新冠肺炎核酸检测能力，通过紧急购置等程序解决核酸检测设备不足问题，日核酸检测能力由最初的 90 人份提升至 500 人份。同时进一步加强实验室生物安全管理和个人防护，严格按照《新型冠状病毒实验室生物安全指南》最新版的要求开展样品的提取、运输和管理，全年未发生人员感染及生物安全事故。

【科研管理】2021 年，太原海关注重发挥科学技术委员会的专家咨询作用，全年共邀请食品安全、卫生检疫、科技管理、商品检验及动植物检疫等领域的科技委专家 20 余人次参与决策，使得设备购置、科研选定、资产报废各项工作更加科学化。进一步加强优秀科技人才挖掘力度，积极向总署科技委、科技评估专家库推荐太原海关优秀人才，截至目前已有 4 人加入总署科技委分专业技术委员会，先后 10 人入选海关科技评估专家库入库专家。

结合山西产业和贸易结构特点，广泛鼓励关区人才在外来有害生物监测、物种鉴定、农药残留检测、医学媒介生物监测等方面开展具有前瞻性、基础性和实用性的科学研究。年内太原海关8项署级科研项目和1项省级科研项目成功通过验收，立项署级科研项目1项，入选署级技术规范4项，申报海关科技成果评定4个，申请专利1项。

（撰稿人：苏　冰）

第五篇

综合保障

政务管理

概况

2021年，太原海关召开形势分析及工作督查例会12次，确定并督办重点工作187项。持续巩固精简文件成果，正式发文313份、同比下降0.63%，便函474份、同比下降28.07%。信息宣传工作稳步推进，宣传稿件被省部级以上媒体采用292篇。落实省政府系统13710大数据督办平台下达的督办任务10项，办结10项，及时报送相关工作材料50次。加强应急值守、政务值班等工作力度，落实值班保障工作，做好全国“两会”期间、节假日期间、敏感时期的应急值班和安全检查工作。进一步牢固树立“精品意识”，强化责任担当，严格把好公文审核“三道关口”。切实发挥办公室沟通协调、督办等职责，做到应督尽督、督好督到位。开展“指尖上的形式主义”整治工作，压减各类微信工作群116个。按时办理人大、政协建议提案，年内，太原海关答复省政协十二届四次会议提案2件、省人大十三届四次会议建议1件。完善保密档案工作制度，开展涉密人员调整和保密自查自评工作。完成2020年度文书类档案和部分资料的归档工作，开展文书档案的归档和安全管理情况检查。

政务综合

【形势分析及工作督查例会】2021年，太原海关坚持“第一议题”制度，及时跟进学习贯彻习近平总书记的重要讲话和重要指示批示精神33次，将贯彻落实习近平总书记的重要讲话和重要指示批示精神有关工作列入关区首要重点工作任务。召开形势分析及工作督查例会12次，共部署重点工作187项，当月按期完成176项，按期完成率94.12%，当月未完成的重点工作，列为次月重点工作并持续加强督查督办，解决共性问题20个；制发重点任务督办单9份，全部在时限要求内完成，做到各项决策和工作部署有布置、有落实、有检查。落实总署党委关于进一步推进“为基层减负”的工作要求，减轻基层负担，统筹调研检查考核事项34个；每月例会结束后，将会议材料打包分发至各部门单位，要求例会材料中已涉及的工作做法、业务数据等，相关部门不得再要求基层重复、多头报送材料、数据、报表。

【新冠肺炎疫情内部防控工作】2021年，太原海关对照国务院联防联控机制以及总署关于疫情内部防控相关要求，结合属地防疫政策，建立并不断完善内部防控制度。动态调整制定内部防控措施13次，涉及出差出行管理、健康监测“日报告、零报告”制度、内部人员检测、加强来人来访管理、加强重点区域卫生消毒通风等方面的具体要求，各部门单位积极配合、严格执行，形成内部防控合力。认真做到“五有”——有疫情防控指南、防控管理制度、应急工作预案、隔离场所和转运安排准备，储备适量医用防护口罩、医用外科口罩、免洗手消毒液等防疫物资，并按需发放。与山西省卫健委和疾控中心沟通，完善联防联控机制。加强办公室、食堂和卫生间等重点部位卫生清洁和清毒，建立日常消毒台账。进入办公区人员，严格核验健康码及大数据行程卡、审批、登记、测温，对进入办公区的快件包裹进行外包装消毒等措施。食堂就餐采取分时错峰就餐、保持距离、单向就座。干部职工居住集中的小区及宿舍，严格按照太原海关和属地要求，采取防疫措施。强化人员管理，严格出差出行管理，严格“绿码”上岗制，建立全体干部职工出差出行台账、健康监测台账，根据新冠肺炎疫情形势及时开展涉疫紧急排查。加强干部职工新冠肺炎疫情防控宣传教育。在政务信息网首页开设“新冠肺炎疫情防控工作”专栏，定期转载党中央、国务院重大部署，更新总署、山西省疫情防控领导小组相关文件及防控动态、防控知识等信息，发布关区新冠肺炎疫情防控工作动态。在办公楼出入口等摆放佩戴口罩、出示“两码”提示牌，张贴新冠肺炎疫情防控知识图片等。

【内部安全生产工作】2021年，太原海关深入学习贯彻习近平总书记关于安全生产的重要论述，牢固树立安全第一意识，认真落实总署、省委省政府安排部署，按照关党委工作要求，把安全工作作为一项重要政治任务来抓，扎实开展安全生产工作，有效防范化解重大安全风险。开展“三零”单位创建工作，印发《关于进一步加强“三零”单位创建工作的通知》，细化工作要求，定期向山西省委政法委报送“三零”单位创建工作情况。开展节前安全生产自查和抽查，坚决消除各类风险隐患。法定节日前夕，开展节日期间安全生产排查。年内，关领导带队到各办公区及隶属海关开展安全检查8次，及时处置了总关机关办公楼主楼楼顶避雷塔铁皮脱落和附楼外墙墙皮脱落等安全问题。开展内部安全隐患排查及整改“回头看”工作。制订工作方案，组织各部门单位按照排查职责对责任区域开展隐患排查及“回头看”。内部安全生产专项检查方面，自查共发现问题37个，已完成整改31个，未完成整改6个。整改情况“回头看”方面，对2020年排查出的79个问题进行了“回头看”，通过自查，（未落实整改）的8个问题“对账销号”7项，剩余1个问题正积极推进中。

▲2021年6月11日，太原海关组织观看学习《生命重于泰山——学习习近平总书记关于安全生产重要论述》

【政务值班管理】2021年，太原海关根据总署、省委省政府关于应急值班工作的各项要求认真开展政务值班和新冠肺炎疫情防控相关专项值班工作，严格落实关领导、处领导带班、值班员24小时在岗值班制度。按照相关要求，做好值班表发布及值班保障相关工作。法定节假日前，发布通知强调值班工作要求，重点对值班人员岗位责任、应知应会事项进行重申明确。年内，关未发生重大突发事件，值班工作一切正常。向总署报送值班信息215篇次，开展应急值班抽查50余次。

【公务接待管理】2021年，太原海关深入贯彻落实中央八项规定精神，根据总署党委贯彻落实中央八项规定精神切实纠治“四风”的细化措施，按照太原海关公务接待管理办法，严格落实“关区内不招待，系统内不宴请，系统外按规定”的有关要求。

【落实中央八项规定精神】2021年，太原海关将坚决整治形式主义、官僚主义，持续为基层减负作为工作重点，开展基层减负情况问卷调查，根据调查结果，制定印发《中共太原海关委员会关于印发落实中央八项规定精神持续为基层减负进一步推进清廉海关建设的细化措施的通知》，明确精文减会、规范要求基层报数据报材料、统筹检查考核、提升调研质量、继续清理微信工作群、建立长效机制等方面的具体要求。开展两轮“指尖上的形式主义”专项整治工作，清理关区微信群共计119个。

【12360热线日常管理工作】2021年，太原海关12360热线共接听各类咨询电话数6,142个，通话率97.39%、满意率100%；持续加强热线话务员业务培训，高质量完成全国海关12360热线抽查答复工作，年内，前三季度抽查合格率分别达到99.2%、98.4%、100%；积极参加海关政策宣传工作，向总署12360海关热线新媒体投稿4篇，采用发布3篇；处理完成12360转办工单13件，其中投诉6件，业务咨询协调求助7件。推动12360热线与地方省级12345热线归并，在全国海关率先完成归并工作。

【信访工作】2021年，根据总署办公厅要求并结合太原海关实际，制定印发分类处理信访诉求清单。收到1件信访诉求，严格按照国务院《信访工作条例》及总署相关制度规定妥善处理，未引发重复信访或群体性上访事件。

【人大建议、政协提案办理】2021年，太原海关办理人大建议1件（省十三届人大四次会议第1766号建议，关于加强冷链食品管理），办理政协提案2件（省政协十二届四次会议0441号提案，关于山西省设立木材交易集散中心；省政协十二届四次会议0697号提案，关于促进山西外贸综合服务企业发展），加强与各业务职能部门的协作配合，按照要求按时反馈。

【外事管理】2021年，太原海关按照总署和山西省政府外事工作的有关规定，严格、规范做好外事工作。根据总署相关要求，报送外事工作业务骨干2类10人、高级英语翻译1人。印发《太原海关工作人员因公出国（境）管理规定》，进一步规范机因公出国（境）管理工作。年内，未办理因公出国（境）业务，受新冠肺炎疫情影响，因公出国（境）开展的相关业务工作改为远程线上开展。

办文办会

【公文处理】2021年，太原海关持续巩固精简文件成果，压实减文责任，制定2021年正式发文和便函发文控制数，建立双月通报制度，定期以通知形式公布机关各部门、事业单位正式发文、便函数量以及时序进度。年内，正式发文313份，同比下降0.63%；便函474份，同比下降28.07%。办公系统电子文件及纸质文件第一时间流转，有效保障政令畅通。加强审核把关，提高发文质量，在2021年度直属海关领导班子考核中，太原海关文电管理工作获得满分。

【会议管理】2021年，太原海关汇总编制完成《太原海关2021年会议计划》，减少会议频次，提倡通过视频形式召开会议。规范会议审批，启用“太原海关会议室使用审批单”。落实总署新冠肺炎疫情内部防控有关规定，对参会人员数量划定红线。落实“过紧日子”要求，加强节能型机关建设，广泛开展厉行节约活动。全年召开列入总署统计口径的会议15次，较计划数减少13.3%。

【机要保密管理】2021年，太原海关调整保密委员会及普通密码安全管理小组成员，明确关区定密责任人，保密要害部门部位。开展涉密人员调整、离岗离职人员的脱密期管理、及时清退涉密载体。组织2021年度保密自查自评工作，对12个部门（单位）的保密自查自评工作进行了专项督查。12月21—22日国家保密科技测评中心（海关总署）分中心对太原海关涉密信息系统开展风险评估工作，通过多种方式对涉密信息系统涉及的检查项目进行逐一检查，对太原海关涉密信息系统风险评估工作给予充分肯定。开展形式多样的保密宣传活动，通过开展警示教育、集中辅导学习保密法、观看宣传片等途径，进一步提升全员保密意识，时刻绷紧保密之弦。在山西省目标责任保密专项考核中，太原海关被评为优秀等次。

【档案工作】2021 年，太原海关规范档案整理，印发《太原海关文件材料归档范围和文书档案保管期限规定（试行）》。完成了 2020 年度文书类档案和部分资料的归档工作，共新建 43 个归档单元，6,967 件文档归档，并接收了其他部门的各类专业档案。全年 488 份电子文件被阅读利用；受理 44 人次查阅调用及复印纸制档案 350 余份，为巡视、督查、基建等各项工作提供了基础资料。开展 1999 年之前永久文书档案移交工作。对 165 卷、1,062 件、11,100 页永久保管的文书档案进行了拆卷、鉴定、装裱、组卷、编页、拟题名、装订、装盒及数字化工作，编制了太原海关全宗介绍、组织机构沿革和 1986—1999 年大事记。开展“6·9 国际档案日”宣传活动，通过制作宣传板、散发宣传资料、提供档案工作现场咨询等形式着力宣传档案工作的重要性，吸引更多人关注档案、走近档案，帮助社会公众认识档案价值，增强档案意识。开展档案征文活动，择优选取 2 篇优秀论文报总署。加强档案编研工作，编制的《太原海关档案疫情汇编》在海关办公系统工作会议上受到表扬。向总署办公厅报送 6 篇红色档案素材，其中《国门有我　山河无恙——战“疫”家书记录海关情怀》被采用汇编成册。编制《2021 年度太原海关疫情档案汇编》，为新冠肺炎疫情防控工作做好全面、真实记录，也为今后疫情防控工作的资料参考奠定了基础。在 2021 年度直属海关领导班子客观指标年度考核中，太原海关档案工作在 42 个直属海关中位列 21 名。

信息宣传

【政务信息】2021 年，太原海关多次召开政务信息工作会议，不断完善优化制度机制。贯彻落实总署要求，明确政务信息报送职责、报送来源和报送要求。调整太原海关每日动态、政务信息、新闻宣传 3 大类计分分值，计分继续向政务信息倾斜。全年编发动态材料 250 期，工作交流材料 21 期，发布情况通报材料 11 期；总署政务信息刊物采用 37 篇（条）。编报天津特派办约稿信息 7 篇；编发专报 73 期，编报省委信息稿件 123 篇、省政府信息稿件 122 篇，获山西省委领导批示 2 次、省政府领导批示 10 次，太原海关机关获得山西省委办公厅 2019—2020 年信息工作先进单位。“走出去”与“请进来”相结合，主动对接山西省政府办公厅信息办，面对面交流政务信息约稿、策划、组稿工作，提升太原海关在省政府政务信息载体的“上镜率”；夯实基础管理工作，通过政务信息网定期通报关区信息宣传采用情况、优秀信息点评及约稿重点。

【新闻宣传】2021 年，太原海关全年组织召开新闻发布会 7 场。加强与主管部门、主流媒体的沟通联系，邀请新华社山西分社记者深入海关一线采写新闻稿件，《经济参考报》先后刊发《优服务　谋合作　深挖潜　破壁垒——解码山西 26 万吨水果逆势出口的“助推器”》《山西一季度太阳能电池出口　大幅增长 274.9%》。邀请《山西经济日报》首席记者深入隶属海关讲授新闻写作，帮助基层干部职工增强新闻写作的眼力、脑力、笔力。年内共被省部级以上计分媒体采用 292 篇，其中，报刊类采用 226 篇、新媒体类采用 49 篇、电视类采用 17 篇。其中电视类，山西卫视《山西新闻联播》采用 14 条，央视《新闻联播》《新闻 30 分》《新闻直播间》各采用 1 条。在 2021 年 8 月 7 日《新闻 30 分》“前 7 个月我国外贸进出口 21.34 万亿元”、《新闻直播间》“前 7 个月民营企业进出口 10.23 万亿元”和《新闻联播》“前 7 个月我国外贸进出口同比增长 24.5%”中，分别采用了太原海关保障中欧班列太原—土耳其（梅尔辛）首班开行的视频素材，采用数量创历年最好水平。此外，太原机场海关报送的微电影作品《你回家的路，我来守护》获中宣部社会主义核心价值观主题微电影征集展示活动办公室组织的社会主义核心价值观主题微电影征集展示活动 3 分钟类三等优秀作品。晋阳海关报送的《太原海关创新监管模式　破解水果出口难题》获中国海关传媒中心“2021 国门传播奖”消息类三等奖。

▲2021 年 1 月 26 日，太原海关召开 2020 年山西省进出口情况新闻发布会

【政务公开】2021 年，太原海关细化《2021 年海关政务公开工作要点》，制发“2021 年太原海关政务公开工作任务分解表”，编制太原海关主动公开基本目录并在门户网站发布，制发《太原海关政府信息公开信息处理费收缴实施细则》，首次规范了关区政府信息公开信息处理费收缴工作。开展隶属海关政务公开工作专题书面调研，推动政务公开工作逐步走上标准化、规范化轨道。部署升级“海关政务公开信息管理系统”，实现了政务信息网“政务公开”模块录入、导出功能。在门户网站上线太原海关“政府信息公开目录”。直属海关门户网站新版“业务咨询”系统上线部署。首次公开隶属海关行政执法统计年报、隶属单位预决算信息。全年太原海关门户网站主动公开政府信息 705 条。接收并办理信息公开申请 4 次。答复网站留言 89 条，开展调查征集 6 次，在线访谈3期。接听12360海关热线咨询电话5,982个。扎实开展政务新媒体排查整治工作，确保因机构改革、单位撤销等政务新媒体主办单位发生变化的，及时注销或变更账号信息，关区政务新媒体数量由12个清理精简为1个。

（撰稿人：杜义新）

财务管理

【概况】2021 年，太原海关通过统筹优化，分类保障，提质增效，科学谋划做好财务工作，更好地保障和服务海关事业高质量发展。强化政治意识，提升服务大局的保障能力。做好疫情防控后勤保障工作；统筹调配增强综合保障能力；落实暖心工程、民生工程资金保障。强化目标导向，实现财务管理的质量效能。以绩效管理为抓手同步提高预算执行效率和质量；依法依规处置涉案财物；巩固和扩大减税降费工作成效；支持事业单位提升技术支撑能力和持续发展能力；科学有序盘活闲置房地产。强化治理能力，提升财务队伍的执行能力。坚持从严治党，打造忠诚干净担当、有战斗力有凝聚力的财务队伍。运用“财务＋科技”，推进智慧财务建设；坚决落实中央八项规定，加强作风建设；强化业务培训，提升财务专业水平。强化安全防线，提升财务风险的意识水平。加强风险防控，全面强化财务职能监督，加强对基层海关单位的财务制度建设和财务检查工作，夯实基层海关单位财务内控和基础工作，防范财务领域重大风险。持续推进财务建章立制；指导关区财务工作；加强财务监督，圆满完成关区业务大检查工作。

▲2021 年 11 月 10 日，太原海关召开业务和财务管理大检查关长办公会

【税费财务管理】2021 年，太原海关严格审核，确保海关税费报表的准确性。认真核对、复核本单位税费数据，及时发现差异，深入查找原因，避免错报漏报，确保税费报表上报准确性；对于数据不一致方面的问题，及时与国库联系，积极协调解决问题。统筹安排，确保海关税费报表的及时性。按日及时核销税收票据，保证关税征收质量。加强与人民银行、各商业银行沟通联系，强化日常监控，确保税款安全及时缴入国库，顺利完成年末综合治税工作。突出重点，规范罚没收入收缴。认真研究准确把握海关各类罚没收入收缴管理要求，严格执行海关税费财务相关制度规定，确保海关各类罚没收入适用科目无误，应收尽收，应缴尽缴。核查梳理，确保保证金清退及时。加强与业务部门定期清理往来款项的联系配合机制，提升工作效能，确保税费资金的安全完整。严格按时间节点办理各类保证金的收取、转税（罚没）、退还和延期手续，确保做到程序严密、合法合规。培训指导，切实发挥职能作用。实地检查，强化对隶属海关税费财务管理工作的指导监督；开通大同国际陆港保税物流中心（B 型）税款缴库业务，共同做好财关库银横向联网系统相关信息维护工作。

【预算管理】2021 年，太原海关进一步构建预算保障机制，以争取中央财政资金支持为主，全面统筹存量资金、地方资金等财力资源，有效解决了经费不足的突出问题。努力做好中期财政规划，紧密结合实际，强化责任担当，围绕“十四五”海关发展规划，做实做细太原海关中长期财政规划；顺应预算改革发展新常态，深入研究全局性、前瞻性、关键性问题，建立 3 年滚动预算项目库，建立财务部门与其他部门更加紧密的联系配合机制，实现预算管理的“前伸后延”；探索专家评审机制改革，充分利用外部资源，提升预算编制的质量和效率。精准保障科学安排预算，强化运用零基预算理念，科学合理分配预算，把有限的财力资源用于保障和改善民生、维持机构正常运转、推进重大改革和重点工作上。加大扶贫资金支持力度。进一步提升预算执行效能。继续落实实时监控、定期通报、目标考核、督促检查等管控措施，不断健全预算执行管理长效机制；强化预算执行主体责任，实施“清单式”管理。每月开展预算执行情况分析，查找预算执行中存在的突出问题，紧盯重点项目和大额资金，高质量完成了总署预算考核指标。推进预算和绩效一体化管理。出台《太原海关项目支出绩效评价管理实施细则（试行）》《太原海关预算绩效运行监控管理实施细则（试行）》；强化重点项目绩效管理，对所有编报的预算项目进行绩效评审，对新增重大项目引入第三方机构开展事前绩效评估，强化评价结果应用，压减低效无效支出；探索创新，组织开展预算绩效管理考核自评工作，提升预算绩效管理效能。

【部门决算管理】2021 年，太原海关加强组织协调，制订工作方案，明确时间节点，落实责任分工，认真做好部门决算编审各个环节的工作，确保部门决算编制收支真实、数额准确、内容完整、报送及时。夯实会计基础。在编制部门决算前，对收支账目、往来款项、银行存款等进行清理核对，做到账账、账实相符。与相关部门进行认真核对部门决算相关的基本数字，保证各项数字准确无误。认真清理、核对零余额账户额度的到账情况、结转下一年度额度情况及直接支付情况。严格审核数据。加强部门决算审核力度，优化审核流程，统一审核规范和标准，提高决算数据质量。坚决落实“过紧日子”要求，硬化预算约束，大力压缩办公费、差旅费、培训费、会议费等一般性支出。持续强化“三公”经费管理。

【涉案财物管理】2021 年，太原海关全力配合做好严禁“洋垃圾”入境。与山西省生态环境厅签订了《关于非法入境固体废物处理合作备忘录》，建立了固体废物移交地方处理的联系配合机制。严厉打击象牙等濒危物种走私等重点工作。开展涉案财物处置管理工作。建立科学的物品归类体系，及时处置涉案财物，避免涉案财物长期滞库，着力防控管理和廉政风险。

【企事业财务管理】2021 年，太原海关严格进出口环节涉企收费管理。全面开展进出口环节收费清理工作，全年开展收费检查 1 次；将收费管理工作与深化“放管服”改革、优化口岸营商环境、减轻企业负担等工作有机结合起来，严格执行各项政策规定，实行收费动态管理，不断提高收费工作质量；8 月 25 日，撤销太原海关门户网站发布或展示的检疫处理业务收费公示，并第一时间公示已核准的 2 家社会化企业，实现检疫处理业务无缝衔接。推动企事业单位财务管理提质增效。组织推进事业单位所属企业脱钩工作，加大对事业单位监督检查力度，全年对所属企事业单位开展财务检查 2 次，有效防范财务风险。

▲2021 年 11 月 19 日，太原海关组织开展财务专项检查现场指导工作

【基建管理】2021 年，太原海关进一步加强基本建设管理。规范基本建设程序，健全投资决策机制，严格履行竣工项目总验收程序，强化项目实施过程考核评价，促进在建项目平稳有序推进，有效防控风险，提高投资效益，推动关区基本建设管理基础工作提质增效。严格执行，夯实基础，严格按照《海关基本建设管理办法》等 4 项制度，压紧压实基建项目建设单位主体责任，实行海关基本建设管理统一立项、统一预算、分级管理的模式，确保基本建设工作规范有序，务实高效。优化流程，加强指导，以问题为导向，针对隶属海关人员岗位交流频繁，基建项目少，缺失专业人才等问题，强化职能监督指导作用，按照“强基础、促规范”财务基础工作提升要求，通过电话、视频、网上培训等形式，事前温馨提示，事中督促

指导，事后绩效评价，全程指导隶属单位有序推进项目建设。防控风险，提质增效，通过多项举措，立足长远解决问题，形成长效管理机制，指导隶属海关梳理问题清单，及时协调各隶属单位基建项目实施过程中遇到的困难和问题，有效防控风险，确保基建项目有序推进，提高基建管理水平，持续推动关区基建管理工作效能提升。

【关务保障管理】2021 年，太原海关全力以赴做好疫情防控后勤保障工作。多渠道筹措疫情防控经费，有效确保防疫物资储备充足、实验室检测仪器设备配置到位、一线防疫人员临时工作补助和卫生防疫津贴及时到位。加强物资日常管理，定期组织开展物资清查盘点，摸清底数，加大临期物资使用统筹力度。积极创建节约型机关，提高关警员节约用能意识，对各单位年度节能目标进行分解，上下联动、齐抓共管，圆满完成 2020 年能耗指标考核任务。提高公务用车管理水平，修订《太原海关公务用车管理办法》，强化制度管理；完成公务车辆管理系统优化升级，统一规范派车申请、公务用车使用登记和公示制度，明确每半年开展一次公车使用监督检查，形成制度完备、执行有力、监督到位的长效管理机制。提升资产管理和装备保障能力，定期组织开展固定资产清查工作，完成实物盘点、归属关系确认、完善台账、分配卡片、张贴标签等工作，在关区推广“三本台账”资产管理制度，实现固定资产标签化、动态化的精细管理；发布《财务处关于进一步加强和规范固定资产管理的通知》，对因人员调整引起资产变给的情况做到台账实时更新；持续做好老旧资产处置，提高资产使用质效；与总署财务司和山西监管局联系沟通，强化责任担当，在不突破现在总车编和分车编的基础上，在关区范围内，统筹优化调剂公车用车配备；做好业务单证、制服装备，为关区业务开展和运转提供支撑保障。

（撰稿人：吕　敏）

督察内审

【概况】2021 年，太原海关督察内审工作聚焦重大决策部署贯彻落实，持续深化督察审计，推进内控机制建设，不断深化科技控权，完善执法评估体系，切实发挥监督效能，督审工作取得了新的进展和成效。紧盯重大决策部署，全年组织开展署级审计自查 2 次、关级审计 6 次，查发问题 71 个，开展署级督察自查 2 次，关级督察 5 次，查发问题 23 个，已全部整改完毕，督察审计监督质效有力凸显。深化内控机制建设，编发内控专报通报 6 期，总署内部载体 2 次刊登太原海关内控工作做法，运用“内部控制与监督”子系统处置异常数据有效数 1,427 条，取得专项成果 29 次，风险防控水平持续提升。

▲2021 年 8 月 10 日，太原海关举办 2021 年度内控暨“新海廉”平台应用培训会

【督察监督】2021 年，太原海关紧盯重大决策部署，督察效能充分发挥。创新督察工作方式，深化“自查 + 互查 + 集中抽查”相结合的工作模式，探索对 3 个隶属海关的审计监督与巡察监督、业务财务专项检查同部署、同开展，做到结果互认，成果共享，激活各类督察力量。围绕重点开展督察，聚焦重大政策措施开展跟踪督察，围绕进出口危险化学品监管措施落实情况进行专项督察，选取口岸卫生检疫、数据安全管理、进出口商品检验、稽核查工作等 5 项重大政策措施在关区的落实情况开展跟踪督察，查发各类问题 23 个。强化问题整改实效，组织推动相关部门、单位迅速学习传达关领导批示精神，结合实际制定下发工作方案，建立“周报”跟踪督办机制加强监督检查。通过深入整改问题，实现 18 个问题“清零”目标，推动关区各项工作水平不断提升，“精品海关”建设要求更加深入人心。

【内部审计】2021 年，太原海关审计全面覆盖，审计监督质效有力凸显。突出重点开展审计工作，开展2021年度专项审计自查和实验室建设审计调研，审计内容上更加突出对落实中央重大决策部署、关党委中心工作、重点改革措施以及重大风险防控等方面的监督，切实发挥审计监督在促进高质量发展、推动全面深化改革、优化海关监管服务等方面的积极作用。坚决落实审计监督全覆盖，全年对6个隶属海关开展内部经责审计，按照总署要求对保健中心和技术中心开展实验室建设专项审计自查，在审计程序上做到了“凡离必审”，在审计对象上实现了对隶属海关和事业单位全覆盖。着力夯实审计基础工作，规范审计工作流程，完善审前培训、审中指导、审后监督机制，建立完善关区审计人才库动态调整机制；编制2021年度《太原海关审计工作手册》，强化审计实操指导。强化审计整改和审计成果的应用，形成《审计查发问题汇编》。建立问题整改跟踪督办机制，适时通报整改进展情况，严把整改措施质量关，压严压实整改责任，2021年署级专项审计自查发现的问题已全部整改完毕。

【内控建设】2021年，太原海关深化内控机制建设，风险防控水平持续提升。健全内控工作机制，构建“横向到边、纵向到底”的内控组织架构，各级单位均成立内控领导机构；组织召开年度关区内控工作会议，建立内控专报制度。创新内控工作思路，形成“抓两头带中间”的推进思路，邀请总署督审司内部控制处领导、部分直属海关3名专家和内控讲师团2名专家开展内控和“内控与监督子系统”应用培训，对基础薄弱的隶属海关开展专题调研和视频督导，全面提升内控工作水平。靠前发挥内控作用，主动融入改革需要，强化内控措施设置的复核监督，从源头上加大风险防范力度，共审核关级规章制度、信息化项目11项。优化内控节点运用，全面梳理优化关级内控节点指标体系，内控节点实现全覆盖。突出节点运用，推进内控节点指标进系统、强管理，强化刚性执行。总署相关载体2次刊登太原海关推进内控工作的经验做法。

【执法评估】2021年，太原海关强化科技控权，精准开展执法评估。深化“内控与监督子系统”运用，采取制作课件共享、信息服务网站交流、在线云培训、邀请专家授课等方式全力打通应用“肠梗阻”，在用足用好传统功能的基础上充分发挥新功能的作用。坚持问题导向，围绕总署党委、太原海关党委重大决策部署、重点业务改革开展专项监控分析，建

▲2021年5月28日，太原海关组织参加民法典线上讲座

立健全平台专题监控分析机制，强化跨部门风险联合研判和跨系统数据分析。强化通报考核力度，按季度在关网通报平台应用绩效。不断提升执法评估效果，选派专人参与署级“综合保税区落实优化保税监管措施”专题评估，协助总署开展全国进口粮食监管措施落实情况等4项书面调研，助推各项宏观政策和改革措施落地见效的整体研判；立足关区实际选取国际邮件监管业务情况、“两步申报”报关单状况等开展专题执法评估3项，精准调研把握业务脉络，高效助力提升执法效能。

（撰稿人：吴冬花）

离退休干部工作

【概况】2021年，太原海关牢记习近平总书记关于老干部工作的一系列重要指示，以政治建设为统领，开展党史学习教育和“我为群众办实事”实践活动，组织热烈庆祝中国共产党成立100周年、宣传全国老干部工作“双先”事迹等系列活动，不断推进信息化、精准化、规范化建设，落实离退休干部政治待遇、生活待遇，激励广大离退休干部和工作人员为海关建设发挥积极作用。

【离退休干部党建工作】2021年，太原海关坚持把政治建设摆在首位，充分利用理论学习、例会、座谈会、微信群、宣传展板、主题党日活动等多种形式，第一时间深入传达学习习近平新时代中国特色社会主义思想、党的十九大和十九届历次全会精神，学习习近平总书记在庆祝中国共产党成立100周年大会和全国老干部工作“双先”表彰大会上重要指示精神及关于党史学习教育的重要讲话精神。离退休党总支、党支部召开了党史学习教育动员会、学习党史交流会、学习党的十九届六中全会精神专题研讨等，学习贯彻习近平总书记重要讲话和重要指示批示精神。离退办持之以恒、日积月累地教育引导工作人员和老同志增强“四个意识”、坚定“四个自信”、做到“两个维护”。

利用机关离退休干部党总支和4个离退休干部党支部的网上工作群，要求支委带头学习习近平总书记的重要指示、带头落实各项任务。6月，对离退休干部第四党支部书记进行调整，配强党支部委员；11月，在关党委支持下落实了离退休支委补贴，激发了支委工作活力；12月，分别为4个离退休党支部订阅了2022年的报纸杂志，方便各支部就近学习。

完成20名离退休干部“光荣在党50年”纪念章颁发工作。6月30日，在太原海关庆祝中国共产党成立100周年表彰大会上，党委书记、关长高继科等关领导为10名老党员代表颁发了“光荣在党50年”纪念章。“七一”前夕，关领导及隶属大同海关、阳泉海关领导带领工作人员分别走访慰问了9名党龄达到50年、行动不便的老党员，为他们颁发纪念章并致以崇高的敬意。

▲2021 年 4 月 9 日，太原海关组织召开机关离退休干部“我看建党百年新成就”座谈会

【党史学习教育】2021 年，太原海关组织学习习近平总书记在党史学习教育动员大会上的重要讲话，切实提高对开展党史学习教育重大意义的认识。3 月召开离退休干部党总支党史学习教育动员会，关党委委员、政治部主任张彦出席会议并就牢牢把握党史学习教育的正确方向作出要求，离退办党支部书记和离退休干部党总支书记分别就老同志开展党史学习教育的重点和要求做了具体安排部署，并发放党史学习教育资料。机关 4 个离退休党支部迅速响应，分别组织党员开展了集中学习。灵活运用线上、线下等多种方式开展学习，持续做好线上（老干部微信群）“党史百年天天读”专栏，坚持每天转发相关资料信息。

丰富党史学习教育内容，2 位退休党员干部分别为离退办党支部党员同志上了党史学习教育专题党课。离退休干部第一党支部党员、太原海关原副关长高志凯 5 月 28 日在太原海关“学史·铸魂”红色讲坛为全关干部职工作了《不忘来时路、奋斗新征程》专题报告。11 月 1 日，离退休干部第一党支部党员彭春生，在太原海关学习贯彻习近平总书记“七一”重要讲话宣讲交流会上作典型发言。6 月，机关离退休干部 4 个党支部参加《中国老年报》举办的“永葆初心本色　开启伟大征程——迎接中国共产党百年华诞知识竞赛活动”，离退办荣获优秀组织奖，2 名退休党员荣获优秀个人。

【老同志服务管理】2021 年，太原海关主动对接养老、医疗、文教等社会资源，提供更多服务保障。如帮助老同志下载“民生山西”App 并教会使用，完成了 136 名老同志年度社保认证，30 余名 2014—2016 年退休的老同志完成了工资审批表签字确认，7 名退休人员办理了个人所得税退税手续。规范地落实政策待遇，做到“一人一策”服务，及时办理医疗费、护理费、增发基本离休费等工作。用精准理念解决老干部遇到的特殊困难和问题，想方设法把离退休干部服务管理工作往深里做、往细里做、往实里做，增强思想政治工作的针对性有效性。关领导带头尊老敬老，元旦、春节、“七一”、中秋、重阳等时间节点，关领导分别到老同志、老党员家中走访，为机关退休人员发放慰问品，送去组织的关怀。再次翻印《离退休干部工作手册》《最美夕阳红——太原海关离退休干部服务手册》，使老同志和老干部工作人员“一册在手”就能方便掌握离退休干部工作方针政策及规定要求等。定期为集中居住的老同志发放一次性防疫口罩；对10多名外地居住的老同志，通过微信和电话多次联系，引导大家安心做好防疫；对巡视整改涉及的老同志逐一电话联系，进一步宣讲政策规定，引导开展自查整改。3月初，完成了130余人离退休人员年度医保基数调整确认签字工作。坚持老同志体检制度，11月23—25日，分3批组织机关离退休干部开展年度健康体检。以信息化为基础，精准化为手段，建立完善老同志情况动态分析制度。对每个人身体、家庭状况、特长爱好等情况做到实时掌握，精准施策，切实增强服务的针对性和有效性。坚持开展走访慰问生病、困难党员和老同志，全年共走访慰问57人次。坚持传统服务与智能化服务创新并行，每天通过微信群发送防疫小常识、养生知识等，定期与老同志微信、电话联系询问身体、生活情况；坚持每周为集中居住的老同志送2次报纸、杂志，方便老同志读书、读报；以支部为单位，为党员干部提供一次性口罩、手消等防疫用品；定期对平阳景苑老干部活动室进行维护，保障水电暖正常供应；建设260平方米的漪汾街老干部活动中心，配置了活动用的桌椅、沙发、乒乓球桌、钢琴等设施，满足了基本的使用条件，党支部会议室、棋牌室已投入使用；为因疫情耽误2020年体检的老同志安排了补检。

【老年文化教育】2021年，太原海关充分利用现代媒介加强教育引导。坚持了文件学习、参加重要会议和重大活动、通报情况、参观学习等制度。2021年春节前，考虑到新冠肺炎疫情防控要求，通过网络媒体向离退休干部通报了2020年工作情况；10月13日，关党委成员、政治部主任张彦参加了2021年欢度重阳节活动，并召开了情况通报会。全年通过“老干部党支部委员微信群”“关区工作人员微信群”开展支部和日常工作。继续鼓励引导老党员利用“学习强国”“离退休干部工作”“鑫海桑榆”“智慧银海”等平台进行自主学习。

开展庆祝中国共产党成立100周年主题系列活动。编撰《并关枫红》文艺作品集。广泛收集整理老同志有关理论、诗歌、散文、书画、摄影作品，用好用活老同志自己编写的“教材”，推动党史学习教育往深里走、往实里走、往心里走。收集整理老同志庆祝中国共产党成立100周年的文章、书画、摄影作品等，择优报送，3篇文章获总署离退休干部局庆祝建党百年文集采用，2幅书法、国画作品被总署离退休干部局庆祝建党百年书画摄影作品集选用，4篇文章刊登在《海关离退休干部园地》，1篇被《山西日报》选用。录制编辑了2位老同志的讲党课资料并报送总署离退休干部局。根据总署离退休干部局“我看建党百年新成就”专题调研部署，线上线下进行了深入的思想动员和学习。离退办组织座谈调研1次、机关离退休干部党支部组织座谈调研2次、隶属海关组织座谈调研2次，先后共40余人参加。座谈会上老同志们从我们党发展壮大的历程和取得的辉煌成就，结合自身成长经历，话发展、谈体会、表感受，共同抒发对党的无限热爱和感激之情。此外个别访谈5人次；书面调研20余人次，并按时报送了调研报告。

在践行社会主义核心价值观上发挥先锋模范作用。围绕树立良好家风、巩固脱贫攻坚、关心下一代等课题，组织老同志开展丰富多彩的创建活动。9月底，组织参加省直老龄委举办的迎国庆书画展，1幅书法作品入选。10月13日，组织机关退休干部到太原市双塔公园开展重阳赏菊登高活动。

▲2021年10月13日，太原海关组织机关退休干部开展重阳节活动

（撰稿人：梁少华）

第六篇

隶属海关

太原机场海关

【概况】太原机场海关2000年12月成立正科级太原海关驻机场办事处，2003年4月调整为副处级办事处，2004年9月升格为正处级隶属海关。下设办公室、通关监管科、查验科、旅检一科、旅检二科、旅检三科、邮件监管科。

2021年，太原机场海关以习近平新时代中国特色社会主义思想为指导，坚决落实太原海关工作会议、全面从严治党工作会议各项安排部署，结合党史学习教育、巡视整改、“现场监管与外勤执法权力寻租”专项整治等工作，立足空港口岸实际，统筹协调、积极推进，“精品海关”建设取得了新成效。

【党史学习教育】2021年，太原机场海关组织志愿活动，开展“我为灾区献爱心”捐款活动，通过“山西省红十字会”微信公众号组织全体干部工捐款3,000元，树立良好的社会形象。派员参加心理健康志愿服务队，为口岸一线疫情防控工作人员提供心理支持、心理疏导等服务，不断强化对干部职工的人文关怀。开展“我为群众办实事”实践活动。制定“加强行风政风建设，推动为民服务提质增效”等5项重点民生项目，加强统筹推动、跟踪督办，22条具体措施均已完成。积极参加系列活动，营造浓厚氛围。各支部结合实际工作积极申报党史学习品牌，并以品牌建设推动业务党建深度融合。参加各类征文评选，上报6篇理论文章，其中1篇获得优秀奖，进一步提高理论研究水平。派员参加“党在我心中”主题演讲比赛、太原海关党史学习教育知识竞赛，并获得决赛三等奖，进一步提高党员学习积极性。组织全体党员干部观看《建党伟业》等红色文艺作品。

【新冠肺炎疫情防控】2021年，太原机场海关将做好常态化口岸疫情防控工作作为“精品海关”建设“巩固年”重点工作持续推进，统筹协调，强化监督，确保“精品海关”建设取得成效。推进通道改造。协调机场单位对现场检疫区域进行改造，增设机组人员检疫通关区域，做到旅客、机组两通道不交叉；实施远程审卡流调，进一步解放人力资源。加强梯队建设，梳理分流航班各岗位数量，汇总上报职能部门，保证分流航班的上岗人员数量满足要求。严格航班信息报送工作。分流航班涉及的12种纸质和电子数据严格执行报送和审核双人作业，确保数据及时准确报送。严格落实总署关于海关工作人员新冠病毒核酸检测要求。加强人员管理，做到应检尽检。

建立完备的防疫物资出入库台账并定期盘点，指定专人管理、专库存放，确保防疫物资皆符合相关标准或使用要求。根据库存物资情况及时采买各类物资补充库存，完善夏季防护物资配备，为一线人员配备夏季防护服；配备了防暑降温药品、急救药品和日常用药，以及体温计、听诊器等医疗器械；在作业现场配备了藿香正气等物资，保障一线人员及时补充水分和电解质。物资保障模式根据集中管理需要进行调整，按照不同工作岗位需求，配备充足的物资。年内，太原机场海关1名同志被推荐申报个人二等功、总署通报表扬，5名同志荣获个人三等功、9名同志获个人嘉奖、28名同志获通报表扬。

【党的建设】2021年，太原机场海关侧重基层组织建设，完善组织机构。4月，按照“支部建在科上”的要求，规范开展支部书记选举，成立了7个党支部。结合支部调整，动态调整党委成员科室、支部联系点，推动党建工作标准化规范化发展。根据实际工作需要，申请成立2个口岸疫情防控临时党支部，加强集中封闭人员的党建学习活动，党建引领、形成合力，让党旗在抗疫一线高高飘扬。严格组织生活，各支部按照“三会一课”要求，每月开展党员大会、支委会、讲党课等组织生活，以组织形式严肃学习纪律，要求全体党员在思想上、政治上真正重视起来，切实规范学风。同时，各党支部积极吸纳聘用人员中的党员参加组织生活，科室凝聚力、战斗力进一步增强，党支部战斗堡垒作用发挥更加充分。扎实开展基层党组织规范化建设专项整治工作，各支部对照清单开展自查，制定整改措施14条。注重发挥党建培育品牌优势，开展结对帮扶工作，同学习、同交流、同展示。党总支荣获“优秀基层党组织”，2名党员分别获得“先进共产党员”“优秀党务工作者”称号。坚决履行全面从严治党责任，注重抓早抓小，及时发现和纠正倾向性、苗头性问题，结合巡视整改、审计整改、“现场监管与外勤执法权力寻租”专项整治整改工作，有效防范化解重大风险，加强执法领域和非执法领域风险防控，规范执法行为，提高执法水平。严格落实意识形态工作责任制，党委专题研究部署，着重思想动态分析，科学研判，及时准确处置。

【巡视整改工作】2021年，按照太原海关工作部署，太原机场海关提高政治站位，抓好巡视各项工作。7月30日巡视组反馈意见后，关党委立即召开专题会议，进一步统一认识，要求全关上下要以此次整改为契机，把思想统一到总署党委部署、太原海关党委的工作要求上来，严格履行职责，强化责任担当，深入推进整改工作全面落实。强化政治站位，统一思想认识，及时成立整改工作领导小组，党委书记、关长担任组长，党委委员、副关长为副组长，各科室负责人为成员，对本科室涉及问题整改的组织、领导、落实负主要责任，领导小组全面统筹抓好整改任务，坚持问题导向，将任务分解细化，明确时间节点、责任领导、责任科室和责任人。同时，抽调办公室人员及各科骨干成立巡视整改工作专班。工作专班共召开7次会议，及时跟进整改推进情况，督促检查整改举措落实落地。明确目标措施，层层压实责任，召开关党委会，专题研究布置巡视整改工作。坚持边整边改、立行立改，进一步明确整改责任主体、进度安排和完成时限，确保整改措施针对性和实效性。针对问题表象深入研讨，挖掘问题产生根源，并以点带面，做好同类问题的整改预防工作，将巡视整改作为提升整体建设水平的方法手段。根据巡视整改任务，建立《太原机场海关党委巡视整改清单》，明确责任领导、牵头部门、承办人、完成时限，确保各项任务责任到人，推进有序。敢于较真碰硬，落点以改促建，把巡视整改工作与贯彻落实太原海关党委决策部署结合起来，坚持问题导向，推进制度建设，用制度机制巩固整改成果，积极谋划和推进当前及“十四五”海关发展规划各项工作，加速推动精品海关建设进程，着力提升全面建设质量和水平。

【队伍管理】2021年，太原机场海关严格执行《党政领导干部选拔任用工作条例》《海关领导干部选拔任用工作实施细则》和太原海关《隶属海关干部管理权限暂行规定》有关规定。深入开展“补短板、转作风、提效能”专项活动，全面查找短板和不足，全员业务能力得到提升，窗口工作规范到位，精品意识不断增强。开展海关执法能力学习考试以及执法一线岗位练兵工作，相关岗位人员均获得相应执法资质。结合工作实际，多次派员赴其他海关跟班学习并进行业务再培训，全面提升业务能力和水平。按《2021年海关培训学时学分统计规则》统计，全员均达到规定学时学分要求。

【货运监管】2021年，太原机场海关加强与边检、民航、货站、航空公司等沟通联系，顺利打通物流监控各项数据流；按照总署相关文件对现有监管库监管设备配备、监管区域划分、以建代改推进情况

▲2021年12月19日，太原机场海关关员对出境货物实施现场查验

进行梳理，提出8类具体整改项，推进现用监管库整改工作；参加协调会，针对新冠肺炎疫情防控，提出针对性措施，确保关区首条国际直航货运航班首飞成功。做好入境货物、集装器新冠病毒检测及预防性消毒。

【邮件监管】2021年，太原机场海关深入落实习近平总书记重要指示批示精神，深入开展“国门绿盾2021”“寄递渠道禁毒百日攻坚行动”等各类监管工作。始终保持打击“水客”走私高压态势，重点打击“水客”漂移走私奢侈品、药品。在山西省“扫黄打非”工作中邮件监管科集体及1名同志受到表彰，在太原海关“精品海关”建设中集体受到表彰，各1名同志获太原海关机关党委表彰优秀共产党员、优秀党务工作者。

【专项行动】2021年，太原机场海关深入开展“国门绿盾2021”专项行动和“寄递渠道禁毒百日攻坚行动”，严厉打击象牙等濒危物种、毒品、枪支弹药走私，切实履行好为国把关职责。

【政务管理】2021年，太原机场海关规范值班管理，确保值班应急渠道畅通，及时、有效、妥善地应对和处置各类突发事件。严格审核把关，提升公文质效。做好日常文秘档管理，做到及时传阅，督促落实。全年共收发、拟办、传阅、办结系统流转文件2,350余份，制发党委文件15份，其他文件32份，通知9份。加强档案管理，按时完成了2020年度文书档案的收集、整理、归档工作，整理档案共计203件，其中永久55件，30年27件，10年121件。接受政务信息公开申请1条。新媒体类采编稿件9篇。

【财务管理】2021年，太原机场海关按照相关要求，每日在税收系统中核对关税、增值税数据，并和人民银行国库科核对当日入库税费金额、领取日报表，每月初去人民银行国库科领取月报表、完成国库对账工作并在税费系统中报送税收月报，按月完成税收会计月报打印、装订、归档工作，年底完成税收会计决算报表、与国库未达账项调节表、税费账户年终余额情况一览表、银行存款未达账项调节表的报送与装订。

【党风廉政建设】2021年，太原机场海关严格按照党风廉政及作风建设各项要求，强化部署，积极推进，确保党风廉政建设工作到位。开展廉政教育12次，开展廉政形势分析4次，召开党风廉政建设工作会议2次，组织开展警示教育月活动，不断提升全体关员纪律观念和规矩意识。组织开展内务规范强化月活动及内务规范整顿月活动，打造过硬准军事化纪律部队。组织修订了《太原机场海关公务用车管理办法》等7项内部管理制度，召开内控专题会议4次。

（撰稿人：李建鸿）

晋阳海关

【概况】晋阳海关建于2019年，辖区范围为太原市、晋中市、吕梁市（含富士康科技工业园，不含山西转型综合改革示范区及中鼎物流园区）。下设办公室、综合业务一科、综合业务二科、查检科、核查科、稽查科。

2021年，晋阳海关坚持以习近平新时代中国特色社会主义思想为指导，坚决贯彻落实习近平总书记重要讲话和重要指示批示精神，以党的政治建设为统领，统筹发展和安全，统筹新冠肺炎疫情防控和促进外贸稳增长，强化监管、优化服务，扎实推进“五关”建设，稳步开展“精品海关”建设，圆满完成了各项工作任务。

【党的建设】推进“强基提质工程”，实施党建“领航工程”“融合工程”“强基工程”“品牌工程”4大工程，坚持党建与业务同研究、同部署、同落实、同考核，不断开创党建工作新局面。

组织4次实地参观党史学习教育主题纪念馆、展览，参与2次党史知识竞赛、演讲比赛，利用微信小程序等新形式开展2次知识测试。“我为群众办实事”重点民生项目11项、具体措施27条，全部完成销账，被地方媒体报道16条，2021年共收到山西丰田肥业有限公司等4家公司赠送的锦旗，“供港活猪监装”被列入太原海关“我为群众办实事”百佳项目。

建立《晋阳海关党委议事清单》、“科室轮值”等多项制度，开展党支部书记述职述廉，设立党建活动室。举办“赞歌献给党”“重温入党誓词”等特色主题党日活动4次以上，开展涵盖党建、政治、党史学习等多领域党课，丰富党建内容，举办6次以上“政治生日”集体活动，举行3次党建展评活动，开展专题组织生活会6次、民主生活会1次。

【巡视巡察整改工作】2021年，晋阳海关提高政治站位，主动认领整改任务，加强组织领导，传导压力压实责任，成立了整改工作领导小组和整改工作专班，明确整改责任，建立“四责联动”整改工作机制，推进“双改联动”，制定的71项巡视整改措施和75项巡察整改措施已全部完成。建立整改挂账销号制度，按照清单台账稳步推进。召开了巡察整改专题民主生活会，班子成员逐一作对照检查，开展严肃的批评与自我批评。

【队伍管理】2021 年，晋阳海关坚持党管干部原则，树立正确选人用人导向，加强执法一线科长队伍建设，推行科室轮值制度，定期开展科长工作经验交流，探索建立各领域工作任务单管理、台账管理等机制，完善重大疑难问题风险研判集体会商工作机制。

2021 年荣获“山西省直文明单位标兵”“精品海关”建设先进集体荣誉称号。在太原海关党史学习教育知识竞赛和演讲比赛中获得三等奖，在全国海关“万人争先”线上练兵活动中两名同志入列全国百强。“准军事化”纪律部队建设取得新进展。开展隶属海关党委班子规范化建设，年内开展队列训练 1 次，开展全覆盖内务督察，对窗口建设、关容风纪、行风政风、制度执行、应急值守等方面强化检查监督，同时对办公秩序、内务管理、安全管理、环境卫生、会议纪律、酒驾醉驾等方面加强规范管理。

【法治建设】2021 年，晋阳海关坚持贯彻落实习近平法治思想，建立健全办公、财务、人事、业务制度，积极培养全体关员法治思维，加强入校入企宣传，落实普法宣传教育。

推进法规管理，落实制度建设，共出台了 8 项制度，修订了 2 项制度，范围涵盖党委建设、财务管理、人事教育等，对贯彻落实“三重一大”决策、加强党委决策、规范公车管理等工作起到了促进性作用，实现了管理从“盲从”到“依规”的转变。

开展“学习宪法、践行使命”宪法宣传周主题党日活动，原原本本学习《中华人民共和国宪法》（以下简称《宪法》）、交流体会，进行了宪法宣誓；开展《中华人民共和国安全生产法》（以下简称《安全生产法》）学习，入企宣传安全生产知识，提高全民安全生产意识；开展国门生物安全宣传教育，深入企业开展《生物安全法》的法律宣贯和政策解读；开展政策宣讲活动，帮助企业用足用好优惠政策，充分发挥法治建设对优化营商环境的统领性作用。

【业务改革与发展】2021 年，晋阳海关全面落实海关全业务领域一体化改革部署，深入厘清业务职责，推动改革问题清零。进一步深化“放管服”改革，积极推进“提前申报”“两步申报”“两段准入”，精简进出口环节监管证件和随附单证，持续巩固压缩整体通关时间成效。

多部门联动，稳步推进二手车出口业务发展。太原市获批二手车出口试点城市以来，晋阳海关与商务局、公安局等单位多次进行交流和对接，全力推进太原市二手车出口业务持续健康发展。联合制发《太原市开展二手车出口业务实施方案》

《太原市二手车出口企业管理办法》；参加二手车出口试点企业申报评审工作；深入企业调研，了解二手车出口中存在的困难和诉求，掌握二手车产业现状及存在问题，为扩大二手车出口提供信息支持；应用“一批一证”和全国通关一体化等政策，优化简化通关流程。实行“7×24小时”预约通关，全天候保障二手车出口通关，利用电话微信等无接触方式及时响应企业诉求。

持续优化营商环境，进一步压缩通关时间。稳守工作成效，强化责任意识，狠抓工作落实，压缩整体通关时间。合理调配人员，明确任务分工，与地方商务部门建立高效沟通机制，合力消除企业难点堵点，促进辖区企业外贸新发展。以问题为导向，加强监控分析，指导企业合理安排作业流程，充分利用好“提前申报”降低通关时间和成本，提升企业获得感。继续实施“7×24小时”预约通关制度。

【知识产权海关保护】2021年，晋阳海关举办以“全面加强知识产权保护　推动构建新发展格局”为主题的知识产权宣传周活动，多种形式开展宣传活动，包括在报关大厅设置宣传展板，发放宣传单，播放知识产权保护视频，向企业普及知识产权海关保护相关知识。有针对性地向企业提供“一企一策”个性化指导与服务，重点对部分企业进行回访、调研，向多家企业宣讲知识产权海关保护政策，解答知识产权注册备案相关问题，引导企业在总署知识产权网站备案商标，成功助力3家企业获得海关知识产权备案。

【关税征管】2021年，晋阳海关深化税收征管方式改革，依法科学征管，同时着力优化服务，积极支持高水平开放、高质量发展。

加强估价管理，正确确定基础完税价格，保全国家税款足额入库。落实减免税政策，护航大项目顺利推进，充分释放政策红利。成立鼓励项目减免税项目工作专班，及时跟进项目进度，缩短审核时限，提高办事实效；创新实施“一企一档”服务机制，建立个性化对企宣讲模式，帮助企业迅速熟悉减免税审核确认流程，有效规避申报风险。实施精准服务，支持科技创新减免税政策落地。在“十四五”科免政策出台后，第一时间向辖区高校及科研机构进行政策解读和宣讲，参与编写《“十四五”期间科技创新单位减免税资质审核确认办理指南（试行）》。自2021年11月政策出台至2021年年底，减免税款1,925.33万元。

推进属地纳税人管理工作，提高综合治税能力。结合属地纳税人管理开展属地税收风险防控。围绕税收安全、税收征管要素，立足属地风险特点，主动开展税收风险防控，加强与企管、稽查、风险、缉私等部门的联防联控。利用“属地纳税人管理”微信群，及时分析梳理税收风险，向纳税人发送提醒，引导企业开展纳税问题自查、规范自身行为，提升纳税遵从度。

【原产地管理】2021年，晋阳海关多举措优化原产地服务，提高企业享惠水平。积极开展原产地政策宣讲，针对新增自助打印国别与证书类型、普惠制原产地证书签发范围变化、RCEP准备工作等原产地新政策，在关企联络微信群及报关业务大厅积极宣传，发放原产地宣传资料，通过“线上+线下”结合的形式宣讲政策。持续推进原产地证书智能审核和自助打印审签模式，全流程优化原产地证书的申领签发，有效帮助企业节约签证时间。

【动植物检疫】2021年，晋阳海关坚决落实总体国家安全观，筑牢口岸动植物检疫防线，扎实做好出境水果、香菇菌棒、核桃壳颗粒、腐殖酸、实木栈板、活猪、宠物和入境种子等产品的检疫监管工作，进出境动植物检疫工作情况整体运行良好。

监管供港活猪26批、3,640余头，同比增长20余倍，被纳入太原海关“我为群众办实事”百佳项目。按照国门生物安全监测方案和“国门绿盾2021”行动部署，开展关区进出境动植物疫情疫病风险监测、供港澳陆生动物疫病监测工作，加强风险防范与评估，督促企业落实主体责任，制定监测计划，做到非洲猪瘟半月一次监测。

开展外来物种防控专项行动，查验关区进口货物中有害物种（红火蚁、松材线虫）入侵情况，对进境货物、集装箱查验检疫。实施出口水果安全风险监控。积极参与国外植物疫情搜集工作，共向总署报送并被采纳15篇植物疫情信息。

【食品检验检疫】2021年，晋阳海关严格按照习近平总书记食品安全“四个最严”的要求，着力强化监管，防范和化解进出口食品安全风险，切实保障辖区进出口食品安全。

【商品检验】2021年，晋阳海关着力加强进出口商品检验，严格危险化学品等重点敏感商品出口环节检验监管，压实主体责任，建立出口危险化学品“一企一档”，提高出口危险化学品查验工作针对性。着力提升危险化学品等重点敏感商品检验监管技能和岗位履职能力，深入开展岗位练兵活动。

【口岸监管】2021年，晋阳海关负责山西全省范围内留学回国人员购买国产小轿车等非贸业务。为减少疫情带来的影响，保障有购车资格的市民群体在非正常时期可以继续享有国家政策带来的福利，晋阳海关打造“不见面，零接触”的办理方式，通过现场关员、购车中介、购买人线上沟通及本人确认，核实本人留学证明及有效证件，通过邮寄方式接收留学回国人员验证材料复印件，实现留学生购车审批网上办、一次办。

【统计分析及政策研究】2021年，晋阳海关按职责开展了统计分析和政策研究各项工作。定期对截至当月的年度贸统数据进行定期检控，开展异常数据监控，并撰写《异常数据分析监控报告》。报告主要包括进/出口总值排名前20位企业、重点商品、新注册企业、特殊区域（场所）物流方式进出境特定商品、加工贸易重点商品的监控6部分。全年共计提交贸易统计异常监控数据分析7篇。

每月2日根据业务统计子系统导出的《晋阳海关监管业务统计指标查询表》撰写分析报告。全年共报送监管货运量和集装箱业务分析报告9篇。

报送政研课题6篇，其中“发挥海关职能优势，助力祁县玻璃器皿出口企业应对国外技术性贸易措施”获得三等奖，“发挥海关职能作用，以核桃出口带动吕梁市‘西干果’出口平台建设研究”获得优秀奖。

【企业管理】2021年，晋阳海关积极开展企业管理工作，按照要求办理企业通用资质和特定资质备案事项，符合时限性和有效性要求。截至2021年年底，辖区高级认证企业6家，均为其设立高级认证企业协调员，协调解决在进出口过程中遇到的问题。挑选5家辖区外贸业务多、发展前景好的企业，开展“一对一”海关企业信用政策宣讲以及海关企业认证标准解读。与上级职能部门、地方政府、行业协会共同举办4次培训活动，为辖区外贸企业集中开展业务培训，鼓励更多优质外贸企业申请海关高级认证企业资质。

【保税监管】2021年，晋阳海关充分发挥保税监管制度优势，主动作为，服务地方经济发展。积极协调保税维修工作，主动对接企管处，参与研究制定《太原海关区外保税维修业务监管实施细则（试行）》并落实执行，多次参与升级工单式核销辅助管理系统测试工作，不断完善工单式核销辅助管理系统，使海关监管更加适应企业生产实际，为山西省进出口贸易贡献极大力量。

【稽核查】2021年，晋阳海关开展常规稽查和专项稽查。保持打击“洋垃圾”走私高压态势，开展进口固体废物、进口再生金属行业专项稽查行动。利用互联网、远程视频连线、文件数据电子传输等方式开展网上核查，在保证监管质量前提下降低了企业成本。在出口领域随机抽取企业开展了“双随机、一公开”多部门联合执法工作。与吕梁市市场监管局、吕梁市税务局对4家出口食品生产企业、1家出口竹木草制品企业开展联合检查并向社会公开。

【属地查检】2021年，晋阳海关严格按照风险布控指令对企业申报的进出口货物开展现场检验、检疫作业。进口查验时严格按照新一代查验管理系统随机选人，出口查验借助Excel软件工具的随机选取功能开展随机选人，选取不少于2名查验人员实施作业。对长期未预约查检指令建立管理台账、进行联系并记录原因，对1起经查检已擅自销售、使用的违法违规线索移交缉私处理。

▲2021 年 11 月 9 日，晋阳海关关员在某公司查验进口设备

【政务管理】2021 年，晋阳海关统筹推进政务管理各项事宜。严格按照规定收文发文，重视信息宣传工作，遵循“公正、公平、合法、便民、分级负责”的原则，坚定推进政府信息公开工作，做好会议管理工作，加强政务值班工作，加强和改进工作作风。

严格执行收发文程序，做好会前准备、会议记录等会议工作，确保第一时间落实传达各项重大任务及重要工作部署要求；严格执行保密管理规定，做好机要收发、办理等工作；树立档案管理意识，建立档案室，对电子数据、文件材料等按时归档，并做好年报统计工作；加强政务信息及新闻审批，扩大宣传效应，对外树立良好海关形象；坚持按规办理政府信息公开，坚持主动公开，依法做好依申请公开，践行阳光、透明工作原则；从严从紧应急值守、政务值班等工作，加强值班保障，做好“两会”期间、节假日期间、敏感时期的应急值班和安全检查工作。

正式发文 93 份，内容涵盖党委建设、队伍管理等多领域；收文 102 份，单位涉及市场监管、食品监管等；进一步精简会议，建立晋阳海关“无会日”制度，召开形势分析及工作督察例会 12 次，党风廉政建设会 2 次，廉政教育 12 次。

开展 1 次保密知识答题活动，开展保密宣传 1 次，严格保密人员管理，开展机要处理、涉密人员调整和保密自查自评工作。按规完成档案管理工作，对 2020 年度文书类档案和部分资料进行归档，报送 2021 年度档案年报。

加强政务信息工作，加大政务宣传力度，宣传稿件被省部级以上媒体采用 14 篇。完成年度政府信息公开，发布政府信息公开工作年度报告、行政执法统计年报。

【财务管理】严格遵守国家财经法律和政策，狠抓预算执行，深入落细落实“过紧日子”要求，开源节流、增收节支，压减一般性支出，积极争取属地政府财政支持；进一步规范税费财务、政府采购、关务保障、银行账户管理。

【督察内审】2021 年，晋阳海关积极运用“制度 + 科技”，强化对权力运行监督制约。加强内控管理和新海廉平台应用，对内控节点指标进行全面梳理，提升自我监控、自我纠错、自我提高的能力和水平。严格执行岗位内控节点控制，充分利用海廉系统关注内控节点，落实层级控制、节点控制等，发现问题及时整改。开展执法评估，形成《晋阳海关关于辖区出口化肥纳入法检新政实施情况的评估报告》。

【党风廉政建设】2021 年，晋阳海关层层压紧压实全面从严治党主体责任和监督责任，制定《晋阳海关党委落实全面从严治党主体责任清单》。认真开展“现场监管与外勤执法权力寻租”专项整治工作，紧盯廉政风险，强化日常监督。严格执行中央“八项规定”，深入纠治“四风”，坚决防止形式主义、官僚主义反弹。积极运用监督执纪“四种形态”中的“第一种形态”。

（撰稿人：郭艳丽）

武宿海关

【概况】武宿海关建于2019年1月，辖区范围为山西转型综合改革示范区（不含富士康科技工业园）及晋中市的中鼎物流园区。下设办公室、综合业务科、查检科。

主要负责党的基层组织建设和干部队伍建设；监管辖区内进出境的运输工具、货物、其他物品；承担卫生检疫、动植物检验检疫、进出口商品检验、进出口食品安全监管工作；征收关税和其他税费；编制海关统计；办理其他海关业务；承办太原海关交办的其他工作。

2021年，武宿海关党委坚持以习近平新时代中国特色社会主义思想为指导，持续深入学习贯彻党的十九大及十九届历次全会精神，严格落实“第一议题”制度，坚持“第一时间”传达学习、“第一议题”研究部署、“第一责任”推进落实，从讲政治的高度迅速落实党中央重大决策部署，增强“四个意识”、坚定“四个自信”、做到“两个维护”，深化改革创新，依法履职尽责，全面从严治党，主动服务大局，扎实推进“五关”建设。

【党史学习教育】2021年，武宿海关把党史学习教育作为重大政治任务，组织研学《论中国共产党历史》《中国共产党简史》等经典书籍，深入学习习近平总书记在庆祝中国共产党成立100周年大会上的重要讲话精神；依托太原市丰富红色资源，赴中共太原支部旧址等红色基地开展体验式、“沉浸式”党史学习教育，组织参加庆祝中国共产党成立100周年“党在我心中”主题知识竞赛、演讲比赛，持续深化党史学习教育的浓厚氛围。结合每月党史学习教育工作要求，打造“学习标兵、服务先锋”等3个支部学习品牌，聚焦企业群众“急愁难盼”问题，确立的14项重点民生项目全部高质量完成，“我为群众办实事”实践活动取得明显成效。

【疫情防控】2021年，武宿海关严格落实总署、山西省政府关于新冠肺炎疫情防控各项部署，严格执行太原海关监管场所作业疫情防控、内部疫情防控各项工作要求，圆满完成进境植物疫情应急处置演练，持续加强进口商品风险监测，规范做好进口冷链食品新冠肺炎疫情防控工作，购置红外测温仪加强内部新冠肺炎疫情防控，全力确保“打胜仗、零感染”。克服人力紧张困难，积极支援口岸一线新冠肺炎疫情防控，全年累计派出7人支援机场新冠肺炎疫情防控。

【党的建设】2021年，武宿海关按照太原海关机关党委批复要求，及时成立武宿海关党总支，设立3个党支部，按时完成基层党组织负责人换届选举，完成1名预备党员转正。党委班子成员带头严格执行双重组织生活制度，坚持以普通党员身份参加所在支部的组织生活，定期开展“三会一课”，规范收缴党费，严格发展党员，督促党员切实履行党员义务，持续推进常态化思想政治工作，及时把握思想动态，激发党员干部干事创业活力。

坚持将党建工作与业务工作同谋划、同部署、同推进、同考核，针对各支部人员少、业务工作多实际，运用“支部轮值法”推进每月党建“规定动作”，各支部结合实际开展“自选动作”。发挥党支部攻坚堡垒与党员先锋模范作用，成立监管服务中欧班列、跨境电商、一般纳税人等重点业务党员突击队，成立政务后勤服务党员先锋队，成立业务改革、业务建设党员攻坚队，依托党建统领着力打造一支懂业务、钻业务、精业务的精干队伍，做实做精综合保税区特色业务，推动党建业务深度融合、相互促进。

【党建品牌】2021年，武宿海关针对山西转型综合改革示范区、武宿综合保税区及中鼎物流园区中欧班列发展需要，结合监管服务特点，武宿海关党总支建立了“134”工作法，即聚焦1项核心任务，促进综合保税区“高水平开放、高质量发展”；着力提升3项本领，提升政治理论武装头脑的本领，提升依法把关有效监管的本领，提升优化服务助力经济发展的本领；着力4个贴近，即贴近党员思想倾力队伍建设、贴近业务改革注重落实落细、贴近企业需求着力优化服务、贴近形势发展积极先试先行。3个党支部结合科室职能特点，分别创建支部党建品牌。

【巡视巡察整改工作】2021年，武宿海关压实责任抓落实，开展巡视整改和“1+5”专项工作。武宿海关党委把做好巡视整改作为对党是否忠诚、“四个意识”强不强、“两个维护”坚定不坚定的政治检验，组织起草武宿海关党委巡视整改工作方案，细化制定91条措施，先后召开党委会等各类会议16次集体研究、推动巡视整改方案、清单、台账和“1+5”专项工作落实落细，制发、修订、完善各类制度13项，90条具体整改措施全部按期销账清零，1条长期整改措施取得阶段性成效。武宿海关第一时间召开关务会进行全员通报巡察整改工作情况，班子带头查不足、挖根源，对反馈问题逐一查摆，细化具体整改措施56条。其间，武宿海关党委坚持每周召开专题例会跟踪落实情况，定期向第一派驻纪检组汇报整改进度。建立整改台账，对每个问题实行挂账销号，巡察整改期间共召开12次专题推进会，建立17

项制度机制，56 项整改任务已全部完成，实现问题清零。积极开展“回头看”固化巡察整改成效，年初主动配合政工办以视频检查形式开展巡察整改“回头看”，查漏补缺，总结经验，逐项核实印证资料，确保整改成效可见、可查、可追溯。深化巩固整改成果，全方位强化政治意识、推进从严治关、加强作风建设、改进内部管理，推动各项工作再上新台阶。

【队伍建设】2021 年，武宿海关加强干部队伍培养。结合业务繁杂、人力紧张实际，积极组织参加各条线岗位练兵、业务培训、资质考试，培养“一专多能”复合型专业技术人才，确保随时拉得出、顶得上、打得赢。落实新时代组织路线，突出实干实绩选人用人，注重在重大关头、关键时刻考察识别干部，充分激发年轻同志干事创业活力。

锻造忠诚干净担当的准军事化纪律部队。扎实开展廉政警示教育月系列活动，组织党纪党规集中学习，强化案例警示教育，开展执法关员家属座谈，引导全员以案为鉴，知敬畏、存戒惧、守底线。持续加大对酒驾醉驾问题的教育提醒，推动单位、家庭、个人三方联防联控联治。认真做好每月“廉政教育日”学习，按期召开每季度党风廉政建设工作会议。坚持“内涵学军”，抓好内务规范强化月活动，每周开展内务督察并进行点名式通报，纪律作风、内务规范得到有效转变。成立武宿海关双拥工作领导小组，严格落实双拥工作各项工作要求；大力推动精神文明单位创建，2021 年武宿海关继续保留“山西省文明单位标兵”荣誉称号。

【助力太原武宿综合保税区发展】2021 年，太原武宿综合保税区进出口总值 351.7 亿元，同比增长 2.8 倍，其中出口 187.3 亿元，同比增长 2.9 倍；进口 164.4 亿元，同比增长 2.7 倍。9 月总署公布 2020 年度综合保税区发展绩效评估结果，武宿综合保税区在全国 134 个综合保税区中排名第 78 位，在中西部地区（含东北三省）55 个综合保税区中排名第 24 位，评定级别为 B 类，为历史最佳排名。推进综合保税区（二期）顺利封关运行，与太重、阳煤等拟入区企业多次座谈，讲解海关政策帮扶企业平稳顺利入区，推进综合保税区（二期）入区重点企业料件、成品及设备底账导入；配合建立业务联合研判处置工作机制，积极加强与相关职能部门的联系配合，启动运用协调员联系、工作专班等工作模式，持续强化系统集成和协同创新，形成监管和服务合力；深化沟通合作，与综合改革区管委会重新签署《关于共同推动武宿综合保税区高水平开放高质量发展合作备忘录》，推进落实《武宿海关关于印发支持武宿综合保税区发展细化措施、报关大厅制度、重点企业联络员制度及中欧班列“三专四优”服务机制的通知》；加强对综合保税区内重点项目的精准对接，跟进禧佑源航空科技维修再制造项目，开展政策宣讲，细化制定海关监管方案，10 月 28 日全力保障首家境外飞机入区，指导企业办理飞机教学模块有序便捷出区；合理运用综合保税区功能，切实为企业“办实事、解难题”。积极推进阳曲综合保税区建设，多次参与指导区内设施设备建设，及时对接凯赛生物等意向入区企业，精准提供海关归类、政策宣讲、监管流程等服务。丰富拓展区内业务，保障首批展览文物快速通关，主动向山西博物院提供入境文物申报、归类等通关政策咨询服务，制定监管方案，优化文物及文化艺术品从境外入区监管模式，简化文化艺术品备案程序，实施文物进出境登记审核，全力保障展览文物快速通关，有效促进文化交流。稳步推进增值税一般纳税人资格试点。促进跨境电子商务新业态多元发展，认真落实武宿海关支持跨境电子商务15条措施，配合太原海关组织召开跨境电商联系工作会议，完成前两批“9610”一般出口业务试运行；支持优质示范企业发展网购保税进口新零售业务，制定《武宿海关跨境电子商务网购保税新零售业务监方案》；支持企业开设区外保税展示体验中心，全力做好“6·18”“双11”“双12”跨境电商业务保障工作，提前了解掌握企业促销活动安排，预先评估监管业务量，制定应急预案，合理调配监管资源，提高监管效率。

实行“一企一策”，助推对外开放新高地建设。积极开展政策宣讲，先后针对RCEP、AEO、跨境电商、增值税一般纳税人试点、区外保税维修、国门生物安全等业务开展线上、线下关企培训会31次，对重点企业开展“点对点”帮扶200余次，全年受理预约通关120余天，全科年人均加班超过300小时。扎实开展“我为群众办实事”实践活动，聚焦企业“急难愁盼”事项，实行“一企一策、精准帮扶”，在推进跨境电商网购保税新零售、保税展示体验、航空维修项目、提前实现入区退税等方面贡献海关力量。

【支持中欧班列发展】2021年，武宿海关始终将该项工作作为服务“一带一路”建设、支持转型综改的重要抓手；促进中欧班列业务规模稳步扩张，9月25日保障山西省第500列中欧班列开行，助力中山西中鼎物流园—法国巴黎、山西中鼎物流园—土耳其梅尔辛2条线路顺利开行；大力推进“两步申报”业务改革，灵活运用保税功能，继续运用“中欧班列+保税入仓”模式办理中欧班列进口业务，帮助企业缓解资金压力；积极构建长效机制，严格落实《武宿海关支持中欧班列进出口业务“三专四优”通关服务机制》，逐项推进12项具体推进措施，节假日受理预约通关39次，全力压缩货运整体通关时间，及时保障欧洲云杉原木等高价值货物顺利入境。

【正面监管】2021年，武宿海关审慎防范不实贸易风险。制定《武宿海关对集成电路加工企业监管方案（试行）》，加强对集成电路加工企业事前审核、事中监管和事后监控。全程指导入区电子产业加工贸易项目。严格实货监管、促进合规经营，对区内电子企业开展实地盘查。加强与职能处室联系配合，及时汇报业务运行情况，落实正面监管要求，形成内部防范合力；加强与地方相关部门沟通联系，共享综合保税区规划及入驻企业信息。

加强事前审核，对涉及冷冻肉品等进出区货物，在单证审核环节加注标签，实行台账化管理，及时通报查检科强化实货监管，建立《冷冻肉品进出区记录台账》，确保每一批进区冷冻肉品“可溯源、已消毒、全监控”。

▲2021 年 2 月 9 日，武宿海关关员监管进口冷冻肉品

严格按照操作指引和相关规定要求开展进境粮食监管工作，对企业运输情况、仓储条件、加工条件、检测条件进行了细致检查，对进口大麦中的杂草籽进行抽样检测，全年未在进境粮食中发现检疫性有害生物。在动植处指导下开展进境植物疫情应急处置演练，有效提升人员应急处置能力水平。现场查验过程中，重点对进口商品木质包装、夹层和空隙进行检查，严防外来生物入侵。严格贯彻落实食品安全“四个最严”要求，对辖区进出口食品、化妆品企业开展专项检查和日常检查。

【打击跨境电商进口走私“断链刨根”专项整治】2021 年，武宿海关聚焦重点任务、明确责任分工，成立企业验核、场地管理及实货监管、风险研判、贸易调查及核查 4 个工作组，细化形成 22 项具体工作任务。建立专项整治工作台账，形成“日记录、周总结、旬汇报”的工作机制。紧盯苗头风险，切实促进辖区跨境电商业务规范运行。针对专项整治发现问题，梳理形成《武宿海关关于规范跨境电商业务告知书》，通报典型案例，明确监管要求。

【政务管理】2021 年，武宿海关积极做好外宣工作，全年撰写并采用外宣稿件 13 篇，先后被中央电视台、山西省科教频道、“海关发布”、“中国海关”强国号、《中国国门时报》、《山西经济日报》、《太原晚报》等媒体平台采用。其中，在 8 月 7 日播出的《新闻 30 分》《新闻直播间》《新闻联播》分别采用了武宿海关保障中欧班列太原—土耳其（梅尔辛）首班开行的两条视频片段及时调整政府信息公开领导小组和监督领导小组，主要领导亲自抓，分管领导抓具体，将政府信息公开工作列入年度重点工作之一，与年度目标任务同谋划、同部署、同要求。召开专题会议传达学习《国务院办公厅关于全面推进基层政务公开标准化规范化工作的指导意见》等重要文件，研究、部署、推进全关政府信息公开工作，积极学习其他部门单位的基层政务公开先进经验，对标先进标杆，主动探索创新。按照相关要求，确定1名负责同志履行武宿海关政府信息公开领导职责，指定专人负责本关政府信息公开日常工作，各科室设置1名对口信息兼职上报人员，按时报送政府公开信息相关事项和数据，严格做好政务公开申请登记、办理、答复以及相关内容的涉密审查、记录归档等工作。严格执行关于主动公开的规定和要求，推动公开内容进一步聚焦重点政务信息，公开方式更加统一规范。

【督查内审】2021年，武宿海关加强内控机制建设，召开内控专题会议，对执法领域和非执法领域潜在风险进行认真分析，明确具体内控节点，及时分析排查风险隐患。对授权人员进行重新梳理，要求授权人员将每日登录相关系统作为常态工作任务，及时处理系统提示警示信息，增强风险防控主动性、针对性，加强内部风险管控。

召开2次党委专题会、2次审计整改推进会，学习传达关领导指示精神，传达关领导关于武宿海关审计报告的批示要求，对审计发现的问题进行深刻检视反省，成立审计整改领导小组，按照巡视整改的方法步骤开展审计整改，制发审计整改工作方案，对指出的13项问题进行举一反三全面整改，确保高标准高质量完成审计整改工作。

【党风廉政建设】2021年，武宿海关修订印发《中共武宿海关委员会工作规则》《武宿海关贯彻落实“三重一大”决策制度实施细则》等党委工作制度和《武宿海关党委全面从严治党主体责任清单》，进一步规范党委议事规则和决策程序，推动党委班子严格落实全面从严治党6方面18项主体责任。组织2次党委会议专题研究全面从严治党工作，第一时间组织落实上级党委全面从严治党工作会议要求，细化认领的4方面48项全面从严治党工作重点任务全部完成。用好监督执纪“四种形态”特别是“第一种形态”。

严格落实中央八项规定及其实施细则精神。聚焦“四风”突出问题，积极运用监督执纪“四种形态”特别是“第一种形态”，切实掌握党员干部思想动态、工作表现、生活作风，对干部身上出现的苗头性、倾向性问题，运用“第一种形态”早提醒、早纠正，抓早抓小，防患未然。外勤工作中严格执行廉政反馈制度、“一事双析”制度。扎实开展廉政警示教育月系列活动，坚持每月“廉政教育日”学习，组织党纪党规集中学习，学习违反中央八项规定精神和“四风”问题典型案例，强化案例警示教育，观看《零容忍》等警示教育片、开展执法关员家属座谈，引导全员以案为鉴，知敬畏、存戒惧、守底线。持续加大对酒驾醉驾问题的教育提醒，推动单位、家庭、个人三方联防联控联治。

【“精品海关”建设】2021年，在太原

海关党委的领导下，武宿海关深入贯彻“打造‘小而严、小而实、小而优、小而新’的内陆精品海关”治关理念，聚焦“素质精良、执法精准、服务精心、管理精细”的“精品目标”，全关上下齐心协力，推动“精品海关”理念在基层一线生根发芽、开花结果。武宿海关成立由“一把手”任组长、分管领导任副组长、相关科室负责人为成员的领导小组，紧盯“精品海关”建设关键节点，举全关之力打造“精品海关”。武宿海关党委结合队伍建设、辖区发展等实际，制定出台武宿海关精品海关建设方案，先后确立“党建引领”“综合改革新高地”“凝心聚力”3项精品工程。党建引领工程，从政治建设、思想建设、组织建设、作风建设、纪律建设、制度建设等六方面拟定细化推进措施；征求全关人员意见建议，确定武宿海关党建品牌标识，使品牌创建工作更加形象化、具体化。总结提炼党支部“134”工作法，即聚焦1项核心任务，促进综合保税区“高水平开放、高质量发展”；着力提升3项本领，提升政治理论武装头脑的本领，提升依法把关有效监管的本领，提升优化服务助力经济发展的本领；着力深化4个重点方向，即贴近党员思想倾力队伍建设、贴近业务改革注重落实落细、贴近企业需求着力优化服务、贴近形势发展积极先试先行。综合改革新高地工程，立足辖区发展实际，重点推进了中安融和特色食品生产加工项目、山西综合保税产业经济城项目、禧佑源航空科技再制造项目、进境水果和冰鲜水产品指定监管场地建设、华远陆港跨境电商新零售业务，持续协调推进跨境电商一般进口、直购出口（9610）、企业对企业（9710、9810）等业务模式。凝心聚力工程，持续推动队伍思想融合、文化融合、感情融合，增强海关职业认同感和荣誉感，进一步激发队伍生机与内部发展活力，确保达到“1+1>2”的效果。

培树精品科室、精品岗位。根据武宿海关承办精品工作涉及科室职能划分实际，将武宿海关党委书记、关长定为第一责任人，将党委委员、副关长定为主要责任人，将武宿海关综合业务科选为全关精品科室主办部门，办公室、查检科选为协办部门，将办公室、综合业务科、查检科各一个岗位选为精品岗位，同时对培树对象实行“三定”工作法，即定岗、定责、定事，深入总结提炼、厚植精品理念、强化精品引领、持续巩固提高，确保全关形成精品工作建设整体。

（撰稿人：杨　波）

大同海关

【概况】大同海关建于2002年，辖区范围为大同市（稽查承担大同市和朔州市稽查管理职责）。下设办公室、综合业务科、查检科、稽查科、旅检科，另有太原海关技术中心（大同分中心）。

2021年，大同海关以政治建设为统领，全面深化从严治党，统筹疫情防控和促进外贸稳增长工作，坚持底线思维，增强风险意识，稳中求进，攻坚克难，圆满完成了各项工作任务，巩固扩大了“精品海关”建设成效。大同海关主要承担进出口商品检验、进出口食品安全监管、动植物检验检疫、征收关税和其他税费、查缉走私、卫生检疫等多项工作，有力促进了地方外向型经济发展，大同市全年进出口货物贸易额达69.69亿元，占全省进出口货物贸易总额的3.12%，全省排名第三，同比增长74.9%，增幅全省排名第一；其中进口23.52亿元，全省排名第五，同比增长255.2%，增幅全省第一；出口46.17亿元，全省排名第二，同比增长39%，增幅全省第六。一般贸易进出口33.58亿元，同比下降0.9%，占大同市外贸总值的48.2%；保税物流进出口36.08亿元，同比增长506.6%，占大同市外贸总值的51.8%。进出口货物贸易产品中，电机电气设备、光学及检验设备、机化学品、家具、肉等产品进出口增长迅猛，同比涨幅均达数倍。进出口集成电路9.5亿元，占大同市外贸总值13.6%，进出口光学及检验设备9.2亿元，占大同市外贸总值13.3%。

年内，大同海关获得2020年度省直文明单位标兵、2020年优秀处级单位、2020年山西省文明单位荣誉，精神文明创建工作成效显著。在新冠肺炎疫情防控工作中，1名同志被太原海关记个人三等功，3名同志被给予个人嘉奖。在“精品海关”建设过程中，大同海关被评为先进集体，1名同志被评为先进个人，受到太原海关表彰。

【党的建设】2021年，大同海关持续加强政治建设，坚决筑牢思想根基，将习近平新时代中国特色社会主义思想、习近平总书记的重要讲话和重要指示批示精神作为“第一议题”，第一时间深入领会精神实质，研究部署贯彻落实，年内共开展

“第一议题”学习44次，研讨发言48人次。大同海关以党的政治建设为统领，扎实开展党史学习教育，努力走好“两个维护”第一方阵，组织各党支部学习《论中国共产党历史》《中国共产党简史》等党史书籍，全年党总支和各支部开展党史学习教育专题党课及宣讲41次，开展支部书记“微党课”视频创作活动，综合业务科党支部制作的“微党课”入选总署“海关微课堂系列”视频展播；各党支部高质量组织召开党史学习教育专题组织生活会，并组织开展强化政治机关意识专题研讨活动；开展“我为群众办实事”实践活动，梳理重点民生项目13项，涉及国门生物安全、优化营商环境、为基层干部职工办实事等方面，切实解决了群众的急难愁盼问题。

2021年，大同海关持续加强基层组织建设。完成7个党支部的换届改选，开展好“三会一课”，召开党员大会7次，党委会18次，开展支部书记讲党课25次，开展主题党日活动12次。落实“支部建在科上”要求，深入推进“强基提质工程”，“擦亮党建品牌”，7个党支部全部创建党建品牌。综合业务科党支部“同关同兴、久久为功”党建品牌，被评为全国海关党建示范品牌，被评为先进基层党组织。开展学党章遵党规守党纪研讨活动1次，开展《党支部标准化规范化建设实用手册》培训1次。为新提任科级干部开展专题培训7期，新创建精品科室2个和精品示范岗位6个。开展支部帮扶共建活动，查检科党支部与总署离退休干部局通过视频连线交流党建工作，综合业务科党支部与大同技术分中心党支部开展帮扶共建活动，共同宣传海关最新政策，为基层党支部党建业务融合提供了有益探索。

【党风廉政建设】2021年，大同海关持续加强党风廉政建设。常抓廉政警示教育，年内共开展各种警示教育10次、开展警示教育月活动1次、召开廉政形势分析会4次、廉政工作例会2次、廉政党课1次，及时传达学习违法违纪典型案例，用身边事教育身边人，抓早抓小，防微杜渐，进一步筑牢廉政思想防线。深入推进“现场监管与外勤执法权力寻租”专项整治工作，召开推进会部署整治工作5次，组织开展“现场监管与外勤执法权力寻租”纪法教育与警示教育专题学习活动1次；开展廉政风险自查，并组织一线工作人员全员撰写专项整治心得体会，深入防范廉政风险。加强公务用车管理，对2018年以来的车辆使用记录开展自查，针对发现的问题及时整改；研究制定公务用车管理制度2项，从根本上降低廉政风险。

【巡视巡察整改工作】2021年，大同海关扎实推进巡视整改工作。制订了《大同海关党委关于对总署党委第二巡视组巡视太原海关反馈意见相关内容整改的方案》和《大同海关党委巡视整改清单》，对4方面15项整改内容30个主要问题制定60项具体整改措施，年内60项整改措施销号完成54项，其中1项未到期和5项“中长期坚持”措施正在积极推进中。

【队伍管理】2021年，大同海关加强对干部职工的管理，组织开展平时考核、年度考核，发挥激励导向作用；加强对疫情防控一线人员的关心关爱，对参加疫情一线工作人员给予职级晋升政策的倾斜；严格规范领导干部配偶、子女及其配偶从业行为。持续优化人力资源配置，加强队伍建设，着力解决人员短缺的问题，与忻州海关、运城海关、朔州海关开展协作执法，并与朔州海关成为执法协作区，协商确定执法协作事项。持续参加太原海关各条线培训，提升理论水平和实操技能，不断提高干部队伍素质与专业水平。

【法治建设】2021年，大同海关广泛开展法治宣传活动，组织开展“美好生活·民法典相伴”“8·8”海关法治宣传日“12·4”国家宪法日等专项法治宣传教育活动；通过“4·15”全民国家安全教育日、“6·5”国际环境日等契机，推进国门生物安全宣传，采取进社区、进校园、进企业等方式，向大同市广大市民介绍外来有害生物种类、危害、防范措施及进出境法律法规，在国门生物安全教育宣贯中取得了良好的效果；开展“全国疟疾日”宣传、知识产权宣传活动、食品安全宣传等活动，落实“谁执法谁普法”普法责任制，做好普法工作。

【业务改革与发展】2021年，大同海关坚决落实总署削减进出口环节审批事项、规范审批行为，简化通关流程环节，强化监管优化服务，提高通关效能，提升贸易便利化水平。引导企业实施“两步申报”“提前申报”“汇总征税”等便利化措施，进口整体通关时间较2017年压缩94.99%。推行“证单电子化”，启动入境货物检验检疫证明电子化服务，5月21日，大同市中银纺织科技有限公司拿到了电子版“入境货物检验检疫证明”，这是大同市企业首次申报，也是山西省开出的首张电子版“入境货物检验检疫证明”，为企业降低了通关成本；推行原产地证书自助打印，年内签发的原产地证书中自助打印占比51.4%，降低了通关环节的制度性成本。

根据新冠肺炎疫情发展形势，大同海关出台专门政策，优先保障防疫物资快速通关，印发《大同海关进口疫情防控物资通关保障实施方案》，报关大厅设立进口疫情防控物资快速通关专用窗口及农产品、食品进口绿色通道，对进口防控物资实行“7×24小时”预约通关。

【卫生检疫】2021年，大同海关积极承担抗击新冠肺炎疫情责任，派员80余人次支援太原机场海关监管分流航班任务，实现“打胜仗、零感染”目标。坚持联防联控、关地合作，与大同市政府相关部门合作建立健全口岸传染病转运移交等闭环管理长效机制。制订了《大同海关关于制定云冈机场新冠疫情防输入卫生检疫工作预案》《大同海关全面加强冬春季新冠肺炎疫情防控工作实施方案》，修订了《大同海关关于制定云冈机场新冠肺炎疫情防输入卫生检疫工作预案》。

积极开展辖区国门生物安全监测工作，结合大同市气候地理条件和进出口业务实际，根据总署要求及上级部门安排，有针对性地开展入境口岸监测调查和重点项目检疫性实蝇监测。根据实施方案，5—10月，在大同云冈机场周边2公里范围内，运用人工样线调查法等方法开展了外来有害生物监测普查；在进出口货物集散地周边地区、果蔬种植基地等实蝇传入或发生风险较高的地点设置诱捕器进行监测，监测期内均未发现检疫性实蝇和其他外来有害生物。密切关注国外疫情疫病动态，密切跟踪关注境外非洲猪瘟、高致病性禽流感、疯牛病、沙漠蝗等疫情疫病动态，及时提醒辖区企业密切关注，并采取相应防范措施。完成好大同航空口岸病媒生物本底调查，摸清大同航空口岸外来生物情况并做分析总结，保护大同市农林牧渔业生产、生态文明建设和人民群众健康。

全面落实关区口岸卫生监督工作计划和口岸食品安全监督抽检计划，加强对国境口岸、经营单位的卫生监督，督促企业落实主体责任，切实保障国境口岸公共卫生安全。全年完成4次饮用水的卫生监督抽取工作，检测结果均为合格。

【动植物检疫】 2021年，大同海关加大检疫查验力度，严防动物疫病疫情传入传出风险，筑牢口岸动物检疫防线，维护辖区国门生物安全。进境原羊毛属高风险非食用动物产品，在应对新冠肺炎疫情的同时，针对进境羊毛来源地特点，对进境羊毛实施严格目的地事中检查，在保障进口羊毛通关速度的同时，强化对进境原羊毛中有害生物的检疫工作。4月6日，经大同海关检疫合格，大同市中银纺织集团有限公司生产的15.2吨羊毛脂顺利装运，经天津出口日本，这是大同市也是山西省羊毛产品首次出口海外。大同海关对辖区1家注册供港澳活牛育肥场开展供港活牛的疫病监测工作，未发现疫情。年内派员协助多个隶属海关开展动物检疫业务执法，协助运城海关对2批出境宠物实施检疫并签发证书；协助忻州海关对1批供港活牛实施检疫并签发证书；协助朔州海关开展出口动物源性食品原料养殖场疫情监测情况现场调查，保障上述动检业务的顺利完成。

▲2021年11月9日，大同海关关员在进境原羊毛指定加工厂对进境原羊毛实施目的地检查

根据总署《2021年度进出口食用农产品和饲料安全风险监控计划》要求，出境饲料按照“一厂一品一案”监管模式制定监管方案，结合企业出口业务实际情况，对辖区出口鸟食实施了安全风险监控，结果均为合格。

【食品检验检疫】2021年，大同海关严格按系统指令要求对进口食品实施进口目的地检验，保障进口食品质量安全。开展进口食品专项整治工作，实地检查辖区备案进口食品进口商的进口和销售记录，核查企业是否在备案的经营范围经营，需备案的进口食品是否来自备案的国外生产企业生产，是否存在违法违规进口食品的情况等相关工作等。强化演练提升食品安全监管能力，制定《大同海关查检业务工作人员疫情防控突发安全防护事件应急处置预案（试行）》《大同海关食品条线新冠肺炎疫情防控应急演练（桌面推演）方案》，并进行桌面推演。

按照“四个最严”要求落实食品安全监管责任，根据风险分析制定监管计划，按计划对出口食品生产企业和原料种植场实施严格监管，严格按系统指令要求对出口食品实施出口前监管，保障出口食品质量安全。加强对出口小杂粮检疫处理工作的监管，仔细审核检疫处理单位的处理方案，确保方案的有效性；对检疫处理的过程进行监管，要求检疫处理人员做好人员防护，严格按照处理规程开展工作。

【商品检验】2021年，大同海关开展进出口商品质量安全风险监测，保质保量完成商品检验工作。

【口岸监管】2021年，大同海关多次与大同市口岸办、大同机场有限责任公司研究协商，对旅客通关作业场地布局规划、查验设施设备配置、业务技术用房建设等环节进行优化；加强与市口岸办、住建局、大同机场、市疾控中心等地方联检机构合作机制；对旅客通关作业场地、音视频采集系统、联检大楼装修等问题进行整改。11月17日，山西省口岸办组织的验收工作组对照航空口岸验收标准对大同机场航空口岸旅客通关集中作业场地等进行了验收，并与大同市政府签署验收纪要。助力大同航空口岸顺利完成口岸正式开放省级预验收工作，将继续加强与地方政府、大同机场、联防联控联检单位沟通协调，畅通工作机制，落实中央“外防输入、内防反弹”疫情防控方针，高标准完成大同航空口岸通关作业场地与疫情防控体系建设，提升大同航空口岸应急处置能力。

【企业管理和稽查】2021年，大同海关加强企业认证政策的宣传和服务，积极开展企业认证、企业培育等各项工作，不断提升服务质量。深入开展企业调研，了解企业培育需求，制定“一企一策”；加强政策宣讲，开展“送政策上门”活动，现场解答企业疑问，同时加强对外宣传工作，积极在新媒体上宣传AEO认证相关惠企政策；认真做好企业培育，切实提升企业认证服务质量，电话沟通联系企业3次，现场宣传培育企业1次。目前大同首家

AEO 高级认证企业已经培育成功，还有一家企业正在 AEO 认证培育中。

2021 年，大同海关承担着同朔两地的稽查、大同关区核查职责。及时向企业宣传“互联网＋稽核查”作业模式，减少实地下厂频次，通过数字化手段提升后续监管治理能力。

【查缉走私】2021 年，大同海关缉私分局把习近平总书记对打私工作的指示批示精神作为根本遵循，提高政治站位，强化责任担当，全力推动打击走私工作任务有效落实。保持高压严打，强化专项打击，聚焦“国门利剑 2021”联合专项行动总体目标和打击重点，研究制定辖区打私具体举措，细化任务，明确责任，重点对“洋垃圾”、象牙等濒危物种及其制品、重点涉税商品、涉枪涉毒、农产品等走私以及防疫物资、疫苗非法出境进行打击，有效维护了国门安全和人民群众的身体健康。

依靠地方力量，强化综合治理，推动大同市政府建立起由 30 多个成员单位参与的“大同市打击走私综合治理联络员制度”，将打私触角延伸到县、区基层。全年大同海关与地方 5 家单位签订打私合作协议，开展联合活动 19 次，其中联合大同市公安局、文物局、邮政管理局、税务局、烟草局针对重点商品、重点渠道开展了综合整治。

【对外开放平台建设】2021 年，大同海关把大同国际陆港保税物流中心（B 型）的发展列为年度重点工作，强化监管优化服务，做好疫情防控工作的同时，充分发挥政企沟通“连心桥”和上传下达“牵线人”的作用，及时帮助企业解决难点、堵点。6 月 10 日，经过前期周密安排部署与现场沟通指导，大同国际陆港保税物流中心（B 型）迎来了自验收成功后首辆入中心集装箱货车，这是大同市首票通过保税物流中心进出的货物。

2021 年，大同海关积极推动中国（大同）跨境电子商务综合试验区建设发展，助力大同市外向型经济向更高水平迈进。1 月，配合市政府完成跨境电子商务综合试验区建设项目调研工作；7 月 30 日，为企业宣讲了海关跨境电商贸易相关法律法规和企业备案流程，鼓励企业开展新业态的同时强调守法、合规的重要性；8 月 31 日，大同海关首家跨境电子商务备案企业申报的首批跨境电商 B2B 出口（9710）货物成功报关出口日本，实现了跨境电商新业态零的突破；10 月 14 日，邀请多名全国海关的跨境电商业务专家、阿里巴巴集团跨商业务总监及大同市跨境电商企业代表座谈交流。年内大同海关共完成 5 家跨境电商企业备案，备案过程中指派专人跟进，全程跟踪指导，为企业提供“一对一”个性化服务，及时解决企业在备案、申报、通关过程中的问题。11 月 8 日，大同海关为 1 家公司办理了跨境电商出口海外仓业务模式（9810）备案相关手续，该公司成为山西省第 5 家跨境电商出口海外仓业务模式备案企业。年内抽调精干力量，详细开展调研分析，走访多家企业，认真总结目前大同市发展跨境电子商务的状况和存在的不足，并给出了针对性的建议，所撰写的政研课题论文获得太原海关政研课题二等奖。

2021 年，大同海关积极推动“北肉”平台建设，积极指导辖区企业开展进口肉类贸易，解答企业在进口肉类贸易方面的问题，解决企业遇到的困难。向企业宣贯进口肉类产品相关法律法规及要求以及“船边直提”等最新优惠政策，促进辖区企业进口肉类业务大幅增长。

【政务管理】2021 年，大同海关正式发文 82 份。收到依申请公开信息 2 条，均按照要求依程序及时作出答复，均予以公开，未发生因政府信息公开被信息申请人申请行政复议、提起行政诉讼的情况。信息宣传工作稳步推进，宣传稿件被省部级以上媒体采用 18 篇。

【财务管理】2021 年，大同海关按时完成税收的核销与统计工作，定期完成对账工作，在使用关、库、银联网核销税收入库时，及时与国库联系沟通，保证税收及时入库，努力提高入库率。

【科技发展】2021 年，大同海关开展好科技领域安全工作，严格记录进出机房人员情况，规范机房出入人员的管理，严格填写《大同海关机房安全巡查出入记录》《外单位人员出入机房审批表》《大同海关机房人员出入记录》，保障机房视频监控系统正常运作，确保全天候、不间断监控。

【督查内审】2021 年，大同海关接受经济责任审计，积极配合，提前开展自查自纠，如实提供相关资料，保障审计工作顺利结束。进一步加强内控建设。召开内控工作例会 4 次，开展、参加内控工作培训 2 次，严格落实内控通报机制，定期通报评估内控及“新海廉”平台应用情况和绩效，建立落实“工作通报考评”工作机制，将提升内控工作应用成效列入重点工作之中。大同海关及时根据总署、太原海关要求制定本关相应的制度规范，切实推动内部管理制度的立、改、废工作，切实做好内控规章制度的建设工作。年内，大同海关共制定、修订内控管理制度 7 份。

（撰稿人：刘小丰）

临汾海关

【概况】临汾海关前身为2002年设立的侯马海关，2019年1月更名挂牌，辖区范围为临汾市。下设办公室、综合业务科、查检科、保税监管科。

2021年，临汾海关坚持以习近平新时代中国特色社会主义思想为指引，以“五关”建设为主线，以“精品海关”建设“巩固年”工作为抓手，认真贯彻落实总署、太原海关党委决策部署，统筹新冠肺炎疫情防控和服务经济发展任务，担当履责，主动作为，各项工作取得较好成绩。全年临汾海关统计岗、会计岗、综合业务岗等9个岗位获太原海关精品岗位，办公室、查检科、综合业务科获精品科室，临汾海关荣获精品海关建设先进集体，“奋楫者先”继续被评为总署党建培育品牌和关区党建示范品牌，临汾海关连续获评省级文明单位和省直文明标兵单位。

【党史学习教育】2021年，临汾海关扎实推进党史学习教育活动，做到规定动作有序开展，创新动作凸显特色。党委书记、党委委员、各支部书记以党的光荣历史和伟大实践等内容为主题，为支部党员讲授党史学习教育专题党课；组织全员参加线上党史知识学习和竞答、演讲活动，以赛促学、以学促干；开展红色观影活动，先后组织党员干部观看《建党伟业》《长征》《刘胡兰》《悬崖之上》等红色主题电影，汲取忠诚担当的信仰力量；开展“赞歌献给党”主题活动，拍摄了《祖国不会忘记》红歌视频短片，在“中国海关”强国号刊发；开展红色革命教育现场体验教学，组织全体党员干部到彭真故居开展红色教育，重温入党誓词，回顾红色历史，传承革命精神；组织前往景明烈士陵园开展“追思革命先烈”清明祭扫活动，深切缅怀致敬革命先烈；组织青年党员参观“庆祝建党100周年书法展”，在笔墨丹青中启迪智慧、砥砺品格；与太原关扶贫工作联系点恶虎滩村党支部联合开展“七一话党恩”党建共建活动，体会党领导下脱贫攻坚取得的伟大成就，进一步增强对党的感情。结合实际开展了习近平总书记“七一”重要讲话精神和十九届六中全会精神的学习，组织开展了多轮次学习研讨，参加了总署、太原海关机关的宣贯会，党委书记、各支部书记分别在总支层面、支部层面作了专题宣贯。扎实开展了“我为群众办实事”实践活动，围绕“国门安全工程、便民利企工程、暖心聚力工程”确定的10个项目32项具体措施已全部完成。

【党的建设】2021年，临汾海关党总支下辖办公室党支部、综合业务科党支部、查检科党支部、保税监管科党支部4个科室支部，党员24人。围绕总支“领航舰”党建品牌，打造了办公室“笃行致远”、综合业务科“奋楫者先”、查检科“亮剑护航”、保税监管科“扬帆先锋”4个子品牌，形成一轴四极党建布局。在关区“七一”表彰中，临汾海关党总支被评为优秀基层党组织，1名同志被评为优秀党务工作者，1名同志被评为优秀党员。

【巡视巡察整改工作】2021年，临汾海关坚决贯彻落实上级党委重大决策部署，完成迎接总署第二巡视组对临汾海关的延伸巡视，完成迎接太原海关“海关业务证书授权签证人管理”专项巡察，组织开展了业务和财务管理专项自查工作。扎实推进巡视整改，强化督办，挂账销号。截至10月份，围绕11个领域查发问题19个，制定整改措施51项，全部整改落实。同时，坚持制度发力管长远，共修订制发《临汾海关贯彻落实“三重一大”决策制度实施细则》《临汾海关公务用车管理办法》等8项制度11个工作方案，形成用制度管人管权的良好机制。

【队伍建设】2021年，临汾海关坚持党管干部原则，突出政治标准，加强业务培训，2名同志通过司法资格考试，5名同志分别获得危险化学品监管和核查作业相关资质。

【法治建设】2021年，临汾海关坚持严守国门安全，深化依法把关，营造依法监管从严把关法治环境。认真落实谁执法、谁普法要求，组织开展普法进社区、进学校、进企业宣传活动，开展了《中华人民共和国海关行政许可管理办法》（以下简称《海关行政许可管理办法》）、《中华人民共和国海关进出口货物减免税管理办法》、《生物安全法》、《行政处罚法》宣贯，营造良好执法环境。聘请法律顾问，对执法、合同事项进行法律指导，确保实现法无授权不可为，法定职责必须为，干部职工法治素养稳步提升。

【业务改革与发展】2021年，临汾海关坚持改革强关，推动职能发挥，把改革作为工作发展的重要引擎。全力推广“两步申报”“两段准入”等业务领域改革，实施提前申报、电子支付、无纸化证单等措施，不断提升办事效率，“单一窗口”主要业务应用率达100%。与临汾市商务局、税务局、外汇局、市场监督管理局等多部门分头签订相关合作机制7个，推动信息共享，加强沟通协调。探索执法改革，印发《临汾海关、临汾市市场监督管理局、国家税务总局临汾市税务局关于对出口商品生产企业开展联合“双随机、一公开”抽查检查的通知》，在核查领域初步构建联合执法、信息共享的工作机制。用足用好海关认证企业、原产地证签证、减税降费、首问负责制、一次性告知制、关企联络员等利企便民政策措施，因企施策、跟踪问效，在推动报关回流的基础上，让企业充分享受改革红利；印发《临汾海关进一步推进优化口岸营商环境、服务临汾构建对外开放“新高地”的通知》，会同临汾市市场局、金融办、发改委与12家重点企业进行座谈，做好RCEP政策宣讲。

【特殊监管区域管理】2021年，临汾海关推动自贸区经验措施复制在辖区落地落实，推动方略保税物流中心开放平台作用发挥，为申建综合保税区奠定基础。保障疫情后辖区的两趟中欧班列顺利发行。组织临汾市商务局、方略保税物流中心参加太原海关跨境电商座谈交流会，结合职能撰写了《推进临汾市跨境电商发展工作报告》上报临汾市政府提出工作建议。结合职能加强对保税物流中心优惠政策的宣传，制定宣传工作方案，要求各科室利用下厂监管、电话联系等方式，开展政策宣传，累计向辖区4家重点企业开展政策宣传，帮助保税物流中心拓展业务。

【风险管理】2021年，临汾海关重点关注涉检业务、重点行业、敏感商品风险，通过各种渠道主动发现辖区企业存在的风险并作出相应处理；结合巡视整改及业务大检查排查业务领域存在的风险隐患，并按规定进行整改；指定专人做好税收征管指标监控、加强属地纳税人管理及税收风险信息收集报送，充分利用“新海廉”系统、可视化监控平台等系统加大风险分析力度，圆满完成全年考核指标。

【原产地管理】2021年，临汾海关大力推广原产地证书自助打印、智能审核等改革措施，借助微信群专题讲解原产地证智能审核、证书填制说明、申报端要求等内容；对外公布24小时咨询电话，及时回复进出口企业相关疑问；新冠肺炎疫情期间，采用“互联网＋海关”办公模式，通过电话、微信、网络等方式办理业务，结合企业实际需求提供证书邮寄服务。

【卫生检疫】2021年，临汾海关严格落实总署、太原海关、省市各级防控工作要求，关注进口冷链食品和进口高风险非冷链集装箱货物，与市场监督管理局建立信息共享机制。落实好常态化疫情防控措施，全员完成加强针接种，做到应接尽接；轮班派员支援机场航空口岸进行入境航班监测。

【动植物检疫】2021年，临汾海关组织开展“国门绿盾2021”和国门生物安全监测，加强对进出境货物及运输工具的监管和检疫查验，防范外来有害生物入侵和重大动植物疫情传播。强化地方政府部门和生产企业种植源头管控，确保出口农产品质量安全。完善动植检重大疫情风险预警制度，修订了《临汾海关进出境重大植动物疫情应急处置预案》，建立健全本关辖区动植物检疫和外来物种入侵口岸防控跨部门协调机制，与临汾市农业农村局建立了《关于促进临汾市外向型农业发展合作机制》，与临汾市规划和自然资源局建立了《关于临汾市林业和草原有害生物防控合作机制》；主动收集境内外植物疫情动态信息和检疫政策信息，全年共收集、上报境外动植物疫情动态信息42条。

▲2021年12月3日，临汾海关关员对出口加拿大的玉露香梨进行现场查验

【商品检验】2021年，临汾海关持续强化进出口危险品及其包装检验监管工作，建立《临汾海关进出口危险化学品库》《进出口危险化学品生产经营企业库》；制定了《临汾海关进出口危险化学品突发事件应急处置预案》；同时多渠道进行政策宣贯，利用日常监管机会主动送策上门，线上线下大力进行《安全生产法》、进出口危险货物及其包装检验不合格典型案例及进出口危险品检验监管政策等宣贯，多方面严把危险化学品进出口安全关，扎实做好辖区危险化学品企业的风险防控。严格落实出口危险化学品100%查验要求，有效规范了辖区危险品及其包装出口业务。规范开展进出口商品质量安全风险监测工作。

【统计分析及政策研究】2021年，临汾海关发挥统计职能，定期开展进出口情况分析，提升分析研判能力，为相关决策提供海关数据支持。

2021年临汾市实现外贸进出口总值30.7亿元，同比增长56.8%，较全省增速高8.5个百分点。其中出口29.7亿元，同比增长72.1%；进口1亿元，同比下降56.7%。临汾市进出口值在全省11个市中排名第7名，与2020年同期持平。

【查缉走私】2021年，临汾海关落实“利剑2021”“蓝天2021”专项行动要求，打击象牙等濒危物种及其制品走私、禁止“洋垃圾”进境。加强同地方政府部门、缉私分局的协同配合，尝试开展联合执法，促进企业规范经营。

【政务及后勤保障】2021年，临汾海关规范值班管理，确保值班应急渠道畅通，及时、有效、妥善地应对和处置各类突发事件。严格审核把关，提升公文质效。做好日常文秘档管理，做到及时传阅，督促落实。加强档案管理，按时完成了2020年度文书档案的收集、整理、归档工作，整理档案共计3盒40件，其中永久1盒23件，30年1盒11件，10年1盒6件。强化信息宣传，省部级以上报刊、新媒体刊发28篇。

按照相关要求，每日在税收系统中核

对关税、增值税数据，并和人民银行国库科核对当日入库税费金额、领取日报表，每月初去人民银行国库科领取月报表、完成国库对账工作并在税费系统中报送税收月报，按月完成税收会计月报打印、装订、归档工作，年底完成税收会计决算报表、与国库未达账项调节表、税费账户年终余额情况一览表、银行存款未达账项调节表的报送与装订。进一步落实“过紧日子”相关政策，克服困难、统筹安排、落实“保民生、保运转、保重点”的要求，克服了资金十分紧张的被动局面。

制定《临汾海关公务用车管理办法》，启用公务用车网上审批程序，加强公务用车管理，规范审批程序。疫情防控物资存量充足，建立了完备的防疫物资出入库台账并定期盘点，指定专人管理、专库存放，确保防疫物资皆符合相关标准或使用要求。

【科技发展】加大对信息化技术的投入，围绕内控子系统、协同平台建设、单兵设备的实操应用等开展能力提升活动，进一步提升执法科技支撑能力和规范化水平。内控系统实有维护建立科室节点 125 个，覆盖执法及非执法领域。助力海关实验室平台作用发挥，检测能力在隶属海关中排名第一。

【党风廉政建设】2021 年，临汾海关全面落实从严治党责任，坚持“一把手”负总责工作机制，加强对本单位党风廉政建设和反腐败工作的领导，用好监督执纪“四种形态”，特别是“第一种形态”的应用。加强对党员干部“八小时之外”的监督管理，抓好廉政教育，采取集中学习、警示教育、节假日提醒等多种形式进行廉政教育，及时发现苗头性倾向性问题，及时处理，把问题解决在萌芽。运用监督执纪“第一种形态”，营造了“治关必先治党、治党务必从严”的工作氛围。

（撰稿人：卫海明）

运城海关

【概况】运城海关建于2016年，辖区范围为运城市，是太原海关党委第三派驻纪检组派驻监督单位。下设办公室、综合业务科、查检科、稽查科、旅检科，另有太原海关技术中心（运城分中心）。

2021年，运城海关以习近平新时代中国特色社会主义思想为指导，深入学习贯彻党的十九届和十九届历次全会精神，认真贯彻落实中央、省市经济工作会议要求，以“五关”建设为指引，全面贯彻新发展理念，构建新发展格局，推动高质量发展；对标“素质精良、执法精准、服务精心、管理精细”目标要求，着力打造“精品海关”，奋力谱写运城海关建设社会主义现代化海关的新篇章，圆满完成了各项工作任务。把政治建设摆在首位，深入贯彻落实习近平新时代中国特色社会主义思想，以持续深入开展党史学习教育为主线，突出中国共产党成立100周年和十九届六中全会2个重要节点，系统跟进学习习近平总书记的系列重要讲话精神，积极营造政治机关建设的浓厚氛围。认真落实“第一议题”制度，坚持“第一时间”传达学习、“第一议题”研究部署、“第一责任”推进落实，全年共组织运城海关党委理论中心组学习17次、召开形势分析及工作督查例会12次、“第一议题”学习36次、开展集中研讨13次，围绕党史学习教育、巡视工作、疫情防控、安全生产、严禁“洋垃圾”入境、打击象牙等濒危物种走私、减税降费等共集中传达学习50余次，制定方案5份，应急预案5份，同时梳理总结问题清单和整改措施清单，持续跟踪问效。开展“蓝天2021”专项行动，开展固体废物专项行动和两轮进口再生金属行业专项稽查，对辖区原进口固体废物加工企业生产经营情况开展调研。坚决贯彻落实关党委关于安全生产有关工作部署，围绕安全生产工作共组织开展自查5次。党委突出政治引领，坚决维护国家安全和利益，主动扛起防范化解重大风险政治责任，加强统筹协调，保证业务平稳运行，从讲政治和全局的高度谋划工作，确保把关职责履行到位。

【党的建设】2021年，运城海关强化党委班子自身建设。制定《运城海关党委全面从严治党主体责任清单》《2021年运城海关建设清廉海关暨全面从严治党工作会议重点任务分解表》，确定责任事项101项，重点任务49项，全面加强党的建设；严守政治纪律和政治规矩，党委带头、以上率下，有效发挥“头雁”作用，带头严格执行民主集中制、请示报告制度，扎实开展党委规范建设专项整治，不断提升党委班子自身履职能力和水平。扎实开展党史学习教育，坚持学史和工作融合并举、融会贯通、整体联动。“我为群众办实事”实践活动中，运城海关7个重点项目25项具体措施已全部完成。完成中共运城海关总支部委员会和5个党支部改选换届工作，创建了各支部党建品牌，完善了支部阵地建设，提炼了工作法；确定5个党史学习品牌，完善工作法，在关区党史知识竞赛中荣获团体一等奖和最佳选手奖。

统筹发挥关党委的主导和党总支、基层支部在党建工作中的主体作用，积极构建人人参与、人人有责的党建工作新格局。严格落实“三会一课”制度，不断夯实党内组织生活等党建基础，严格规范做好支部党风廉政建设、党员教育管理，规范支部党建台账、会议记录等。年内各支部对照巡视发现问题，通过参训和运城海关党总支组织内部培训，交叉检查，自查等方式整改问题11项，标准化、规范化水平得到较大提升。

【“现场监管与外勤执法权力寻租”专项整治工作】2021年，运城海关围绕专项整治工作检查组实地检查反馈的意见和太原海关关于“现场监管与外勤执法”领域问题整改清单、廉政风险防控清单查找的10个问题，召开专题会议，对相关问题逐一分析，切实加强自查自纠和整改力度，做到举一反三，着力加强源头治理、深化标本兼治，全部整改到位。

【队伍建设】2021年，运城海关树立正确选人用人导向，充分激发干部干事创业的积极性、主动性，强化正向激励和教育引导。引导党员干部在疫情防控、稳定外贸增长等急难险重任务中发挥“主力军”作用，8名党员干部先后参与支援机场一线分流航班工作，其中6名同志因在疫情防控工作中表现突出获太原海关党委通报表扬，1名同志获得2021年度疫情防控工作个人嘉奖；在2021年太原海关机关党委“两优一先”表彰中，2名同志分别获得优秀共产党员和优秀党务工作者荣誉称号。

【巡视整改工作】2021年，运城海关成立巡视整改工作领导小组，细化整改落实主体责任，积极组织推动落实。建立实行整改周报、台账纪实、销账审核、监督通报等整改工作制度。共列出4方面16项36个问题，形成78项整改措施，已全部完成。同步开展的巡视整改“1+5”专题讨论和专项整治也如期完成。巡视整改期间共制定形成全面从严治党责任清单等制度类4个，优化营商环境实施细则、支持“南果”平台等举措类2个，建立完善内控机制、巡视巡察整改等机制类7个，进一步巩固了巡视整改成果，推动形成长效机制。

【业务改革与发展】2021年，运城海关制定贯彻落实“十四五”海关发展规划具体举措；落实“多证合一”“注销便利化”改革；积极开展“两步申报”业务。采用电子支付完成税款缴纳，新一代电子支付率100%。加强政策研究和统计分析，全年共报送运城外贸形势分析和果业发展分析11期，其中1期获省领导批示。贸易便利化。积极落实服务RCEP促进山西外向型经济发展10项措施，运城海关在RCEP生效当日签发山西省首单原产地证书；建立运城海关进一步推进优化营商环境实施细则，与市商务局共同走访重点企业4家，联合召开业务培训2次，参与企业100余家；持续巩固压缩通关时间，年内进口报关单整体通关时间为8.11小时，低于关区平均整体通关时间。强化综合治税。在应收尽收提高税收质量的同时，为企业做好减税降费相关工作，办理减免税年报审批，开具征免税证明，减免两税合计792.0万元。

【口岸监管】2021年，运城海关对标《运城海关关于航空口岸正式开放验收（或开航）的要求（标准）清单》并结合巡视整改要求，逐项对号落实，现通道、办公区基础建设、核心功能区建设已全部到位。9月26日，通过运城市政府组织的运城航空口岸市级初验，并做好省级预验收前各项准备和对接工作。

【支持“南果”平台建设】2021年，果汁、果蔬制品出口批次、数重量、货值均同比增加；水果出口品种、国家（地区）均有突破，水果品种新增西瓜，累计达到13种；出口国家（地区）新增埃塞俄比亚、意大利，累计达到75个；助力服务运城会展经济并积极指导运城市成立山西运城农产品出口平台有限公司，加快辖区自营贸易发展。

▲2021年11月12日，运城海关关员现场查验出口水果

【法治建设】2021年，运城海关持续完善内部制度建设，结合巡视整改健全完善“长久立”的制度规范，形成长效机制，解决打基础、利长远的问题，制修订非执法领域规章制度13项，健全完善机制类7个，编写运城海关执法领域及非执法领域岗位操作手册，涵盖全关工作岗位101个、具体职责330项、工作依据570个，实现规范化、标准化、精细化、可操作目标。贯彻落实“七五”普法规划，开展国家安全教育日、知识产权宣传周、海关法治宣传日等活动，将普法融入执法，营造尊崇法治、厉行法治的浓厚氛围。

【督查内审】2021 年，运城海关健全机制规范权力运行。建立健全运城海关内控工作领导小组；组织修订《中共运城海关委员会工作规则（试行）》《运城海关“三重一大”决策制度实施细则》，严格规范决策制度、决策程序、决策行为，严格执行重大事项请示报告制度，民主集中氛围、民主决策水平以及班子整体功能进一步增强。

【政务管理】2021 年，运城海关被省级媒体采编新闻宣传稿 27 件，被总署“金钥匙杂志”微信公众号收录 3 期，“学习强国”平台刊登 1 期，向“并关政工”微信公众号全年推送信息动态 3 期；全年收文 3,397 份，报送材料及各类综合类文稿起草 257 篇，制发会议纪要 29 份；严格值班制度，全年接受总署抽查 3 次，太原海关值班抽查 52 次，未发生脱岗漏岗等情事。

【后勤保障】2021 年，运城海关通过服务外包不断优化物业服务、保安服务和食堂管理水平，全年开展外包服务综合满意度调查问卷 6 次，参与人数达 200 余人次，调查结果满意度合格率达 90%。进一步规范办公用品、日杂用品、餐厅收支、食材采购及领用、水电油使用等登记台账工作；建立了能耗台账，完成固定资产清查并建立台账。财务管理依法合规，用好中央、地方预算经费，有力保障重点项目支出。

【党风廉政建设】2021 年，运城海关落实意识形态主体责任。成立了运城海关意识形态工作领导小组，坚持党管宣传、党管意识形态原则，牢牢把握意识形态工作的领导权、主动权、管理权和话语权，认真落实意识形态工作责任制；关心关注党员干部队伍的思想政治教育引导，注重与干部的经常性谈心谈话，加强干部思想动态分析和日常考核监督。

【“精品海关”建设】2021 年，运城海关坚定结果导向，不断探索和完善各项创建指标节点和考核体系，经过努力把关和服务能力稳步提升、队伍作风不断改善、科室协同持续向好、监督和保障更加有力。截至 2021 年年底，共有 3 个科室、9 个岗位先后获评精品科室、精品示范岗位；2021 年运城海关获评“精品海关”建设先进集体，1 名同志获得“精品海关”建设先进个人。

（撰稿人：刘　刚）

晋城海关

【概况】晋城海关建于2016年10月9日，辖区范围为晋城市，是太原海关党委第四派驻纪检组派驻监督单位。下设办公室、综合业务科、查检科、稽查科。

监管辖区内进出境的运输工具、货物、人员、行李物品、邮递物品和其他物品；承担卫生检疫、动植物检验检疫、进出口商品检验、进出口食品安全监管工作；征收关税和其他税费；查缉走私；编制海关统计等职责。

【党的建设】2021年，晋城海关在太原海关党委的正确领导下，按照太原海关关区工作会议和全面从严治党工作会议部署，深入学习贯彻习近平新时代中国特色社会主义思想、党的十九大和十九届历次全会精神，增强“四个意识”、坚定“四个自信”、做到“两个维护”，秉持“五关”建设理念，把“精品海关”要求贯穿始终，积极履行海关职能职责，全关上下团结一致，锐意进取，攻坚克难，各项工作进一步实现了向高效率迈进、向高标准靠拢、向高质量转变的目标。

开展参观红色革命纪念馆、铭记“政治生日”“颂党恩·传家风”等形式多样的主题党日活动49次，推动晋城海关党委重点民生项目落实落地，截至目前，晋城海关党委制定的15项重点民生项目已全部完成。

按照太原海关党委相关部署要求，晋城海关深入推进“强基提质工程”，努力由“四个合格”向“四强”党支部提升，严格落实“三会一课”制度等规定动作，将谈心谈话和主题党日活动作为自身建设的重要抓手，紧密结合习近平总书记“七一”重要讲话精神、山西省第十二次党代会精神以及党史学习教育重点书籍进行专题学习，组织全体人员参加学习贯彻习近平总书记“七一”重要讲话精神宣讲交流会，并开展交流研讨。

【党风廉政建设】2021年，晋城海关党委始终坚持“抓好党建就是最大政绩”这一理念，在组织管理、制度执行、责任落实等方面不断抓实抓细。组织召开了全面从严治党工作会，重新修订《中共晋城海关委员会全面从严治党主体责任清单》，审议通过了《晋城海关党委工作规则》，进一步明确党委工作重点，各党委委员主体责任，形成工作合力。

【巡视巡察整改工作】2021年，晋城海关提高政治站位，主动认领整改任务，加强组织领导，传导压力压实责任，成立了整改工作领导小组和整改工作专班，明确整改责任，推进巡视整改工作召开党委会6次、形势分析及工作督查例会2次、巡视整改推进会2次、周例会12次，确保整改质量。同时发挥整改对工作的推动作用，着力解决制度建设方面存在的问题，确保“巡视发现的问题整改到位，同类问题得到解决，此类问题不再成为问题”。主办的6个问题13项措施已全部完成。召开了巡察整改专题民主生活会，班子成员逐一作对照检查，开展严肃的批评与自我批评。

【队伍建设】2021年，晋城海关坚持党管干部原则，树立正确选人用人导向，加强执法一线科长队伍建设，定期开展科长工作经验交流，探索建立各领域工作任务单管理、台账管理等机制，完善重大疑难问题风险研判集体会商工作机制。人事教育工作全面加强，选人用人满意度稳步提升。以海关内务规范强化月为契机，全面推进准军事化纪律部队建设，严格执行内务规范，树立海关良好形象。以职务职级晋升为切入点，严明选人用人规范，坚持德才兼备、以德为先，突出政治标准，营造风清气正的政治生态。

【法治建设】2021年，晋城海关坚持贯彻落实习近平法治思想，建立健全办公、财务、人事、业务制度，积极培养全体关员法治思维，加强入校入企宣传，落实普法宣传教育。推进法规管理，落实制度建设，对贯彻落实“三重一大”决策、加强党委决策、规范公车管理等工作起到了促进性作用。开展宪法宣传周主题党日活动，原原本本学习《宪法》、交流体会，进行了宪法宣誓；开展太原海关国门生物安全暨“国门绿盾2021”行动，全方位对国门生物安全进行宣传教育，深入企业开展《生物安全法》的法律宣贯和政策解读；开展政策宣讲活动，帮助企业用足用好优惠政策，充分发挥法治建设对优化营商环境的统领性作用。

【通关运行管理】2021年，晋城海关进口整体通关时间20.84小时，指定专人每周运用综合业务管理系统、新海廉系统监控一线报关单动态，针对未放行报关单及时与企业、口岸海关沟通并根据具体情况进行处置；推行“互联网+”预约通关，解决节假日企业通关需求；加强与职能部门沟通，每周上报超过40小时报关单具体情况；针对整体通关时间较2020年有所增加的情况，积极开展调研分析。

【知识产权海关保护】2021年，晋城海关积极开展“龙腾行动2021”知识产权海关保护专项行动，采取多种形式开展知识产权宣传活动并取得了良好成效。积极派员参加总署知识产权业务培训，组织开展知识产权业务培训学习7次，并组织开展全员知识产权培训1次，加强知识产权队伍建设。开展多渠道政策宣讲，向企业发放相关宣传资料，解答企业提出的相关问题，指导企业进行主动申报。积极开展与地方政府合作。4月14日，该关派员参加2021年晋城知识产权宣传周启动仪式暨全年推进知识产权强市建设工作会议。采取多种形式开展“知识产权宣传周活动”，通过图文并茂的形式，全方位、多角度地宣传知识产权知识及相关政策资讯。对自主知识产权企业实施重点服务，全面总结分析，7月一公司成功获得知识产权海关保护备案，实现该领域零突破。

【跨境电商】2021年，晋城海关支持山西兰花保税物流中心发展。组织业务人员及辖区企业参加跨境电商专题培训，并联合商务局对跨境电商企业开展专题座谈，宣讲了跨境电商新政策，了解企业开展跨境电商业务遇到的困难和需求，听取企业对海关工作的意见建议，鼓励跨境电商企业抓住新机遇，促进晋城市外贸新业态新模式发展。

【关税征管】2021年，晋城海关推进“两步申报”“两段准入”通关模式，开展政策宣讲，对重点报关企业、进出口企业“面对面”指导，引导参与改革，以企业需求为导向，及时解决企业在申报过程中出现的问题，享受改革红利确保通关流程顺畅。加强税收风险防控，圆满完成估价补税工作。

【原产地管理】2021年，晋城海关参加RCEP原产地相关培训，组织学习RCEP原产地规则，通过线上线下方式第一时间向辖区企业宣讲RCEP原产地规则以及证书的规范申报，大力宣传原产地自助打印，年内辖区新增1家自助打印企业。

【动植物检疫】2021年，晋城海关坚决落实总体国家安全观，筑牢口岸动植物检疫防线，扎实做好进出境动植物产品监管、国门生物安全监测和外来入侵物种监测、进境粮食检疫监管以及木质包装加工厂的日常监管工作，关区进出境动植物检疫工作情况整体运行良好。开展2021年国门生物安全监测工作。做好进境粮食检疫监管工作对进境粮食指定加工企业的档案建立、视频管理、下脚料处理、防疫措施进行了现场指导，并指导企业做好杂草监测工作。开展植物及植物产品企业日常监管，按照关区关于加强进出境检疫处理监督管理的相关工作要求，加强进出境货物木质包装标识加施、热处理过程的日常监

▲2021年11月9日，晋城海关关员开展国门生物安全监测

管。配合太原海关举办了国门生物安全暨“国门绿盾 2021”行动现场会。开展了国门生物安全宣传活动。

【食品检验检疫】 2021 年，晋城海关严格按照习近平总书记食品安全“四个最严”的要求，着力强化监管，防范和化解进出口食品安全风险，切实保障辖区进出口食品安全。完成了出口食品监督抽检计划。

【商品检验】 2021 年，晋城海关着力加强进出口商品检验，严格危险化学品等重点敏感商品出口环节检验监管，压实主体责任，建立出口危险化学品“一企一档”，提高出口危险化学品查验工作针对性。着力提升危险化学品等重点敏感商品检验监管技能和岗位履职能力，深入开展岗位练兵活动。

【企业管理和稽核查】 2021 年，晋城海关积极开展企业管理、保税监管、稽查核查、属地查检工作，全面提升各项工作的规范性和有效性。按照要求办理企业通用资质备案事项，截至年底，辖区备案报关单位 270 家，备案符合时限性和有效性要求；辖区高级认证企业 2 家，均为其设立高级认证企业协调员，协调解决在进出口过程中遇到的问题。开展政策宣讲，挑选 2 家辖区外贸业务多、发展前景好的企业，开展“一对一”海关企业信用政策宣讲以及海关企业认证标准解读。开展业务培训，与上级职能部门、地方政府、行业协会共同举办 3 次培训活动，为辖区外贸企业集中开展业务培训，鼓励更多优质外贸企业申请海关高级认证企业资质。

按要求对进口再生金属行业开展 2021 年第二轮专项稽查行动，继续保持打击“洋垃圾”入境高压态势，切实落实国家全面禁止进口固体废物政策；稽查科全员参加 2021 年第 5 期进出口危险货物及其包装检验监管人员培训，全部通过危险货物及其包装检验监管资质考试。落实总署稽查业务改革相关要求，时刻关注总署关于稽查业务的最新文件精神，第一时间组织学习，领会精神，并在具体稽查作业中落实。按照 12 月 1 日总署企业管理和稽查司通报稽查领域审计情况的会议要求，对总署专项行动未落实到位的问题高度重视，立即成立工作专班，制定整改措施，合理配置稽查人员，当日对辖区涉及的 2 家企业下达稽查通知书，于 12 月 17 日办结作业并进行反馈。

按照《太原海关推进海关与市场监管等部门在核查领域开展联合抽查工作实施方案》要求，晋城海关稽查科总结 2020 年首次联合市场监管局、税务局开展跨部门联合抽查执法工作经验，精心准备课件，讲解系统操作要点和难点，为统一太原关区核查领域部门间联合抽查工作提供方案。

【政务管理】 2021 年，晋城海关统筹推进政务管理各项事宜。严格按照规定收文发文，重视信息宣传工作，规范值班管理，确保值班应急渠道畅通，及时、有效、妥善地应对和处置各类突发事件。坚决落实“第一议题”制度，第一时间落实传达各项重大任务及重要工作部署要求；严格执行保密管理规定，做好机要收发、办理等工作；树立档案管理意识，建立档案室，对电子数据、文件材料等按时归档，并做好年报统计工作；严格审核把关，提升公文质效。做好日常文秘档管理，做到及时传阅，督促落实；加强应急值守、政务值班等工作，做好全国“两会”期间、节假日期间的应急值班和安全检查工作。年内共收发、拟办、传阅、办结系统内收文2,523条，晋城市收文200条。召开形势分析及工作督察例会12次，党风廉政建设会2次，廉政教育12次。加强档案管理，按时完成了2020年度文书档案的收集、整理、归档工作，开展1次保密知识答题活动，严格保密人员管理。

【财务管理】严格遵守国家财经法律和政策，狠抓预算执行，深入落细落实“过紧日子”要求，开源节流、增收节支，压减一般性支出，积极争取属地政府财政支持；进一步规范税费财务、政府采购、关务保障、银行账户管理。

（撰稿人：李　鹏）

长治海关

【概况】长治海关建于2019年，辖区范围为长治市，是太原海关党委第四派驻纪检组派驻监督单位。下设办公室、查检科、综合业务科。

2021年，长治海关以习近平新时代中国特色社会主义思想为指导，深入学习党的十九大和十九届历次全会精神，坚决贯彻习近平总书记重要讲话和重要指示批示精神，认真落实中央重大决策部署，以精品海关“巩固年”为抓手，扎实推进“五关”建设，不断推动长治海关各项建设迈上新台阶。

【党的建设】2021年，长治海关坚持把政治建设摆在首位，政治建关持续强化。把学习贯彻习近平新时代中国特色社会主义思想作为首要政治任务，不断增强“四个意识”、坚定“四个自信”、做到“两个维护”。深入学习习近平总书记在中国共产党成立100周年大会上的重要讲话精神及十九届六中全会精神，坚持“第一议题”和第一时间学习贯彻习近平总书记重要讲话和重要指示批示精神，通过党委会、理论中心组学习、形势分析例会、“三会一课”等形式组织政治学习50余次，开展主题研讨6次，坚持以党的创新理论武装头脑、指导实践、推动工作，不断提高抓贯彻落实的政治自觉、思想自觉和行动自觉。把“两个维护”落实到工作中、体现在行动上。紧密结合习近平总书记“七一”重要讲话精神、山西省第十二次党代会精神以及党史学习教育重点书籍进行专题学习，组织全体人员参加太原关区学习贯彻习近平总书记“七一”重要讲话精神宣讲交流会。长治海关党委制定的22项26条重点民生项目已全部完成。

政治机关建设扎实推进，发挥政治建设统领作用，大力开展政治机关建设，走好“两个维护”第一方阵。利用红色资源开展革命传统教育，夯实绝对忠诚的思想根基。严格落实党内各项法规制度，严守党的政治纪律和政治规矩。坚决守好意识形态主阵地，主流媒体宣传该关工作20余篇次。加强党委班子建设。组织修订党委工作规则，不断完善关党委议事决策规则，严格执行各项议事制度和决策程序。认真落实党内政治生活若干准则和党内各项规章制度，坚决贯彻民主集中制，坚持集体领导与个人分工负责相结合，严格遵守请示报告制度。按规定组织召开党委民主生活会，开展大调研和大谈心，广泛征求内外部意见建议，严肃认真开展批评和自我批评。全面履行党委主体责任，研究制定全面从严治党重点任务分工，党委理论中心组专题学习研讨《党委（党组）落实全面从严治党主体责任规定》，研究修订《长治海关党委全面从严治党主体责任清单》，细化分解关党委班子任务措施，压实责任，传导压力，党委班子成员严格落实“一岗双责”责任，各司其职、共同负责。

开展全员准军事化集训，实现全员覆盖、整体达标，切实将准军事化纪律部队标准立起来，形象树起来。持续强化内务规范建设，开展内务督察12次，通报各类问题20个。健全队伍思想动态分析机制，开展思想动态问卷调查和全员思想动态分析。

大力推进“强基提质工程”和“四强”党支部建设，实现“一支部一品牌、一品牌一特色”。坚持把党建工作与机关发展、业务拓展、安全运转同步安排、同步推进，避免就党建抓党建。年内4次召开党委会专题研究党建工作，确定工作重点，明确职责任务，每月召开支委会研究推进党建、业务、政务的具体工作，坚持支部书记、支部委员带头讲党课，讲形势，提要求，专门建立党建工作交流群，坚持责任到支部，任务到委员，学做在日常。统筹做好支部换届选举，明确分工，细化任务，真正让支部“活”起来，让委员“忙”起来，让党员“动”起来。以“三会一课”为抓手，走进平顺县西沟村、武乡国家安全教育馆开展实景教育，开展“表廉政决心、向党旗宣誓”“交党费、强党性、学党章、遵党规”“擦亮党建品牌、欢迎入党新人”等主题党日活动，收看《长征》《悬崖之上》《长津湖》等爱国影片，精心挑选的主题，丰富多彩的形式，起到以党建促工作，以党建促团结的作用，推动长治海关党委重点民生项目落实落地。

【巡视巡察整改工作】2021年，长治海关根据太原海关党委巡视整改工作部署，长治海关党委第一时间安排部署，成立领导小组，制定整改方案，扎实做到找准问题、剖析根源，举一反三，彻底纠治，不折不扣落实巡视整改任务。

统一思想认识，提高政治站位。巡视反馈以来，党委多次集体学习领会巡视工作有关政策要求，不断提高政治站位，对巡视反馈意见“照单全收”，特别是要紧密结合长治海关自身实际“举一反三”抓好落实，用实实在在的整改成效推动关区全面从严治党、从严治关工作再上新台阶。

履行主体责任，加强组织领导。第一时间组织召开了专题党委会，传达学习了总署党委和太原海关党委工作要求，严肃认真落实整改任务。明确责任，以上率下。明确党委要切实履行巡视整改主体责任，党委书记是第一责任人，要做到重要工作亲自部署、重大问题亲自过问、重点环节亲自协调、重要案件亲自督办；各党委成员履行“一岗双责”，按照职责分工抓好分管范围内的整改落实工作，带头落实整改，层层传导压力，层层压实责任。加强领导，一体推进。成立巡视整改工作领导小组，党委书记担任领导小组组长，党委委员为成员，统筹谋划部署巡视整改工作。压实责任，真改实改。要求各科室要把巡视整改作为当前最重要的政治任务，对照巡视反馈意见，主动担责，立行立改、真改实改，确保每项整改任务有人抓、有人管、有实效，高标准高质量、不折不扣地完成整改工作。

制定整改方案，明确整改任务。长治海关党委将制定具体整改措施作为总抓手，全员认真学习太原海关制定的整改方案和整改清单，对巡视发现的问题做到全面了解掌握；各科室对照整改方案和清单主动认领，并对照将“1+5”专项整治工作方案和太原海关下发的一系列整改要求，提出各自的具体细化措施；分管关领导与相关科室共同研究，制定初步的整改措施；先后召开2次党委会和4次整改领导小组会议，研究长治海关巡视整改方案，明确了整改工作的指导思想、工作目标、组织领导、方法步骤、具体要求等，细化梳理出任务清单、整改措施、责任人和完成时限。对照总署党委第二巡视组反馈意见提出的4方面、16项整改内容、36个主要问题，对于涉及该关作为协办部门的任务主动对接的27个问题，对应细化为51项具体整改措施，其中：立行立改并长期坚持9项，年内完成的38项（8月底前4项、9月底前12项、10月底前18项、12月底前4项），中长期的4项。

【队伍管理】2021年，长治海关坚持党管干部原则，突出政治标准，加强业务培训，20人次获得各类行政执法资质，为规范执法奠定基础。深入开展选人用人专项整治工作，提升选人用人工作科学化、制度化、规范化水平，为事业发展提供坚强的组织保障。按《2021年海关培训学时学分统计规则》统计，全员均达到规定学时学分要求。

【业务改革与发展】2021年，长治海关扎实推进海关业务改革，积极落实全国海关通关一体化改革各项措施，充分释放改革红利。全面推进通关、减免税、检验检疫等作业无纸化，通过现场宣讲、微信推送等方式将无纸化政策落实落地。落实属地纳税人管理制度。通过“长治关企业联动平台”微信群及时推送海关改革举措，指导企业正确适用征管无纸化、合规申报和预裁定等，回应企业对税收政策的正当需求。加大改革宣传力度，积极向企业宣传“提前申报、关税保证保险”等新政优势，引导辖区企业分享改革红利。

【动植物检疫】2021年，长治海关坚决落实总体国家安全观，筑牢口岸动植物检疫防线，扎实做好出境玉米蛋白粉的检验检疫监管工作。

认真做好境外植物疫情信息监测。年内上报境内外植物疫情动态信息和检疫政策信息50条。“12360热线”微信公众号采录2篇信息，中国技术性贸易措施网采录1篇信息。按照要求开展国门生物安全监测，制订了《长治海关2021年国门生物安全监测工作计划》，保质保量完成了国门生物安全监测工作。

【食品检验检疫】2021年，长治海关严格按照习近平总书记食品安全“四个最严”的要求，着力强化监管，防范和化解进出口食品安全风险，切实保障辖区进出口食品安全。长治海关关区共有2家进口食品进口商备案企业，年内均未开展进口食品业务。严格按照总署布控指令执行，实施人工干预，抽检率达到总署布控要求。动物源性食品安全风险监测工作。

【商品检验】2021年，长治海关着力加强进出口商品检验，严格进口医疗器械、出口危险化学品等重点敏感商品进出口环节检验监管，压实企业主体责任，提高出口危险化学品查验工作针对性。开展进出口商品质量安全风险监测工作，对2种进口商品按照要求开展监测。严格落实“全覆盖、零容忍、严监管、重实效”要求，结合实际，通过“三个提升”，全面强化进出口危险品及包装检验监管，有效保障危险品进出口安全。业务量连续两年翻番，实现“零”事故。

按照“日、周、月、季”的工作思路，每日编发业务学习简报，精选学习内容，方便大家利用碎片化时间学习。每周组织业务研讨，针对工作中遇到的新问题，上级下发的新通知，及时发现、解决业务上的风险点和薄弱环节。每月安排人人讲活动，由一名同事讲授业务知识，大家提问、讨论，在点上突破。每季组织条线考试，公布成绩，讲解试卷，以考促学，努力培养复合型人才。采取关企联动形式，承办太原海关首次出口危险化学品泄漏应急演练，强化企业安全生产第一责任人意识的同时，有效提升一线执法人员预防和处置突发事件的能力。

统筹考虑企业不合格次数、性质，制定不同的处理措施，对反复发生，情节严重的，探索开展企业负责人约谈机制，并下发《长治地区出口危险化学品生产企业质量安全承诺书》，做到政策到位，信息对称。研究关区不合格案例，组织撰写不合格分析报告，梳理不合格情形，分析原因、走势、分布、影响等，在现场检验过程中给企业做专门的提示和讲解。根据企业个性化需求，开展入企巡讲活动，一个企业一个企业过，一个问题一个问题解决，真正扑下身子，到执法一线去，为群众办实事，为企业解难题。

实施时间优化、区域优化、路线优化、人员优化、管理模式优化等创新措施。推行“三集中”查验模式，通过企业每周一在检验预约微信群报送出口计划、将危险化学品生产企业地理位置划分为3

个片区、对全关6名危险化学品监管持证关员实施统筹管理等措施，实现时间、空间和查检力量上的“三集中”。

【统计分析及政策研究】2021年，长治海关切实优化营商环境，在全关区率先编制《海关惠民利企政策汇编》；扎实开展“我为群众办实事”活动，与市场监管局、税务局开展联合执法核查，实现“进一次门、办多项事”，减少多头下厂，提升企业获得感；AEO企业认证零突破，成功认证1家AEO高级认证企业；知识产权海关保护工作取得新进展，实现“沁州黄”总署备案；探索跨部门协同监管，与市场监督管理局签订知识产权协同保护合作书，共同推进长治市知识产权保护工作；提升信息宣传工作成效；积极为地方经济发展建言献策，《长治市2020年开放型经济发展调研报告》获得市领导肯定并给予批示；充分释放政策红利，指导企业办理征免税证明减免两税。

【企业管理和稽查】2021年，长治海关通过召开关务会、业务例会等方式，集中学习与自学相结合，深入学习上级下发的通知文件，重点掌握属地查检工作的定义、基本原则、职责任务、作业要求、信息报送等内容，结合实际，确定了强化查检能力建设、强化风险防范意识、强化现场执法操作等3个工作重点。为做好危险化学品检验监管工作，按照法律法规、部门规章、规范性文件、通知要求、使用标准等5个层面，梳理工作依据，下发学习内容，做到熟练掌握，心中有数。建立业务交流群，遇到问题及时探讨。

制定《长治海关属地查检随机选人工作规范》，直接确定主施检、辅施检，明确各自的工作职责和发生问题后的责任划分。

根据危险化学品检验风险高、责任大的现实情况，认真梳理工作职责、工作依据和权限划分，排查业务工作中存在的风险，尤其是廉政风险。顺利完成太原关区首次出口危险化学品泄漏应急演练。

▲2021年11月9日，长治海关关员现场检验危险化学品及其包装

【政务管理】2021年，长治海关规范值班管理，确保值班应急渠道畅通，及时、有效、妥善地应对和处置各类突发事件。严格审核把关，提升公文质效。做好日常文秘档管理，做到及时传阅，督促落实。年内共收太原海关、市级机要档案134份。加强档案管理，按时完成了2020年度文书档案的收集、整理、归档工作，整理档案共计5盒46件，其中永久3盒

32 件，30 年 1 盒 6 件，10 年 1 盒 8 件。

【财务管理】 2021 年，长治海关按照相关要求，每日在税收系统中核对关税、增值税数据，并和中国人民银行国库科核对当日入库税费金额、领取日报表，每月初至中国人民银行国库科领取月报表、完成国库对账工作并在税费系统中报送税收月报，按月完成税收会计月报打印、装订、归档工作，年底完成税收会计决算报表、与国库未达账项调节表、税费账户年终余额情况一览表、银行存款未达账项调节表的报送与装订。

【党风廉政建设】 2021 年，长治海关每半年研究一次清廉海关建设工作，每季度召开一次廉政分析会，听取关区廉政工作汇报，对关区廉政工作进行分析研判，将廉政责任细化分解到每个领导、责任科室、责任人，形成横向到边、纵向到底的责任网络，推动全面从严治党落到实处。树立“监督就是关心，提醒就是爱护”的理念，逢节必提廉政纪律要求，深入开展警示教育月活动，以案释纪、以案释法，组织开展廉政教育主题党日、赴廉政警示教育基地参观见学等，廉政教育入脑入心。注重开展与干部的经常性谈心谈话、跟踪思想动态、日常考察监督、群众口碑议论等，及时发现党员干部在落实“两个责任”等方面苗头性、倾向性问题。深入贯彻落实中央八项规定精神，改进文风会风，坚决克服形式主义、官僚主义。

（撰稿人：李张铭）

阳泉海关

【概况】阳泉海关建于2019年，辖区范围为阳泉市，是太原海关党委第一派驻纪检组派驻监督单位。下设办公室、综合业务科、查检科，另有太原海关技术中心（阳泉业务组）。

2021年，阳泉海关党委认真学习贯彻落实党中央各项部署，围绕“五关”建设各项要求，以建设“精品海关”为目标，不断提高自身领导水平，更好发挥党委总揽全局，协调各方的作用，努力提升工作成效。在服务地方经济发展方面，助力阳泉市高质量转型发展，在阳泉市2020年度目标责任考核中，被评为优秀等次，并被授予“促进阳泉经济社会发展突出贡献单位”荣誉。在内部管理方面，进一步推进机关效能建设，突出政治标准，加强队伍建设，营造风清气正氛围，继续保留省级文明单位、省直文明单位标兵荣誉称号。

按经营单位所在地口径统计，2021年阳泉市货物贸易（下同）进出口总值13.08亿元，同比下降13.2%，位居全省第10位。其中出口4.68亿元，同比下降20.8%，位居全省第10位；进口8.40亿元，同比下降8.2%，位居全省第6位。贸易方式全部为一般贸易。

【党史学习教育】2021年，阳泉海关建立常态化学习制度，每周集中学习两次，全面学习“四史”及相关书目。学习中注重“三个融入”，融入党员思想，每月开展研讨交流2次，让每位党员讲微党课，使党员有感悟有收获。在太原海关组织的党史学习教育知识竞赛中荣获三等奖，在阳泉市中国共产党成立100周年主题征文中荣获一等奖。融入红色文化。组织参观“中共第一城”“百团大战”纪念馆等主题党日活动13次，观看《建党伟业》《觉醒年代》等影片，以伟大的建党精神滋养党员的思想。融入实际工作。扎实推进“我为群众办实事”活动，围绕服务企业等确定7个重点项目，18条具体任务全面落实。

【党的建设】2021年，阳泉海关根据《中共太原海关机关委员会关于武宿海关等6个隶属海关设立党总支部的批复》（并关机关党〔2021〕2号），2021年4月1日，经太原海关机关党委批复同意，设立阳泉海关党总支部。同日，阳泉海关党总支召开党员大会，采取无记名投票的方式和差额选举的办法选举产生新一届党支部委员并召开支部委员会第一次会议，采用等额选举的办法选举产生书记，并进行委员分工。按照“支部建在科上”的要求，根据《中共阳泉海关总支部委员会关于设立办公室等4个党支部的批复》，同意设立办公室党支部、综合业务科党支部、查检科党支部、离退休党支部。

【巡视整改工作】 2021年，阳泉海关按照太原海关工作部署，提高政治站位，抓好巡视各项工作。巡视反馈意见后，按照太原海关党委巡视整改部署要求，阳泉海关党委迅速行动，制订整改方案，细化责任分工、狠抓整改落实，经过集中整改，巡视反馈问题得到有效整改，立行立改问题已全部整改到位，需要长期坚持的问题取得一定成效。

第一时间召开党委会，传达总署党委第二巡视组反馈意见、胡伟副署长在巡视反馈会的讲话精神以及太原海关各项巡视整改要求；集中整改期间，先后5次召开专题会议跟进学习太原海关党委有关工作部署要求，认真研究本关整改工作。

加强对整改工作的组织领导，巡视反馈意见后，第一时间成立巡视整改领导小组，关党委书记任组长，主动扛起巡视整改第一责任人责任，主持研究制定整改方案，动员部署整改工作、统筹协调推进整改任务落实；巡视整改工作领导小组办公室督办落实领导小组确定的各项任务，分管党委委员兼任办公室主任，各科室主要负责人为办公室成员；其他党委委员落实一岗双责，抓好各自分管领域整改工作，确保事事有人抓、件件有着落。

确定了“对照、反思、整改、提高”的整体工作思路，在整改过程中始终坚持标准不降、力度不减、持续推进延伸整改成果，提升巡视效应。

逐条逐项研究太原海关党委巡视整改方案，结合隶属海关事权范围的整改任务，深入分析查找自身存在的问题，党委书记牵头组织起草了阳泉海关党委巡视整改工作方案，细化明确了57项措施，制发了2个专项工作方案，明确了整改任务书、路线图、时间表，并实施清单式销号管理，推动巡视整工作落实落细，努力实现全面整改、即知即改、真改实改。

制定印发“三重一大”决策制度实施细则、公务用车管理办法、考勤管理办法、安全生产监督检查制度、优化营商环境服务阳泉市外向型经济高质量发展措施等16项措施制度。

【队伍建设】 2021年，阳泉海关坚持党管干部原则，突出政治标准，加强业务培训，35人次获得各类行政执法资质，为规范执法奠定基础。深入开展选人用人专项整治工作，提升选人用人工作科学化、制度化、规范化水平，为事业发展提供坚强的组织保障。按《2021年海关培训学时学分统计规则》统计，全员均达到规定学时学分要求。

【法治建设】2021 年，阳泉海关坚持以习近平法治思想为指导，以“海关法治宣传日”“12·4 宪法宣传日”等活动为依托，持续提升全关法治宣传教育水平和依法履职能力。强化组织领导，丰富教育形式。将习近平法治思想作为法治宣传工作的核心内容，线上线下同频共振创新法治教育形式。通过微信公众号、微信群、“钉钉”、“学习强国”等多种途径，学习《海关行政许可管理办法》《行政处罚法》等法律法规，推行党员先锋带头学，干部职工全覆盖的学习机制。线下积极参与太原海关组织的习近平法治思想专题讲座、“2021 年海关法治宣传日”海关规章专题培训、内控暨“新海廉”平台应用培训班、《生物安全法》宣讲会等各类会议培训，集约干部职工碎片时间自学《中华人民共和国民法典》，用法治思想武装头脑、指导实践。扩大宣传教育，强化法治意识。充分利用关企联系微信群等新媒体实时转发海关最新的政策法规，增强辖区企业法治意识，第一时间享受政策红利；充分发挥法治宣传主阵地的作用，在海关业务现场摆放法治宣传资料，在显示屏、公告栏等醒目位置展示飞播字幕，设立法治宣传阵地；利用实地调研和培训，开展“精准普法”上门服务。组织开展法治演讲活动，开展纪法教育和警示教育，集体学习法纪法规，筑牢党员拒腐防变的思想防线。加强内控机制建设，严格落实内控管理要求。组织成立阳泉海关内控工作领导小组，印发“三重一大”工作实施细则，明确党委议事工作清单，加强内控机制建设，启动规章制度的制修订工作，推动开展内控前置审核，定期召开内控领导小组工作会议，开展内控暨“新海廉”平台专题培训，不断提高风险防控能力和水平。

【业务改革与发展】2021 年，阳泉海关编纂刊印《阳泉海关服务阳泉构建对外开放新高地政策措施汇编》，开展送政策入企活动，向辖区 35 家重点企业赠送政策措施汇编，为企业提供“一对一”帮扶指导。联合阳泉高新技术产业开发区和阳泉市商务局，组织开展海关及外贸业务培训会，涉及辖区重点进出口企业 30 余家。不断完善外贸服务机制，协助地方政府引进报关服务机构——山西辉腾报关行有限公司正式落户阳泉，填补阳泉市无该类机构的空白。大力推动国际联运，成立工作专班，出台优惠政策，开辟绿色快捷通道，加强与口岸海关的密切沟通，提前制订监管服务方案，实现出口业务的高效衔接。8 月 29 日，山西省首列“阳泉—达尔汗”国际联运班列，也是阳泉市首列国际联运班列顺利开行。该班列从山西省阳泉市始发，经二连浩特口岸出境，最终抵达蒙古国达尔汗市。通关运行管理。研究建立阳泉海关“7×24 小时”通关及企业帮扶工作机制，成立阳泉海关“7×24 小时”通关及企业帮扶工作领导小组，持续巩固压缩货物整体通关时间成效。贸易管制与技术规范。配合总署综合业务司，开展2021年度技术性贸易措施影响调查工作；建立阳泉海关技术性贸易措施信息服务工作台账，全年向辖区3家企业推送信息4条。

【知识产权海关保护】2021年，阳泉海关作为“阳泉市知识产权战略实施领导组”成员单位，4月26日参加了由当地政府组织的阳泉市2021年世界知识产权日集中宣传活动。活动现场，33家知识产权战略领导组成员单位，相关企业、协会300余人，参观了涉及新型材料、环保建材、陶瓷砂器和农副产品等多种行业的50余项专利技术，400余件专利产品，阳泉海关现场介绍了知识产权海关保护相关的内容。阳泉海关结合本地优势传统产业特点，依据企业信用等级、备案、贸易国别、进出口商品及金额等信息描绘企业画像，从而筛选出具备生产规模、信用良好的企业作为重点扶持企业，2021年平定莹玉陶瓷有限公司成功注册成为海关知识产权权利人。

【风险管理】2021年，阳泉海关重点关注涉检业务、重点行业、敏感商品风险，通过各种渠道主动发现辖区企业存在的风险并作出相应处理；结合巡视整改及业务大检查排查业务领域存在的风险隐患，并按规定进行整改；指定专人做好税收征管指标监控、加强属地纳税人管理及税收风险信息收集报送，充分利用“新海廉”系统、可视化监控平台等系统加大风险分析力度，圆满完成全年考核指标。

【卫生检疫】2021年，阳泉海关严格落实总署、太原海关、省市各级防控工作要求，关注进口冷链食品和进口高风险非冷链集装箱货物，严格按指令开展核酸检测和预防性消毒；持续做好安全防护工作，制订应急处置预案，组织新冠病毒疫苗接种；开展新冠肺炎疫情防控应急演练，不断提高应急处置能力。

【动植物检疫】2021年，阳泉海关制定《阳泉海关口岸重大动植物疫情防控措施》，修订《阳泉海关进出境重大动物疫情应急处置预案》，严防外来入侵物种和境外动物疫病传入；强化出口非食用动物产品监管。制定《阳泉海关加强外来入侵物种口岸防控工作实施方案》《阳泉海关进出境重大植物疫情应急处置预案》，持续开展国门生物安全宣传，开展“国门绿盾2021”行动，组织开展重大植物疫情防控应急演练，严防外来物种和动植物疫情疫病传入。

▲2021年9月1日，阳泉海关关员对出口干燥黄粉虫进行现场查验

【食品检验检疫】2021 年，阳泉海关培育出口企业，开展新备案食品企业和出口食品原料备案种植场监管，抓好源头管控，保障出口食品质量安全；开展进口食品安全专项整治，督促进口商落实进口台账及销售记录等制度；密切关注境外食品安全政策和动态，加强食品安全信息报送；积极开展食品安全周宣传活动，大力宣传海关食品安全监管成效。

【商品检验】2021 年，阳泉海关着力提升危险化学品等重点敏感商品检验监管技能和岗位履职能力，深入开展岗位练兵活动，强化资质管理，1 人获得进出口危险化学品检验监管资质；开展进出口商品质量安全风险监测。

【货物监管】2021 年，阳泉海关深入学习贯彻习近平总书记关于安全生产重要论述，持续开展《安全生产法》宣传，扎实开展安全生产月和安全生产万里行活动，制定了《进出口危险化学品突发事件应急处置预案》，与市应急管理局就加强安全生产工作建立了联合机制。

【支持跨境电商发展】2021 年，阳泉海关结合当地实际，制定支持跨境电商发展的具体措施，大力推行“互联网 + 海关”办理跨境电商企业备案业务和通关业务，简化跨境电商 B2B“三不涉”货物的出口申报单证，优先安排跨境电商 B2B 出口货物的检验检疫、查验，全力保障阳泉地区跨境电商业务开展；主动向当地政府提出意见建议，与商务部门、高新区等相关单位加强协作配合，联合开展海关及外贸业务培训会，走访了解华远国际陆港集团的电商平台运营模式，选取两家培育试点，共同研究落实举措，合力推进跨境电商新模式落户阳泉。12 月 21 日，一企业申报的“跨境电商 B2B 直接出口”（监管方式“9710”）货物正式出口哥斯达黎加，标志着阳泉成功实现跨境电商 9710 业务的落地。

【统计分析及政策研究】2021 年，阳泉海关为企业提供统计服务；加强统计分析，1 篇统计分析被总署相关内部载体采用，向阳泉市政府报送进出口情况分析报告 2 篇。

【企业管理和稽查】2021 年，阳泉海关积极运用新核查理念，采用“互联网 +”核查模式，完成核查作业一起，实现新冠肺炎疫情常态化防控形势下海关核查作业新模式。

【查缉走私】2021 年，阳泉海关加强同地方政府部门的协同配合，先后与相关职能部门签订食品安全监管业务合作备忘录、严厉打击破坏野生动物资源的联系配合办法，成立阳泉市打击走私综合治理办公室，尝试开展联合执法，促进企业规范经营。

【政务管理】2021 年，阳泉海关规范值班管理，确保值班应急渠道畅通，及时、有效、妥善地应对和处置各类突发事件。严格审核把关，提升公文质效。做好日常文秘档管理，做到及时传阅，督促落实。年内共收发、拟办、传阅、办结系统内收文1,975条，阳泉市收文174条，发文43个，印发各类通知148个。加强档案管理，按时完成了2020年度文书档案的收集、整理、归档工作，整理档案共计7盒72件，其中永久4盒33件，30年2盒29件，10年1盒10件。强化信息宣传，编写政务信息124条，省部级以上报刊类采编16篇，省部级以上新媒体类采编2篇。

【财务管理】2021年，阳泉海关按照相关要求，每日在税收系统中核对关税、增值税数据，并和中国人民银行国库科核对当日入库税费金额、领取日报表，每月初至人民银行国库科领取月报表、完成国库对账工作并在税费系统中报送税收月报，按月完成税收会计月报打印、装订、归档工作，年底完成税收会计决算报表、与国库未达账项调节表、税费账户年终余额情况一览表、银行存款未达账项调节表的报送与装订。

【党风廉政建设】2021年，阳泉海关坚决扛起全面从严治党主体责任，召开全面从严治党工作会议，确立了“知敬畏、守底线、保廉洁、防风险”的工作思路，制定重点任务分解表，列出66条具体措施，明确分工，责任到人，已全部完成。年内党委会专题研究部署全面从严治党工作2次；组织廉政教育活动10次，案例警示教育8次，树牢底线意识。召开干部家属线上廉政座谈会，培树廉洁家风。强化内控管理，紧盯“重点人、重点事、重点岗位、重点环节”的廉政风险研判和防控，堵塞漏洞。强化全过程监督防控，事前提醒教育，事中实时督查，事后梳理总结，构建“不敢腐、不能腐、不想腐”机制。

结合巡视整改问题，对苗头性、倾向性问题运用“第一种形态”。加强队伍日常管理，坚持抓早抓小抓常，做到早发现早提醒早纠正早处理。开展家访3人次，及时防范潜在风险。严格落实意识形态工作责任制，党委专题研究部署，着重思想动态分析，科学研判，及时准确处置。

（撰稿人：茹艳丽）

朔州海关

【概况】朔州海关建于2019年，辖区范围为朔州市。下设办公室、综合业务科、查检科。

2021年，朔州海关在强化思想政治工作、加强海关实际监管、发挥服务开放作用、推进精品海关建设等方面持续用力，风清气正的政治生态已经形成，干部队伍的精神面貌大为改观，勇于担当的干事氛围日益浓厚，各项工作不断取得新的成绩。朔州海关配合朔州市坚定不移实施“生态立市、稳煤促新”发展战略，加快构建“2＋7＋N”现代产业体系，全市经济呈现总体平稳、稳中有进、进中提质的良好态势。获得朔州市绩效目标考核评议“重要贡献单位”荣誉称号。

2021年，朔州市进出口总值7.55亿元，同比下降3.7%，位居全省第11位，增速位居全省第8位，低于全省平均增速（48.3%）52个百分点。其中，出口4.18亿元，增长24.1%；进口3.36亿元，下降24.6%；贸易顺差8,205万元。

【党史学习教育】2021年，朔州海关坚持把党史学习教育作为重大政治任务，通过理论学习中心组（扩大）学习、参加线上培训等多种形式，深入学习习近平总书记在党史学习教育动员大会、庆祝中国共产党成立100周年大会、党的十九届六中全会上的重要讲话精神。全年共组织党史学习教育专题学习12次，专题研讨3次，党支部书记、委员讲授党课5次，开展“学党史、悟思想、感党恩”“我们的节日暨端午颂中华，香囊感党恩”等主题党日活动12次。深入开展“我为群众办实事”实践活动，协助山阴鑫霏农业公司拍摄特色农产品出口的宣传片在中央电视台播出。

【党的建设】2021年，朔州海关深化“强基提质工程”，全力抓好党委理论学习中心组学习会。圆满完成党总支换届选举和2个科级党支部创建，强化党支部标准化建设，规范工作记录，深挖党总支“初心　匠心　坚心”支部品牌内涵，创建“蓝天执法，暖心服务”“桑源心桥”2个科级支部品牌和“党史微讲堂”“相约16点”2个科级支部学习品牌。1名预备党员完成转正，新发展党员1人。1名党委委员荣获太原海关优秀党务工作者，1 名同志荣获优秀党员。

不断强化党员干部的政治理论学习，结合当前党史学习教育重点工作，以“三会一课”、主题党日活动等多种方式深入学习党章、党规和习近平总书记系列重要讲话精神，围绕党章党规开展专题研讨，党委委员讲授专题党课 6 次，引导和帮助党员干部实现“以学促知、知行合一”的良好学习效果。坚持正确舆论导向，大力宣传朔州海关执法把关、服务发展的工作成效，不断激发干部职工干事创业热情，增强新时代海关人的荣誉感、归属感、幸福感，坚定为党工作、为民造福的职责使命。

【巡视整改工作】2021 年，朔州海关根据太原海关党委巡视整改工作部署，第一时间安排部署，成立领导小组，制定整改方案，细化任务分工，狠抓工作落实。提高政治站位，增强整改自觉，关党委把学懂弄通做实习近平总书记关于巡视工作重要论述精神贯穿巡视整改全过程，正确认识巡视整改工作的重要性，以履职尽责的实际行动做到“两个维护”。在总署党委第二巡视组反馈巡视意见和太原海关党委召开巡视整改动员部署会后，关党委第一时间召开会议传达总署党委和太原海关党委会议精神，要求对巡视提出的问题照单全收，以高度的政治自觉抓好整改。关党委召开巡视整改专题部署会，明确整改问题、整改措施、完成时限和牵头领导、责任科室、责任人，不折不扣落实巡视整改各项任务。

针对总署党委第二巡视组指出的问题，关党委在深刻反思剖析、逐条梳理分析的基础上，制订朔州海关整改工作方案，形成整改任务台账，细化整改措施 74 项，明确牵头领导、责任科室、责任人，逐一确定整改时限和整改要求，提出“两挂三落实”整改要求，即挂图作战、挂账销号，落实责任科室、责任人、落实完成时限、落实印证材料，扎实推进整改工作落实落细，截至年底已全部整改完成。

【队伍建设】2021 年，朔州海关坚持党管干部原则，突出政治标准，加强业务培训。为规范执法奠定基础。深入开展选人用人专项整治工作，提升选人用人工作科学化、制度化、规范化水平，为事业发展提供坚强的组织保障。按《2021 年海关培训学时学分统计规则》统计，全员均达到规定学时学分要求。

【业务建设】2021 年，朔州海关履行海关职能，大力推广“两步申报”通关模式。办理海关进出口收发货人新注册企业 17 家。持续巩固压缩整体通关时间，全年进口整体通关时间为 1 小时，位于全省海关系统前列。

持续优化营商环境，服务辖区企业外贸发展，参加朔州市相关会议、培训、自评考核等会议 20 余次。加强与商务局、市场监管局等部门联系沟通，召集 6 个县区和 10 家企业开展“优化营商环境、提高跨境贸易便利度”专题现场培训。开展对美加征关税排除清单商品退税和市场化采购排除工作，让企业充分享受政策红利。服务朔州能源互联网重大科技基础设施和储能全产业链建设。为国家特高压“西电东输”重点工程保驾护航，完成中电神头进口发电核心技术设备查验。

协助市政府成功举办“第十二届中博会暨2021山西朔州陶瓷产品进出口交易会”，助力打造全国高端陶瓷生产出口基地，擦亮“中国北方日用瓷都”金字招牌。推动朔州陶瓷畅行“一带一路”；积极推进辖区企业海关信用管理认证工作，为辖区山西晋坤矿产品股份有限公司提供海关高级认证咨询和政策讲解。落实全省“中粮”战略，打造雁门关农牧交错带示范核心区，助力黍子、谷子、高粱、芸豆等小杂粮抢占国际市场，实现出口1,950吨，同比增长3.88倍。

▲2021年7月13日，朔州海关关员对出口食品原料种植基地进行监管

聚焦安全生产专项整治三年行动，持续加强出口危险化学品及其包装检验监管，落实危险化学品检验监管持证上岗和双人执法，对出口危险化学品和危险化学品生产经营单位全面排查，逐一梳理产品名称、海关编码等信息。开展进出口危险化学品监管工作专项巡察发现问题自查排查和商检业务条线问题专项检查，梳理历次业务督查、巡察发现的问题，深入剖析问题原因，研究整改落实措施。深入企业开展“安全生产月”宣讲活动4次，与企业相关负责人开展座谈，督促企业落实好安全生产主体责任。

【政务管理】2021年，朔州海关规范值班管理，确保值班应急渠道畅通，及时、有效、妥善地应对和处置各类突发事件。严格审核把关，提升公文质效。做好日常文秘档管理，做到及时传阅，督促落实。年内共收发、拟办、传阅、办结系统内收文2,548条，各类拟稿数量355条。加强档案管理，按时完成了2021年度文书档案的收集、整理、归档工作，整理档案共计12盒283件，其中永久7盒73件，30年3盒134件，10年2盒76件。强化信息宣传，编写政务信息236条，省部级以上报刊类采编12篇，省部级以上新媒体类采编1篇。

【财务管理】2021年，朔州海关按照相关要求，每日在税收系统中核对关税、增值税数据，并和人民银行国库科核对当日入库税费金额、领取日报表，每月初到人民银行国库科领取月报表、完成国库对账工作并在税费系统中报送税收月报，按月完成税收会计月报打印、装订、归档工作，年底完成税收会计决算报表、与国库未达账项调节表、税费账户年终余额情况一览表、银行存款未达账项调节表的报送与装订。

【党风廉政建设】 2021年，朔州海关扎实开展“现场监管与外勤执法权力寻租”专项整治，党委委员带头认真撰写心得体会；积极参加纪法教育答题，满分通过测试；完成业务管理薄弱环节及问题梳理排查，形成自查报告及《朔州海关“现场监管与外勤执法权力寻租”专项整治自查廉政风险清单》；督促责任科室认真抓好专项整治整改工作，按要求报送《“现场监管与外勤执法权力寻租”专项整治制度机制建立健全登记表》，抓实抓深问题整改，从源头上堵塞风险漏洞。贯彻严的基调，持续加强党风廉政建设，严格落实党风廉政建设主体责任，党委每半年研究一次清廉海关建设工作，每季度召开一次廉政分析会，听取关区廉政工作汇报，对关区廉政工作进行分析研判，提出工作要求，将廉政责任细化分解到责任领导、责任科室、责任人，形成横向到边、纵向到底的责任网络，推动全面从严治党落到实处。加强廉政教育，筑牢思想防线，逢会必讲廉政，节前必提警示，每月至少召开一次专题警示教育学习会，组织全体人员开展警示案例学习，以案为鉴，以案示警，以身边事教育身边人，不断筑牢党员干部拒腐防变的思想防线。严格落实重大事项请示报告制度，坚持按原则办事，凡遇到重大问题均及时向上级请示报告，党委委员不存在利用职权或职务影响、插手、干预工程建设、物资采购、干部选拔等问题。严格执行中央八项规定，带头遵守廉洁从政各项规定，党委委员全面履行“一岗双责”，做到率先垂范、主动担当；反对四风，慎独自律，厉行勤俭节约，坚决杜绝奢侈浪费，严把“三公”经费关，自觉接受干部群众监督。个人有关事项均按相关规定及时向党组织报告。委员都能严格遵守党的廉政纪律和有关规定，坚持规范工作程序，主动接受党委第二派驻纪检组监督。同时对自己的亲属、子女严格要求，时刻敲响警钟，时刻绷紧廉政弦。能够树立正确的价值观、权力观，通过观看廉政警示片、参观廉政教育基地等方式，自觉摒弃“七个有之”，做到心存戒惧、做人守纪律、做事守规矩，筑牢思想防线。完善制度约束，不断压实从严治党责任。完成《朔州海关全面从严治党主体责任清单》修订工作，制定《朔州海关党委委员全面从严治党主体责任清单》，带头执行民主集中制。

【“精品海关”建设】 2021年，朔州海关紧盯“素质精良”，打造过硬干部队伍。开展警示教育，深刻吸取教训，净化思想灵魂，以案促醒，以案促治。开展“内务规范强化月”活动，组织准军事化集训，整肃关容风纪，领导干部带头强化日常养成，强化雷厉风行、令行禁止的工作作风。

紧盯“执法精准”，确保国门生物安全。严格落实习近平总书记食品安全监管“四个最严”要求，开展脱水葱、硬质糖果、黍子、谷子等出口食品监督抽检和风险监测。严防重大动植物疫情疫病传入传出和外来物种入侵。

紧盯“服务精心”，深化落实国务院“放管服”改革。推广“两步申报”通关模式，对中煤平朔等重点企业，24 小时跟踪企业申报、通关、征税等进度，推行政务服务事项“不见面”办理。克服疫情影响，优化海关政务服务，加强“一个窗口”建设，推行“一窗受理、集成服务”。推进“互联网＋政务服务”积极引导、鼓励群众和企业“网上办”，实现办理政务服务事项“零跑动”。认真落实总署和山西省委、省政府工作部署，主动介入、专人服务，积极协调铁路、口岸等部门，助力企业拓展“一带一路”沿线国家（地区）市场，保障 5 列中亚班列顺利通关出境。

紧盯“管理精细”，着力提升内控管理水平。积极开展业务和财务管理大检查。积极参加内控培训，召开专题会议研究提升内控管理水平。修订《贯彻落实“三重一大”决策制度实施细则》，制定《朔州海关协管员管理规定》《朔州海关公务用车管理办法》等制度。荣获省直文明单位标兵，被评为“促进朔州经济社会发展突出贡献单位”，荣获“爱国拥军先进单位”称号。

（撰稿人：庾聪聪）

忻州海关

【概况】忻州海关建于2020年，辖区范围为忻州市。下设办公室、综合业务科、查检科。

2021年，忻州海关党委班子在太原海关党委的正确领导下，坚持以习近平新时代中国特色社会主义思想为指导，深入学习贯彻党的十九大和十九届历次全会精神，认真贯彻太原海关工作会议暨全面从严治党工作会议部署，深化“五关”建设，落实“精品海关”建设要求，被评为“促进忻州经济社会发展重要贡献单位”，顺利通过山西省直文明委验收，被评为山西省直文明单位（标兵）。

【党史学习教育】2021年，忻州海关强化组织领导，明确学习要求。成立忻州海关党史学习教育领导小组及办公室，将“学史明理、学史增信、学史崇德、学史力行”目标要求贯穿全年工作始终，扎实推进各项工作。丰富学习形式，提升学习效果。践行“学史践诺”，不断加强统筹谋划，精心组织实施，持续推进党史学习教育走心、走深、走实。组织开展2次红色教育基地实地参观学习，与综合业务一处党支部联建赴徐向前元帅纪念馆缅怀先烈丰功伟绩，开展8次党史教育主题党日活动、5次红色电影（纪录片）观影、15次专题党课。组织关员撰写主题征文2篇，参加“党在我心中”演讲比赛，参加太原海关党史知识竞赛获团体并获二等奖。扎实推进“我为群众办实事”活动。按照太原海关“三个走进”要求，先后走进忻州市商务局、农业农村局以及杂粮园区等多家单位，主动服务外贸企业，给予政策支持，按照“我为群众办实事”相关要求，结合工作实际制定忻州海关重点民生项目清单，完成22项内容29项措施，取得实效。

【党建工作】2021年，忻州海关根据《中共太原海关机关委员会关于武宿海关等6个隶属海关设立党总支部的批复》（并关机关党〔2021〕2号），4月1日，经太原海关机关党委批复同意，设立忻州海关党总支部。忻州海关党总支召开党员大会，采取无记名投票的方式和差额选举的办法选举产生新一届党支部委员并召开支部委员会第一次会议，采用等额选举的办法选举产生书记，并进行委员分工。

将意识形态工作作为党的建设重要内容，与重点工作同部署、同落实，召开党委会专题研究部署3次。并将意识形态工作贯穿于形势分析与工作督查例会、业务工作专题会和“三会一课”之中。开展文明单位创建，积极培育和践行社会主义核心价值观，结合主题党日活动弘扬优秀传统文化，提升干部职工思想认识。强化网络安全，签订网络安全责任书，在“七一”“国庆”以及重要会议召开期间重点对网络安全开展自查4次。严把新闻、信息审核关，强化新闻材料内容审核，落实逐级审批制度，规范发布宣传信息。

【巡视整改工作】2021年，忻州海关全面加强巡视整改的组织领导和统筹部署。忻州海关党委坚决扛起巡视整改主体责任，全面加强整改工作领导，成立巡视整改工作领导小组，党委主要负责同志任组长，对整改负总责，班子成员认真履行“一岗双责”，按照分工承担分管领域的整改责任，坚持刀刃向内、举一反三，对照太原海关巡视整改方案，细化出76项整改措施，建立工作台账。接受天津特派办巡视整改督查组督查指导和太原海关党委第二派驻纪检组日常监督，高质量推进各项整改工作。

党委书记认真履行第一责任人责任，坚持以上率下，先后主持召开党委会、形势分析与工作督查例会、巡视整改专题会等15次研究部署巡视整改工作，直接推动整改任务落实。班子成员主动研究细化整改措施，对分管科室巡视整改进展情况及时跟进。各责任科室坚持举一反三，对照整改清单全面查找自身存在的问题和不足，认真执行落实各项整改措施。巡视整改工作领导小组召开巡视整改专题会8次，持续传导压力、压实责任，紧盯整改任务落实到位。

【队伍建设】2021年，忻州海关各个条线人岗适配更加科学。针对业务科室执法资质欠缺的情况，采取跨科室兼职措施。为具备相关资质但不在岗位的关员在业务系统中设置兼职角色，打通科室界限，让有资质的关员可以参与业务执法工作，解决了查检科缺乏高级现场查验岗位人员资质的问题。开展跨区执法协作。与阳泉海关互为执法协作单位，通过开展执法协作解决了忻州海关缺乏高级兽医签证官和高级植物检疫签证官资质问题。加大执法人才培养力度。鼓励关员积极参与各类执法资质培训、考试。

【法治建设】2021年，忻州海关以培养全员法治信仰为目标，以落实普法责任制为抓手，坚持问题导向，提高人员懂法、学法、守法、用法的积极性和主动性，引导企业自觉守法、遇事找法、诉求靠法，创建和谐法治环境。重点宣传海关法律制度体系。采取多种形式，在大厅电子屏幕、宣传栏等播放张贴法律法规宣传资料，重点宣传新修订的海关法律法规和规章；向太原海关征订相关宣传手册，放置于大厅，方便企业查阅。加强规范性文件和内部规章制度的解读宣传。举办培训，对太原海关新制定印发的规范性文件、内部规章制度、工作规程、操作手册和服务指南等文件开展解读，保证各项规章制度的贯彻落实。组织开展专题普法宣传活动。积极组织开展“4·15”国家安全教育日、“4·26”全国知识产权宣传周、“8·8”全国海关法治宣传日、“12·4”全国宪法宣传日等专题普法宣传工作，及时向企业发布最新政策法规、解读重点政策。深入企业宣传政策法规。赴重点企业实行“上门辅导”，向企业宣讲进出口环节需注意的问题，帮助企业查找内部管理的薄弱环节，提高内控管理水平。对高新技术企业，重点宣讲减免税政策和保税政策，为企业做大做强提供服务。

【业务改革与发展】2021 年，忻州海关开展送政策入企活动，向辖区 35 家重点企业赠送政策措施汇编，为企业提供“一对一”帮扶指导。联合忻州市外汇管理局、忻州市商务局、定襄县人民政府，组织开展 2 次海关及外贸业务培训会，涉及辖区重点进出口企业 30 余家。不断完善外贸服务机制，协助地方政府引进报关服务机构——山西出口平台报关行有限公司正式落户忻州，填补忻州市无该类机构的空白。通关运行管理。大力推行“提前申报”，优化进口“两步申报”通关模式，完善“两段准入”；巩固压缩货物整体通关时间成效，进出口货物整体通关时间 7 小时，低于太原海关关区平均通关时间；大力推行国际贸易“单一窗口”，行政审批、企业备案等均实现一个窗口对外，“单一窗口”应用率为 100%。推进网上行政审批，优化行政审批服务，全流程网上办理，企业无须提供纸质材料，系统自动下发受理及许可信息，极大地便利了企业；提升工作指引、业务操作手册的应用效果，结合工作实际，并参考职能部门业务操作手册，制定了《出口食品原料种植场备案流程》《出口食品生产企业备案流程》《原产地备案审核流程》等操作指引，促进执法规范统一。

【知识产权海关保护】2021 年，忻州海关制定了《忻州海关 2021 年知识产权保护工作方案》《忻州海关知识产权海关保护操作指引》；积极参加太原—西安海关知识产权执法能力培训；开展知识产权协作，积极与忻州市市场监管局、双打办等知识产权主管部门开展宣传、培训、执法、企业培塑等多方面交流合作。重点服务关区自主知识产权企业，实施重点企业重点培育，组织国门生物安全和海关知识产权保护进校园活动，普及知识产权海关保护法律法规；联合忻州市商务局赴定襄开展企业管理及知识产权培训，联合忻州市商务局、外汇管理局举办忻州市诚信守法企业相关培训。

【风险管理】2021 年，忻州海关严格落实职能部门工作要求，进一步优化风险规则，提升人工分析布控精准度。加强报关单监控，做好科学随机布控工作监控反馈。加强信息情报共享，强化风险联合研判，提升风险防控事前分析、后续监管方面的整体效能。依托企业信用管理体制，推进“由企及物”理念落到实地，有效降低守法合规企业和低风险商品查验率。

▲2021 年 12 月 28 日，忻州海关关员开展进口旧机电查验

【原产地管理】2021 年，忻州海关大力推广原产地证书自助打印、智能审核等改革措施，借助微信群专题讲解原产地证智能审核、证书填制说明、申报端要求等内容；对外公布 24 小时咨询电话，及时回复进出口企业相关疑问；疫情期间，采用“互联网 + 海关”办公模式，通过电话、微信、网络等“不见面”方式办理业务，结合企业实际需求提供证书邮寄服务。

【卫生检疫】2021 年，忻州海关严格落实总署、太原海关、省市各级防控工作要求，强化内部防控，在相关省份发生聚集性疫情以及重要节假日前等关键节点专门强调疫情防控工作 13 次，参加省、市疫情防控会议并传达相关要求 26 次。组织关员加入口岸疫情防控梯队 8 人次，支援远程流调及工作 3 人次，参与保障航班 34 架次。严格落实出行审批规定，全关疫苗接种工作做到了应接尽接。同时严格物资管理，设立专用库房，细化出入库台账，专人定期盘点库存，物资保障管理工作进一步强化。关注进口冷链食品和进口高风险非冷链集装箱货物，严格按指令开展核酸检测和预防性消毒。

【动植物检疫】2021 年，忻州海关开展供港澳肉牛动物疫病监测和食用陆生动物安全风险监控。开展外繁育种监管、进口粮食监管。

【食品检验检疫】2021 年，忻州海关开展了对备案出口食品生产企业进行日常监管、业务培训、风险评估、省抽国抽、《进出口食品安全管理办法》和《进口食品境外生产企业注册管理规定》学习和宣贯、收集报送食品化妆品安全风险信息、进口食品专项整治、“食品安全周”宣传等工作，为忻州市进出口食品安全保驾护航。

【商品检验】2021 年，忻州海关按照“全覆盖、零容忍、严监管、重实效”要求，严格危险化学品检验双人执法，持证上岗，从严从实执行总署关于危险化学品检验监管的制度和要求；结合进出口危险化学品检验监管岗位资质等培训需求，组织人员积极参加总署、太原海关举办的专题培训，岗位练兵，扩大充实危险化学品检验监管专业队伍，不断提升外勤执法人员的安全防护意识和作业能力水平；参加出口危险化学品泄漏事件应急处置演练，进出口危险化学品突发事件应急处置能力得到有效提升，进一步筑牢了关区危险化学品安全监管防线。

【安全生产】2021 年，忻州海关深入学习贯彻习近平总书记关于安全生产重要论述，持续开展《安全生产法》宣传，扎实开展安全生产月和安全生产万里行活动，制定印发《忻州海关落实 2021 年安全生产年度重点工作任务行动方案的通知》《2021 年忻州海关安全生产重点工作任务分解表》《进出口危险化学品突发事件应急处置预案》，与市应急管理局就加强安全生产工作建立了联合机制，坚持统筹发展和安全，强化监管优化服务，完善落实安全生产责任制，有效防范化解重大安全风险。

【支持跨境电商发展】2021 年，忻州海关主动作为，结合当地实际，制定支持跨境电商发展的具体措施，大力推行“互联网 + 海关”办理跨境电商企业备案业务和通关业务，简化跨境电商 B2B“三不涉”货物的出口申报单证，优先安排跨境电商 B2B 出口货物的检验检疫、查验，全力保障忻州地区跨境电商业务开展；主动向当地政府提出意见建议，与商务部门、高新区等相关单位加强协作配合，联合开展海关及外贸业务培训会。

【统计分析及政策研究】2021 年，忻州海关与忻州市商务局、忻州市农村农业局分别签署关于海关贸易统计数据共享协议，充分发挥海关数据统计优势，监测忻州市外贸运行情况，分析研判忻州市外贸形势，提供更有价值的决策参考。

【企业管理和稽查】2021 年，忻州海关扎实推进各监管作业现场安全监管工作。加强对山西永旺能源集团物流配送有限公司保税仓库及出口配送型出口监管仓库的视频监控及日常管理工作，发现问题及时下发整改通知书，确保实时掌握两库运行情况；多次赴企业开展安全生产检查，张贴宣传海报，加强企业安全生产意识。强化企业管理和稽核查，规范企业备案登记。大力培育高级认证企业，将 3 家企业纳入高级认证企业优先信用培育库，联合太原海关企管处赴企业开展实地调研指导，宣讲海关优先培育优先认证举措。山西振钢生物科技股份有限公司通过认证，成为忻州市首家、全省第 12 家海关 AEO 高级认证企业。

【查缉走私】2021 年，忻州海关扎实开展打击“洋垃圾”以及濒危野生动植物走私工作。牵头成立忻州市打击走私综合治理办公室，组织忻州市各区县、各相关市直单位开展“国门利剑”行动落实打击走私各项部署，开展代号“清风行动”的打击野生动物非法贸易联合行动和打击“洋垃圾”进境工作。与忻州市烟草专卖局联合开展打击烟草走私工作。

【政务及后勤保障】2021 年，忻州海关共收发、拟办、传阅、办结系统内收文 2,163 件，接收忻州市文 297 件。发文 38 个，印发各类通知 48 个。加强档案管理，按时完成了2020年度文书档案的收集、整理、归档工作，整理档案共计4盒30件，其中永久2盒23件，30年1盒3件，10年1盒4件。强化信息宣传，编写政务信息170条，省级媒体采编1条。

按照相关要求，每日在税收系统中核对关税、增值税数据，并和人民银行国库科核对当日入库税费金额、领取日报表，每月初去人民银行国库科领取月报表、完成国库对账工作并在税费系统中报送税收月报，按月完成税收会计月报打印、装订、归档工作，年底完成税收会计决算报表、与国库未达账项调节表、税费账户年终余额情况一览表、银行存款未达账项调节表的报送与装订。

制定《忻州海关公务用车管理办法》，启用公务用车网上审批程序，加强公务用车管理，规范审批程序。建立完备的防疫物资出入库台账并定期盘点，指定专人管理、专库存放，确保防疫物资皆符合相关标准或使用要求。

加强保密和档案管理，召开2次党委会议强调保密和档案工作，要求全体干部职工要始终树立保密意识、压实保密责任，切实维护海关信息安全。强化舆情监测，充分发挥网评员工作职责，对网络舆情进行监测、引导，确保正确舆论导向。

【党风廉政建设】2021年，忻州海关落实从严治党主体责任。党委班子组织修订并重新印发了《忻州海关党委全面从严治党主体责任清单》，细化党委书记责任20条，党委委员清单内容15项，以责定单、照单履责，层层传导压力，切实把加强党的领导贯穿到各项工作中，确保各司其职、各尽其责。积极落实全国海关全面从严治党工作会议和太原海关全面从严治党工作会议要求，2次召开会议，对全面从严治党工作进行安排部署。认真开展警示教育月活动。聚焦党中央关于廉政建设的新指示、新要求，聚焦总署党委和太原海关党委工作部署以及总署通报的违纪违法典型案例开展学习，查找漏洞，补齐短板，切实提升廉政教育质效。紧盯春节、中秋、国庆等重要时间节点，加强廉洁提醒，深入开展政治纪律和政治规矩教育，着力锤炼好抓党建和党风廉政建设的“基本功”、引导党员干部不断强化自我约束和拒腐防变意识。扎实推进现场监管和外勤执法领域正风肃纪，通过深入分析风险岗位，风险问题，表现形式等，进一步明晰了工作职责、工作内容、工作权限，廉洁从政意识得到有效提升。

（撰稿人：黄　娟）

第七篇

事业单位

太原海关后勤管理中心

【概况】2021 年，太原海关后勤管理中心（以下简称“后管中心”）在太原海关党委领导下，以政治建设为统领，以队伍建设为基础，以安全生产为底线，以群众满意为目标，统筹安全、保障和发展 3 大任务，狠抓党史教育、巡视整改、疫情防控、人力资源优化、闲置资产利用和企业监督管理工作，不断提高管理和服务水平，推进队伍建设，强化内部管理，确保各项后勤服务和保障工作圆满完成。

【安全保障】2021 年，后管中心坚持常态化防控理念，落实主体责任，毫不放松抓好疫情防控工作。加强外来人员管控，密切关注风险地区返回人员，执行测温、验码、登记、戴口罩和风险排查防控措施；加强内部人员监测，认真执行日报告制度，强化身体不适及时报告意识，确保人员健康上岗；落实防控措施，常态化坚持公共区域保洁消毒通风、垃圾日清日运、公务车辆通风消毒、食堂错峰就餐、冷链食品洗消等措施；持续推进新冠病毒疫苗接种工作，明确保安、保洁、厨师等重点岗位从业人员“不接种不上岗”；规范隔离酒店运行，根据总署规定，在短时间内沟通对接，并经太原市卫建委考核，确定了隔离酒店，并加强对隔离酒店的监督管理，切实保障一线卫生检疫人员生活需求。全年召开 4 次安全生产形势分析会，每季度组织召开交通安全分析会，每周召开交通安全例会。对检查出的安全隐患查找分析原因，落实整改措施。完善值班及巡查等 20 个工作规范、27 个操作规程及制度。落实安全生产三级责任，科级负责人和责任人每周对生活基础设施巡检 2 次、每天对保洁工作组织检查，不定期抽查值班人员、保安人员值守及巡逻情况，日常巡查每 2 天 1 次，全年开展节假日安全大检查 16 次。人人参与安全管理，明确保洁、保安、值守人员均承担发现、报告设施设备损坏或故障以及关闭门窗、照明开关的职责；与属地消防、天然气等管理部门建立协作机制，对办公区消防设施和消防重点部位进行检查，开展长风办公区消防知识培训和应急演练。对学府街办公区锅炉房进行天然气安全检测和流量测定，购买锅炉运行和维保服务，从根本上解决无证上岗、技术力量薄等问题；坚持节前安全风险无死角、全覆盖式集中排查，对发现的问题和隐患坚持“不过夜”整改，确保逐一整改到位。重点对太原海关机关办公楼十层挑檐铝塑板易高空坠落伤人、化粪池建在建筑物地下易发生爆炸、消防管井倒灌、涉案财物仓储库设备损坏及配备不全等安全隐患进行了排除维修和改造。

【资产资源管理】2021 年，后管中心开展固定资产清理，做到了账账相符、账物相符。提高经费保障效率，优先向聘用人员工资、重点设施维修和疫情防控倾斜。深入贯彻落实“过紧日子”要求，坚持月分析制度，每月统计、分析、对比水电气支出费用；坚持办公用品定额管理制度，综合采取烘干机代替擦手纸、核定特种岗位领用数量等措施，开源节流提高资源能源及资金利用率。全年抢修水、电管网及其他维修 360 余次。

【房屋管理】2021 年，服务漪汾和朝阳区老旧小区改造项目，经多次争取，列入了太原市政改造项目。此外，长治路办公区在市政改造时预留了学府街东门出入口；规范了关警员宿舍管理；加强办公用房动态管理。根据太原海关机关人事调整情况，坚持每半年组织 1 次办公用房清查和调整，建立更新办公用房使用人动态图，公平、合理、合规解决办公用房存在问题，确保办公用房不超规定面积。

【服务保障】2021 年，后管中心坚持办好职工食堂，满意度测评达到 90% 以上。车辆管理方面，加强公务车辆使用管理。完善公务车辆管理系统，落实使用公示、费用公示、定点维修、定点加油、定点保险等规定；建立长效机制，每月组织 1 次对公务车辆电气线路、车胎、刹车等安全检查。加强监督检查和档案管理，公务车辆使用实现了规范化管理。

▲2021 年 12 月 21 日，后管中心组织开展冬至包饺子活动

（撰稿人：李俊革）

太原海关技术中心

【概况】2021 年，太原海关技术中心（以下简称“技术中心”）在太原海关党委领导下，坚持以“五关”建设为统领，在做好新冠肺炎疫情防控的同时，持续提高实验室检测能力和管理水平，提升执法保障技术支撑和服务山西开放型经济发展能力，做好法定检验和委托检测服务，开展口岸食品安全检测，做好口岸食品安全监督抽检和进境商品风险监测服务工作，开展总署预检验和名录修订工作，为严把国门生物安全做出贡献。

【新冠肺炎疫情防控】2021 年，技术中心落实新冠肺炎疫情防控工作，克服厌战松懈心态，充分认识疫情防控严峻形势和管控要求；层层落实防控责任，做好外出申请、登记和管控制度，坚持非必要不出门原则，减少聚集和集会；建立防疫物资专库，对防护物资统一登记、统一调配、统一管理，确保管理发放到位；开展谈心谈话，做好疫苗接种动员工作，要求全体人员执行技术规范，做好个人防护；派员参与 3 个梯队的口岸分流航班卫生检疫工作，为一线抗疫贡献力量。

【党的建设】2021 年，技术中心落实“第一议题”制度，不断增强“四个意识”、坚定“四个自信”、做到“两个维护”。组织开展学习研讨 33 次，支委讲党课 8 次，开展“我为群众办实事”12 项，均按计划完成；认真执行“三会一课”、双重组织生活制度，利用“学习强国”、“钉钉”、微信工作群创新开展“党史天天学、一周一心得”和“每周分享会”等学习活动，组织开展“学党史、强信念”“党员送温暖”等主题党日活动 12 次，组织线上线下学习 40 余次，提高了全体人员的政治理论水平；擦亮支部学习品牌，以创建“学党史 守初心 淬技能 助把关”

▲2021 年 11 月 12 日，技术中心组织集中收看党的十九届六中全会

支部学习品牌为抓手，部署基层党组织宣传工作，发动全体党员撰写、分享学习成果和心得54篇，参加党史知识竞赛、主题演讲比赛、学雷锋文明创城、网络学院专题班学习活动。获得省直文明标兵单位称号。

【深化改革】2021年，技术中心持续深化事业单位改革，宣讲岗位设置相关政策，开展谈心谈话，了解个人岗位意向，制定岗位名称、岗位职责和任职条件，为事业单位“三定”打好基础。以“钉钉”会议等方式定期召开工作例会和专题会议，传达落实上级部门安排部署，督促检查工作进展，交流好的经验做法，树立精品科室1个、精品示范岗8个。优化布局，发挥优势，推动关区各实验室形成特色鲜明、错位发展的新格局。年内2个实验室通过总署核查验收，成为国家重点实验室。围绕山西经济发展特点，谋划特色实验室布局，优化资源配置，全面梳理各分中心仪器设备，结合发展侧重点，将原先使用率不高或闲置的设备进行统一调配，累计搬迁设备180台（套），提高了设备资源利用率，缓解了检测业务与仪器设备不平衡的矛盾。

【实验室建设】2021年，技术中心开展了质量体系、市场业务、安全生产、检测实操、公文写作春训活动，对标精品岗位查找不足、改进提高。组织全体人员开展春训考核，在太原、大同、运城、临汾、长治开考，考试成绩与绩效挂钩，以考促学，以学提质，提升人员业务能力。

2021年，太原海关申建的“国家杂粮检疫检测重点实验室（大同）”和“国家温带果蔬检疫重点实验室（运城）”通过总署核查验收，对于山西省打造“南果中粮北肉”出口平台、助力外贸企业应对国外技术性贸易措施具有重要意义。加上原有的国家煤焦炭检测重点实验室（山西）、国家食醋检测重点实验室（山西）、国家蚧虫检疫重点实验室（山西），目前已有5个国家重点实验室投入运行，基本建成了以国家重点实验室为龙头、总署化矿金（山西）和动物检疫（山西）2个区域中心实验室为支撑、太原海关技术中心临汾和长治2个常规实验室为基础的公共检测服务平台。

质量体系建设方面，根据工作实际，按照国家认可委要求再次对体系文件和程序性文件进行修订；对检测报告全面改版，形成统一模式；创新采取分中心与中心本部交叉审核、分组组长负责制的形式，完成了年度内部审核工作。4月，中国合格评定国家认可委员会（CNAS）评审组对技术中心生物安全二级实验室进行了换证复评审。现场评审予以通过。加强检测技术学习和检测方向的分析研究，提出16项“精品”检测新方法和新技术，不断缩短检测流程；组织和参加质量控制活动，结果全部满意；利用技术优势组织全国性能力验证活动2次；为全国各实验室提供测量审核31家；开展留样再测、人员比对、盲样考核等质控工作15次，涉及项目43项。回收结果全部满意。

【安全生产】2021年，技术中心学牢固树立质量是基础、安全是底线的工作意识，落实太原海关“安全生产月”、“安全生产专项整治三年行动”、《安全生产法》要求，落实技术中心处、科、岗三级安全责任制，排查安全隐患，堵塞管理漏洞，全年共开展安全大检查24次，对发现的安全隐患及时处理，有效防范实验室安全事故发生；通过观看纪录片、悬挂安全标语、组织安全培训、加强监督检查、排查安全隐患等方式加强安全教育，压实安全责任。

【科研制标】2021年，技术中心在开展检验检测工作的同时，注意收集各项检测数据，加以提炼总结并开展科研、制标及专利申请工作。申报总署科研项目4项，其中1项获批准立项。技术中心承担的5项总署科研项目通过验收。申报总署标准2项，全部通过立项。获得2项实用新型专利证书，获得1项计算机软件著作权。撰写科学技术论文10余篇，在《食品工业科技》《山西农业科学》《中国食品添加剂》《理化检验》等省部级核心期刊上发表。其中2篇分别发表在核心期刊《Crop Protection》和《Biological Control》，被SCI收录。

【服务发展】2021年，技术中心深入企业和政府机关寻找服务切入点，开拓检测市场，提高市场占有率。与地方企业特别是山西省重点企业联络，为其提供体系管理和技术培训服务，帮助企业提高产品质量自控能力；利用技术优势深入企业开展车间洁净度检测及公共场所卫生检测、评价工作。加强平台建设，为政府部门提供技术支持。搭建公共检测服务平台，提升自身实力，参加市场竞争。助力供给侧改革和食品安全监管。为企业开展样品检测，助力企业保证产品质量；协助政府监管部门开展节日期间食品安全抽检，保障食品消费安全；开展饮用水安全项目检测，保障学生饮水安全；参与全国“调煤保电”任务，开展煤炭驻场检验服务；协助公安、监察等部门完成食品安全案件样品检测；协助农业部门开展“高标准农田”土壤监测；推动山西省食品农产品对“一带一路”沿线国家和地区出口。

【党风廉政建设】2021年，技术中心坚持严的主基调，以落实党风廉政建设目标责任制为重点，推进基层党组织建设，强化纪律作风廉政建设，巩固纠治“四风”成果，坚持零容忍惩治腐败的态度不变、力度不减，扎紧扎牢规范权力运行的笼子，用好监督执纪“四种形态”特别是“第一种形态”。通过深入开展纪律作风建设和廉政建设，切实转变干部作风，打造风清气正的准军事化纪律部队。加强廉政教育和风险排查，扎实推进清廉海关建设。组织全体党员干部学习《中国共产党章程》《中国共产党廉洁自律准则》等，学习海关全面从严治党规范性文件，开展廉政教育日和廉政教育月学习活动，开展经常性警示教育；开展“现场监管与外勤执法权力寻租”专项整治工作，对全员开展纪法教育，开展高风险领域廉政风险排查，分析原因，制定措施，防范廉政风险，技术中心撰写的“专项整治心得体会”得到总署第一检查组好评；加强纪律建设和作风建设，锻造准军事化纪律队伍。严格考勤制度和请销假管理，不定期抽查岗位考勤，每月公布出勤情况；按照《海关内务规范》要求做好内务管理和监督检查工作；组织参加队列训练，强化队伍纪律观念，培养雷厉风行、令行禁止的优良作风。

（撰稿人：宋　洁）

山西国际旅行卫生保健中心（太原海关口岸门诊部）

【概况】2021年，山西国际旅行卫生保健中心（太原海关口岸门诊部）（以下简称“保健中心”）在太原海关党委领导下，履行国境口岸卫生检疫技术支撑、出入境传染病监测体检及预防接种、国际旅行健康服务职责。保健中心集体获“全国五一巾帼标兵岗”，1人获太原海关年度疫情防控工作记功，1人获太原海关年度疫情防控工作嘉奖，10人获太原海关年度疫情防控表现突出个人通报表扬。

【新冠肺炎疫情防控】2021年，保健中心增配CT机及附属系统、全自动核酸提取及检测分析系统、次氯酸电解发生器等仪器设备。强化安全防护，做好安全监督，实施全天24小时不间断工作机制，保障口岸新冠病毒核酸、抗体、血常规、消毒效果评价等检测工作。完成口岸鼠蚊等病媒生物携带病原体检测。

组织对总署、国家卫健委印发的最新版《新冠肺炎口岸防控技术方案》等技术规范文件的学习培训，加强检测上岗实操，开展职业暴露、标本泄露等应急演练。派员参加有关实验室资质培训，1人参加核酸检测资质培训、3人参加实验室生物安全管理资质培训、3人参加高压灭菌设备使用资质培训、2人参加太原市法定传染病报告与应急工作能力培训。

根据规定要求对提取试剂、提取仪、扩增试剂、扩增仪等组成的检测系统进行必要性能验证，规范开展室内质控。常态化参加国家级和省级临检中心组织的室间质评，在国家卫健委临检中心组织的2021年全国新冠病毒德尔塔变异株核酸检测室间质评和山西省卫健委组织的新冠病毒核酸检测室间质评中，均取得满意成绩。注重发挥CNAS 17025认可体系作用，通过“扩项＋复评审”远程评审，实验室管理体系和技术能力满足CNAS认可要求。定期开展设备维护校准，确保关键检测设备正常稳定运行。

2021年，保健中心树立“安全第一，预防为主”理念，落实“培训考核、监督管理、健康监测”三位一体安全防护制度体系，执行“岗前检查、工作巡查、全程督查”“双人作业、互相监督”及三级专兼职安全防护监督员安全防护措施，紧盯实验室核心检测区域，避免发生交叉污染等质量事故。夯实实验室生物安全风险管控和院感管理，规范消毒工作，做好医疗废物处置，严格阳性样本保存和转运，采取切实可行措施防范和化解职业暴露及感染风险。强化疫情防控物资保障，实现物资供应动态调整。全体人员实现100%全程接种新冠病毒疫苗。严格落实关键岗位人员3天1次、重点岗位每周1次、常规岗位2周1次核酸检测频次。

将督导检查作为提升综合能力的契机，在太原海关专项督导检查中，落实各项督导检查要求，所有发现的问题均采取有效措施完成整改。在山西省卫健委开展的实验室生物安全专项检查、医疗机构院感防控督导、疫情防控专项督导、核酸检测实验室风险排查等督导检查中，落实医疗机构管理规定，检查意见建议及时整改到位，确保各项工作安全有效。

注重健康管理，合理编制值班工作计划，做好调整轮休，设置专用休息室，解决节假日、夜晚等时间段值班工作就餐问题。关注心理健康，加强谈心谈话，及时了解工作生活中的困难并及时解决，确保检测人员无后顾之忧。

根据新冠肺炎疫情流行情况，对标院感质控标准，发挥预检分诊的“哨点”作用，安排有经验的医务人员落实“一看二测三查四问”工作法，守好医疗机构入口关。体检工作中实施“一人一检一室、一人一物一换、一人一用一消”，落实“一米线、间隔坐、随手消”，防止交叉感染。做好环境消毒工作，对于高频率接触的物体表面或重点部门，增加消毒频次；定期开展紫外灯管、高压灭菌器、医疗污水的监测及消毒效果评价，完善消毒工作全链条管理。落实新冠医疗废物与普通医疗废物的分类贮存、转运，把好疫情防控最后一环。

【党的建设】2021年，保健中心组织传达学习党的十九届六中全会精神，组织全文学习《关于党的百年奋斗重大成就和历史经验的决议》等内容，增强“四个意识”、坚定“四个自信”、做到“两个维护”；开展党史学习教育。打造“学·思·信·行”党史学习教育学习品牌，集中学习《论中国共产党历史》等理论资料，举行党史学习教育专题组织生活会，赴山西国民师范旧址、马克思书屋等开展体验式教育学习，开展“赞歌献给党”“铭记‘政治生日’”主题党日活动。结合工作实际开展“党旗在一线高高飘扬”活动，设立党员先锋岗，开展“我为群众办实事”实践活动，参加太原海关“党在我心中”主题演讲比赛，1名同志获得二等奖。夯实基层党建。创新“三三三”党建工作法，把“白衣卫士、守护国门”党建品牌创建与“四强”党支部建设紧密结合，规范档案资料，强化阵地建设。落实“三会一课”、主题党日等制度。开展党员发展工作，1名预备党员批准转正，1名发展对象批准为预备党员。保健中心支部获太原海关先进基层党组织，1人获太原海关优秀共产党员，2人获太原海关优秀党务工作者。

开展“构建开放新高地，太原海关有作为”专题大讨论和基层党组织规范化建设专项整治，组织参加太原海关人事政工工作专题培训，加强对巡视整改工作的研究。深入推进全面从严治党，强化“两个责任”贯彻落实，推进党风廉政建设和反腐败工作，落实中央八项规定及其实施细则精神，开展专题警示教育，盯紧节假日、盯住重点人，利用工作例会、微信群等形式对苗头性问题及时发现、教育和提醒。

开展学雷锋志愿服务活动、“送温暖献爱心”、“山西暴雨灾情”等各类捐款捐助活动，落实山西省直文明单位管理办法和考核体系要求，收集整理文明创建记录、档案等，通过山西省直文明办现场验收考核，获得省直文明单位标兵。

【队伍建设】2021年，保健中心加强学习培训。通过理论学习、业务培训、专题讲座等方式加强干部职工的党性修养和业务素质。年内举办理论学习20次、新冠肺炎疫情防控培训6次、医疗废物规范化管理等业务培训16次，组织实操及书面考试23次，累计参与人数365人次，推动人员技术能力不断更新提高，1名同志通过了卫健系统放射医师上岗前培训考核和环保系统辐射安全专业考核，8名同志取得了卫健系统预防接种资格考核，1名同志考取了主管护师资质，21名医师通过了山西省卫健委组织的医师定期考核；2名同志通过2020年度总署卫生系列副高级职称评审，取得副主任医师任职资格。

【业务工作】2021年，保健中心监测体检出入境人员，实施预防接种。开展入境分流航班及货包机新冠病毒核酸检测、血清抗体检测及血常规检测。开展国境口岸环境样本新冠病毒核酸检测、非冷链重点商品新冠病毒核酸检测。开展口岸分流航班甲乙型流感、拉沙热、疟疾等病原体检测、口岸鼠蚊病媒生物携带病原体检测。开展口岸消毒效果评价130份。加强传染病疫情管理工作，规范疫情档案管理，按照《中华人民共和国传染病防治法》要求，进行流行病学调查并填写记录，及时通过中国疾病预防控制信息系统、智慧卫生检疫系统上报。

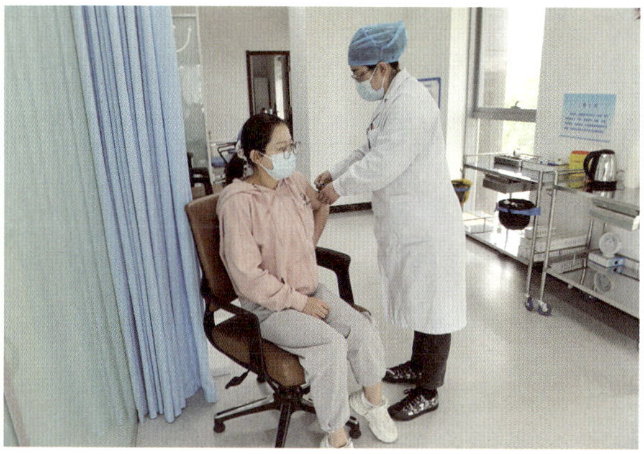

▲2021年5月8日，保健中心护士为出境留学人员接种麻腮风疫苗

2021年，保健中心在出入境人员健康咨询和宣教工作中，进一步加强人文关怀，在体检公共区域制作黄热病、新冠肺

炎、疟疾等6种传染病宣教展板，供出入境人员学习；张贴全球传染病疫情动态信息供旅行者参阅；加强重点人群的健康宣教和咨询工作，对前往非洲的援外医疗队员、赴南苏丹的维和队员科普目的国及周边传染病流行传播情况，发放传染病宣传资料，提高健康防护意识。全年共接待出入境人员国际旅行健康咨询22,000余人次。参加山西省疾控中心组织的埃博拉、黄热、尼帕病毒风险评估会议，根据三种病毒属性及全球传播流行情况，结合山西口岸航班运行情况，提出了三种疾病口岸输入风险预警和防控措施，助力山西传染病疫情联防联控。“全国疟疾日”和“世界艾滋病日”期间开展系列宣传活动和艾滋病自愿咨询检测工作，增强出入境人员科学防病和主动申报意识。

制定专项工作方案，派出骨干技术人员，优化工作流程和程序，出台专用通道接待、专门导诊、早餐等服务举措，完成了传染病监测体检及预防接种工作。开展国际旅行健康专题宣教，针对目的地较为常见和多发易感的传染病，从传染病流行情况、临床症状、预防控制等方面进行宣教，提高识病防病能力，为相关人员境外工作生活提供有力保障。

【业务拓展】2021年，保健中心优化体检流程，聘用三甲医院专家体检团队，规范体检工作质量，细化检后健康评估和回访机制，强化检中健康宣教，对重点人群及时反馈结果并电话回访。发挥了健康体检对疾病初期的预警作用。此外开展驾驶员体检、新冠病毒疫苗转录、社会接种等业务。

【科研制标】2021年，保健中心发挥山西省口岸卫生检疫标准化技术委员会的标准化引领作用，定期召开标委会工作会议和年会，完善标准体系，创新标准研发，发挥标准工作在口岸卫生检疫工作中的规范、引领作用。新申报2项山西省地方标准。1项总署课题完成验收工作。申请1项山西省科协健康科普课题并通过立项。

【安全生产】2021年，保健中心贯彻落实新《安全生产法》，成立了以保健中心主任为组长、副主任为副组长、各科室负责人为成员的安全生产工作领导小组，制定安全生产工作方案，排查安全风险隐患并推进问题整改。将安全生产工作纳入三会一课、工作例会、主任会议、科级会议，责任分解到科到岗；强化执业操作规范，组织开展辐射安全、预防接种不良反应应急处置、职业暴露、标本泄漏等应急演练，提升应急处置能力和水平。

【“精品海关”建设】2021年，保健中心将“精品海关”建设作为固定议题纳入主任会议、工作例会等，发挥2个精品科室和6个精品示范岗位示范引领作用，不断提高标准要求、强化精品意识。荣获太原海关“精品海关”建设先进集体，1人被评为太原海关“精品海关”建设先进个人。

（撰稿人：杨　玉）

中国电子口岸数据中心太原分中心

【概况】2021 年，中国电子口岸数据中心太原分中心（以下称“数据分中心”）聚焦优化口岸营商环境、促进贸易便利化、加快推进国际贸易“单一窗口”“互联网 + 海关”等重点项目运维服务，落实“六稳”“六保”工作任务，优化营商环境，全面推广“单一窗口”各项应用，强化内部管控和综合保障，为企业提供高水平高质量的服务。

【内部新冠肺炎疫情防控】2021 年，数据分中心提前谋划防控措施，履行防控责任，安排专人负责“日报告、零报告”工作，每周三次上报人员出行和核酸检测报告，持续监控高风险、中风险人员，排查风险隐患，动员全体人员主动落实各项防控制度。成立新冠肺炎疫情防控应急小组，出台防控措施，制定防控预案，年内累计向员工发放口罩 400 个。

【队伍建设】2021 年，数据分中心加强员工素质培养，完善客服知识库，强化质量监督，逐步提升热线接听质量。围绕国际贸易“单一窗口”、“互联网 + 海关”等项目做好客户服务工作，稳步提升服务效率。全年共接听企业咨询电话 1,605 个；组织干部职工参加“第十二届自贸区论坛”等培训，全年开展集中学习和文件传达 18 次，系统学习党的十九届六中全会精神等内容。

▲2021 年 1 月 7 日，数据分中心派员到中国建设银行太原河西支行开展培训

【“关银一 KEY”通】“关银一 KEY”通项目是集海关电子口岸密钥与建设银行

企业网银证书于一体的新型“共享盾”。全年，数据分中心先后为代理点人员开展 2 次技术培训，参训人数 260 人，已在太原、大同、运城等地设立 9 个“共享盾”合作代理制卡点，上述制卡代理点为山西省 113 家企业办理了制卡、换卡、证书更新等业务 382 张（次），为企业提供了更加便利的营商环境。

【电子口岸】2021 年，数据分中心依托“互联网 + 海关”“单一窗口”平台，推出包括线上和线下电子口岸全方位应用服务，帮助企业实现“零跑腿”办理业务，无须前往现场窗口也能办理入网业务，提高了办卡时效。在落实疫情防控措施的前提下，为企业提供全方位服务。线下为 636 家企业办理电子口岸卡业务 3,170 张（次），线上通过电话和微信解答企业问题 593 个，确保企业在疫情期间业务“不间断、无纸化和网络化”。

【国际贸易“单一窗口”】2021 年，数据分中心处理“单一窗口”热线电话 1,012 个、微信留言 20 个、QQ 留言 7 个，上报运管平台 19 个问题，为跨境电商、物流企业配置 DXPID（企业向海关传输报文的专属加密 ID）15 家，确保了国际贸易“单一窗口”标准版业务在山西的正常开展，进一步提升了业务应用率，解决了企业的后顾之忧。参与“单一窗口”发展规划研究工作，完成多份工作报告的撰写工作，为“单一窗口”健康发展建言献策。

【风险防控】2021 年，数据分中心建成较完备的突发事件应急管理体系，预防和处置突发事件能力得到提升。结合实际建立完善数据中心内控管理机制，防范化解管理风险、廉政风险。完善安全管理规章，加强安全风险防控。强化保密安全管理。加强消防安全管理，确保各办公区、机房、员工宿舍等区域消防安全。紧盯年节假日做好防止酒驾、醉驾提醒工作，确保不发生相关情事。

【财务管理】2021 年，数据分中心强化工作督办，制定政府采购管理办法，依法依规依预算开展政府采购工作，提高采购效率、项目预算审核精准度和资产管理规范程度。加强财务预算的科学化、精细化管理，提高资金使用效益。完成项目预算和支出等各类报表的编制工作；配合太原海关财务处、法规和督查内审处完成了对本单位的多次审计，并及时整改发现的问题；细化车辆管理流程，强化对车辆和驾驶员的安全管理，完成了公车使用和管理统计报告的撰写和上报工作。加强对所属经济实体的管理，进一步发挥监督管理职能，指导所属经济实体依法依规开展经营活动、提高经营管理能力，通过改革人事制度、优化人力资源配置等举措，进一步提高市场竞争力，实现创收目标和盈利目标。

【党风廉政建设】2021 年，数据分中心运用风险管控手段设置控制点，守好廉洁风险第一道防线。在采购管理、成本管理、风险管理等环节，加强工作规范建设。坚持项目采购、合同执行规范化、流程化管理，完善操作指引，确保有章可循。严格落实“管采分离”要求，依托中央政府采购平台完成设备采购，依托京东等第三方电子商务公共平台完成办公设备的日常采购，确保完成项目建设和技术延续性。

（撰稿人：陈　勇）

第八篇

人物荣誉

太原海关首次荣获“光荣在党50年”纪念章名单（共20人）

张秀文	葛玉生	马长河	刘　镕	毛春清	侯　仪
倪福安	谭世霞	张文义	贾金发	芦玉贵	李德友
高培成	李祝九	董　青	苏三焕	孙发贵	
崔春变	曹兰成	任俊山			

2021年太原海关荣获省部级表彰名录

山西国际旅行卫生保健中心（太原海关口岸门诊部）荣获中华全国总工会“全国五一巾帼标兵岗”

太原海关驻兴县驻村工作队荣获“山西省脱贫攻坚先进集体”称号

弓剑英同志荣获“山西省脱贫攻坚先进个人”称号

2021年太原海关“两优一先”名录

一　优秀共产党员（30 名）

郑　炜　张　宁　王　谊
曹　欣　李彦缇　张鹏伟
张国琴　蔺伟伟　柳春燕
韩俊华　党凌红　王嘉琪
卢蔚森　梁少华　高临峰
温星宇　宋　杰　段　歆
张升有　张小凤　杨学智
秦　军　赵佳佳　张金龙
王文达　薛　颖　黄　新
潘新果　张文义　王　兵

二　优秀党务工作者（30 名）

任　宏　侯芳芳　彭　飞
宋振宁　谭　涛　李　丰
漆　原　史新天　郝新敏
刘晋岩　张永臣　李　挚
张　超　张鹏雁　谭国军
卢康平　廉慧锋　刘小丰
许晓丹　何向华　李　鹏
赵　军　李玲玉　王　镇
黄　娟　宋　欢　王　红
康　杰　李俊革　任俊山

三　先进基层党组织（12 个）

办公室党支部
卫生检疫和进出口食品安全处党支部
人事教育处党支部
保健中心党支部
太原机场海关党总支
临汾海关党总支
运城海关党总支
晋阳海关查检科党支部
武宿海关查检科党支部
大同海关综合业务科党支部
晋城海关稽查科党支部
长治海关查检科党支部

2021年太原海关先进集体和先进个人名录

一 2021年年度考核优秀的领导班子和个人名录

（一）给予以下9个2021年年度考核优秀的处级领导班子嘉奖：

办公室
综合业务一处
卫生检疫和进出口食品安全处
机关党委（思想政治工作办公室）
监察室
晋阳海关
大同海关
运城海关
山西国际旅行卫生保健中心（太原海关口岸门诊部）

（二）为以下14名2019年至2021年连续3年年度考核优秀的同志记三等功：

赵宇晨　董旭亮　许卫东
李兆华　王　华　冯　艳
成莉莎　郭柳杉　王春霞
梁　昱　武星杰　何向华
赵　军　刘　政

（三）给予以下82名2021年年度考核优秀的同志嘉奖（公务员）：

廉慧锋　孙卫东　翟金义
宋　雷　吴泽元　石　喆
张鹏伟　邓光华　吴海军
白树琴　巨雨琴　王　镇
刘志鹏　延大海　宋　阳
席劲佳　牛　煜　张　宁
赵中华　徐　婷　侯　倩
曹　欣　范晓瑞　党海燕
张志凯　金会东　孙吉祥
蔺伟伟　杨　帅　冀加杰
吴冬花　杨　磊　朱江涛
王嘉琪　张　鹏　卢蔚森
焦鹏飞　梁少华　武　飞
贾浩霞　吕　品　樊　超
石慧宇　孙　波　赵文娟
温星宇　成　瑞　张晶晶
宁　静　王海涛　宋　杰
刘小丰　郝建军　樊燕红
林鑫磊　刘亚群　相小曼
靳斌斌　郭剑峰　赵梦滢

许晓丹 刘 刚 王泽军
黄 磊 徐浩然 李张铭
赵佳佳 赵瑞刚 张家维
张 博 张志文 倪 松
张新宇 陆 达 李明月
段 歆 芦 波 聂小寒
王静静 梁 冀 赵振华
张金龙

(四)给予以下15名2021年年度考核优秀的同志嘉奖(事业单位人员):

王 红 赵发宝 李俊革
潘新果 郝晓青 赵悠悠
张志华 杨蒲晨 郭小喜
宋 洁 高媛惠 杜利君
杨 玉 王文娟 李君萍

二 2021年专项工作先进集体和先进个人名录

(一)给予以下16个专项工作先进集体嘉奖:

太原海关新闻宣传工作集体

太原海关业务整合和人力资源优化专项工作小组

太原海关山西智造科技实业有限公司估价补税专班

太原海关进出口食品监督抽检和风险监测专项工作组

太原海关外来入侵物种口岸防控和进出境动植物疫情防控专项工作组

太原海关贯彻落实《"十四五"海关发展规划》工作组

太原海关核查业务改革专项工作组

太原海关机关经费保障专项工作组

太原海关党史学习教育领导小组办公室

太原海关"现场监管与外勤执法权力寻租"专项整治工作组

太原海关后勤管理中心疫情防控保障工作组

太原机场口岸国际货运保障专项工作组

晋阳海关跨境贸易优化营商环境工作专班

大同海关保税物流中心(B型)及跨境电商专项工作组

太原海关处理临汾市扶贫办遗留案件专项工作组

太原海关技术中心大同分中心山西公共检测平台建设专项工作组

(二)为以下1名专项工作先进个人记三等功:

贺子恒

(三)给予以下18名专项工作先进个人嘉奖:

朱月红 姜 名 高彩虹
李彦缇 宋 芳 孙 虹
韩俊华 杨志雄 张 琰
张瑞格 石毅潇 殷云峰
吴嘉欣 张 媛 刘 洪
李玲玉 杨 浩 穆贝莉

三 2021年疫情防控工作表现突出的个人名录

(一)为以下15名同志记个人三等功:

张 骥 原 迪 贺 捷
孙吉祥 杜 伟 张建龙

闫龙龙　　张志文　　张　博

王亚乾　　师洪恩　　李　华

李志鹏　　芦　波　　鲁慧钦

（二）为以下 3 名同志记功：

阴剑君　　秦　军　　李君萍

（三）给予以下 38 名同志个人嘉奖：

李芊芊　　侯芳芳　　尚文博

郭亚波　　高彩虹　　曹　欣

王艳霞　　王瑞琛　　苏　健

丰武海　　倪　松　　薛东华

高临峰　　李润恒　　支　茵

李小红　　席亮亮　　张志君

贾　星　　孙世龙　　李明月

段　歆　　郭　超（大同海关）

徐青阳　　秦　旭　　周学宏

聂小寒　　李慧宁　　王静静

王鹏飞　　梁　冀　　史晓娜

余　凯　　黄　娟　　王文达

刘海峰　　郭冬平　　李晓宾

（四）对以下 115 名同志予以通报表扬：

郑　炜　　王颖恺　　高瀚林

黄　涛　　赵中华　　顾　帅

王　苓　　郭　庆　　牛　煜

陈　然　　于文芳　　姜　名

邢郁文　　马　榕　　赵宇晨

张志瑞　　王建军　　路志昊

张鹏伟　　杨建业　　李　丰

杨　帅　　王　鑫　　柳春燕

苏　冰　　蔡劲松　　冀加杰

崔旭升　　史　杰　　杨志雄

苏宇澄　　卢蔚森　　董旭亮

王瑞霞　　李建鸿　　李　明

王　琦　　谭雨甜　　郭　丽

袁　枚　　吕　品　　康　芃

吉俊伟　　贾浩霞　　郭彤国

冯　艳　　裴晓丽　　成莉莎

杨国强　　范思瑞　　司良燕

樊　超　　乔国武　　李　鹭

王　华　　刘晓佳　　张鹏雁

王　跃　　杨　轩　　贺子恒

任　帅　　温星宇　　张　越

陆　达　　赵文娟　　李　玮

郝黎平　　邢泽波　　赵　昕

张新宇　　王　锐　　成　瑞

贾　芸　　冯嘉轴　　林鑫磊

鲁学峰　　刘小亚　　姚　宏

宁　钢　　姜　南　　张继豫

相小曼　　徐　靖　　吴嘉欣

杨　凯　　李轩质　　张治国

申梦童　　黄　峪　　吴泽鹏

裴晗言　　王子临　　黄　磊

弓剑英　　赵振华　　张金龙

雷晓东　　闫欣桐　　常作勋

王东斌　　乔本智　　潘新果

康　杰　　段红伟　　陈　阵

王　红　　范明卿　　郭红丽

黄　新　　杨　玉　　颜　娜

闫　鸿　　陈　茜　　穆贝莉

王文娟

2021年度太原海关授衔名录

一 《海关总署关于首次授予职级公务员关衔的命令》（署衔令〔2021〕1号）

授予以下1名同志三级关务监督关衔：

张 骥

二 《海关总署关于海关职级公务员首次评授三级关务监督关衔的命令》（署衔令〔2021〕3号）

以下5名同志关衔微调为三级关务监督：

陈 然　党海燕　卢康平
杨建平　张 云

三 《海关总署关于职级公务员首次调整关衔的命令》（署衔令〔2021〕4号）

（一）以下2名同志关衔晋升为二级关务督察：

毛晶洁　程 媛

（二）以下3名同志关衔微调为三级关务督察：

张志凯　苏 冰　张 琰

（三）以下1名同志关衔晋升为三级关务督察：

李世恩

四 《海关总署转发〈国务院关于授予和晋升曹大海等607名同志海关关衔的命令〉的通知》（署人发〔2021〕17号）

授予以下1名同志二级关务监督关衔：

石 兵

五 《海关总署关于2021年第一次关衔集中调整的命令》（署衔令〔2021〕7号）

（一）以下12名同志关衔微调为一级关务督察：

梁卫东　侯素宏　吴建国
蒋 龙　高临峰　李小红
魏 荣　郝黎平　王志强
牛华考　常海燕　史晓娜

（二）以下25名同志关衔晋升为一级关务督察：

徐 炜　蔚平英　贺 捷
张丽珍　郝宏斌　孙吉祥
刘晋岩　李 征　卢蔚森
丰武海　宋 伟　李 明
张永红　吕 品　杨国强
李 华　王忠贵　王 焰

鲁学峰　　姜　南　　姚　宏
郭永红　　芦　波　　周学宏
赵振华

（三）以下 2 名同志关衔微调为二级关务督察：

金会东　　司良燕

（四）授予以下 1 名同志三级关务督察关衔：

倪　松

（五）以下 2 名同志关衔微调为三级关务督察：

冯　侃　　石慧宇

六　《海关总署转发〈国务院关于授予和晋升俞晓丹等 209 名同志海关关衔的命令〉的通知》（署人发〔2021〕121 号）

授予以下 5 名同志二级关务监督关衔：

王培良　　司良燕　　连庚寅
刘大天　　张志坚

七　《海关总署关于 2021 年第二次关衔集中调整的命令》（署衔令〔2021〕18 号）

（一）以下 4 名同志关衔晋升为一级关务督察：

王大斌　　谭　涛　　李文海
巨雨琴

（二）以下 7 名同志关衔晋升为二级关务督察：

李　琴　　张国琴　　刘卓婷
米剑飞　　宁　钢　　张继豫
彭　搏

（三）授予以下 2 名同志三级关务督察关衔：

刘亚群　　李张铭

（四）以下 7 名同志关衔晋升为三级关务督察：

文晓光　　马　涛　　孙　波
陈丽雪　　相小曼　　刘　刚
李　蔚

八　《太原海关关于授予石慧宇等 26 名同志关衔的命令》（并关衔令〔2021〕1 号）

（一）授予以下 1 名同志一级关务督办关衔：

石慧宇

（二）授予以下 2 名同志二级关务督办关衔：

李　鹭　　王　锐

（三）授予以下 1 名同志三级关务督办关衔：

闫欣桐

（四）授予以下 22 名同志一级关务员关衔：

支　茵　　张　博　　王亚乾
师洪恩　　席亮亮　　贺子恒
温星宇　　张瑞格　　陆　达
任　帅　　贾　芸　　李明月
王　蓓　　徐青阳　　朱运红
许晓丹　　黄　峪　　李子墨
徐浩然　　郭弘泰　　苏　南
王文达

九　《太原海关关于晋升　微调孙扬等63名同志关衔的命令》（并关衔令〔2021〕2号）

（一）以下4名同志关衔微调为一级关务督办：

孙　扬　　郭　庆　　殷云峰
王蓓蓓

（二）以下8名同志关衔晋升为一级关务督办：

王颖恺　　彭　飞　　李龙乾
蔺伟伟　　杨　磊　　庾聪聪
乔国武　　徐　靖

（三）以下12名同志关衔微调为二级关务督办：

李兆华　　冀加杰　　张　燕
陈泓静　　成　瑞　　高瀚林
张升有　　郭　超　　张　媛
李　娜　　赵佳佳　　周轩德

（四）以下23名同志关衔晋升为二级关务督办：

宋　阳　　席劲佳　　侯　倩
许辕坤　　原　迪　　蒋鹏宇
杨　帅　　薄晓桐　　吕　敏
王　鑫　　韩俊华　　崔　珺
武　炜　　杨志雄　　王嘉琪
武晓威　　张　超　　王　琦
闫龙龙　　贾　星　　张　尧
崔　璨　　王　正

（五）以下16名同志关衔晋升为三级关务督办：

顾　帅　　姜　名　　马　榕
樊　超　　张志文　　李　敬
林鑫磊　　高　洋　　张治国
李轩质　　沈忆平　　赵梦滢
师云龙　　韩晓兰　　鲁慧钦
王鹏飞

十　《太原海关关于晋升　授予李彦缇等21名同志关衔的命令》（并关衔令〔2021〕3号）

（一）以下10名同志关衔微调为一级关务督办：

李彦缇　　孙　虹　　李　挚
裴晓丽　　王　锐　　赵慧玲
杨　凯　　葛润静　　雷晓东
徐娇娇

（二）以下1名同志关衔晋升为一级关务督办：

王　跃

（三）以下4名同志关衔微调为二级关务督办：

曹　佩　　武星杰　　李志鹏
杨　阳

（四）以下5名同志关衔晋升为三级关务督办：

成莉莎　　杨　轩　　宁　静
段　歆　　郭　超

（五）授予以下1名同志三级关务督办关衔：

冯嘉轴

十一 《太原海关关于晋升 微调曹欣等21名同志关衔的命令》（并关衔令〔2021〕4号）

（一）以下2名同志微调为一级关务督办关衔：

曹　欣　　刘　红

（二）以下10名同志关衔晋升为二级关务督办：

尚文博　　吴冬花　　苏宇澄
焦　誉　　郭柳杉　　杨　杰
宋　杰　　秦　旭　　李林珊
王　坤

（三）以下9名同志关衔晋升为三级关务督办：

师洪恩　　梁　昱　　刘怡君
吴泽鹏　　李慧宁　　裴晗言
李亚光　　郭弘泰　　王文达

第九篇

大事记

2021年太原海关大事记

1月

▲1日 副关长丁三寅、丁传民参加总署进口高风险非冷链集装箱货物口岸环节新冠病毒检测和预防性消毒工作电视电话会议。

▲2日 副关长丁三寅在太原武宿国际机场现场指挥 CA738/B6091（华沙—太原）入境国际航班检疫监管工作。

▲4日 副关长丁传民组织综合业务一处召开 2021 年工作形势分析会。

▲5日 关长高继科列席山西省政府常务会议。

▲6日 山西省副省长卢东亮到太原海关调研指导，关长高继科汇报了服务山西经济社会发展的工作情况和 2021 年工作打算。党委纪检组组长张军、副关长丁三寅、政治部主任张彦分别就分管工作作简要汇报。

关长高继科在山西省政府参加防疫工作电视电话会议。

关长高继科陪同山西省副省长卢东亮在太原武宿综合保税区调研，听取综保产业园项目建设情况介绍，调研武宿综合保税区跨境电商监管中心运营情况、进境水果与冰鲜水产品指定监管场地运营情况、中安融合特色食品加工园牛肉加工厂情况、华远陆港跨境电商有限公司运营情况。副关长丁三寅，省政府办公厅、山西综合改革示范区、省商务厅、省卫健委负责人，中国邮政集团山西分公司、中国出口信用保险公司山西分公司负责人参加。

副关长丁传民参加山西省打击侵权假冒工作领导小组会议。

太原机场海关拍摄的《你回家的路，我来守护》获得第四届社会主义核心价值观主题微电影征集活动 3 分钟类三等优秀作品。

太原海关取得全国海关动植物检疫岗位练兵和技能比武预赛优秀组织奖。

▲7日 副关长丁三寅在太原武宿国际机场现场指挥 CA878（哥本哈根—太原）入境国际航班检疫监管工作。

副关长丁传民主持召开推动山西省航空运输进出口业务发展研讨会。

政治部主任张彦参加总署 2020 年度直

属海关单位民主生活会工作推进电视电话会议。

▲**9日**　党委纪检组组长张军在太原武宿国际机场现场指挥CA738（华沙—太原）入境国际航班检疫监管工作。

太原海关缉私局开展系列活动隆重庆祝首个中国人民警察节。

▲**10日**　太原海关关领导向首个中国人民警察节表示祝贺。关长高继科为缉私局庆祝首个中国人民警察节题词："警徽闪耀守国门　赤胆忠心为人民"。党委纪检组组长张军题词："缉私铁警　廉政尖兵"。其他关领导分别通过各种形式向关区缉私警察表达节日慰问。

▲**11日**　党委纪检组组长张军到数据中心及东方物通公司调研并检查疫情防控工作。

副关长丁三寅主持召开企业核查工作研讨会。

▲**12日**　党委纪检组组长张军到技术中心、保健中心督导检查疫情防控工作。

政治部主任张彦组织召开专项巡察反馈会。

▲**14日**　党委纪检组组长张军在太原武宿国际机场现场指挥CA878/B308C（哥本哈根—太原）入境国际航班检疫监管工作。

副关长丁三寅在山西省政府参加全国疫情防控工作电视电话会议。

副关长丁传民在山西省政府参加完善多层次立体化口岸体系专题会议。

▲**15日**　关长高继科列席山西省政府常务会议。

关长高继科、缉私局局长单烜到山西省政府拜访省打私办张红良主任，围绕山西省打私办机构设置情况、近年来打私工作取得的成绩、全省反走私形势分析和下一步工作打算及建议作专题汇报。

副关长丁三寅主持召开进境种猪指定隔离场预验收协调会。

▲**16日**　缉私局局长单烜在太原武宿国际机场现场指挥CA738（华沙—太原）入境国际航班检疫监管工作。

太原海关继续保留"全国文明单位"荣誉称号。

▲**18日**　太原海关召开党委理论学习中心组专题学习会议。

▲**19日**　副关长丁传民主持召开太原海关2021年二上预算编制工作视频会议。

大同国际陆港保税物流中心（B型）验收获得总署批复同意。

▲**19日—22日**　关长高继科参加山西省政协十二届四次会议。

▲**20日**　太原海关召开1月份形势分析及工作督查例会。

▲**21日**　党委纪检组组长张军在太原武宿国际机场现场指挥CA878（哥本哈根—太原）入境国际航班检疫监管工作。

太原海关与郑州海关就太原国际邮件互换局出境邮件转运监管签订联系配合办法。

▲**22日**　关长高继科参加山西省委第

四十七次专题会议暨省疫情防控工作领导小组会议。

党委纪检组组长张军到第一派驻纪检组调研指导工作。

党委纪检组组长张军检查晋阳海关冬春季疫情防控工作。

▲23 日 关长高继科在山西省政府参加全国安全生产电视电话会议。

政治部主任张彦在太原武宿国际机场现场指挥 CA738（华沙—太原）入境国际航班检疫监管工作。

▲25 日 驻署纪检监察组组长陶治国对太原海关做好境外疫情防控工作作出指示。

关长高继科列席山西省政府常务会议。

党委纪检组组长张军到太原机场海关检查疫情防控工作。

太原海关召开 2020 年度基层党组织书记抓党建工作述职评议考核会。

▲26 日 关长高继科参加山西省政府专题会议。

太原海关召开 2020 年山西省进出口情况新闻发布会，副关长丁三寅出席。

政治部主任张彦到晋阳海关调研。

▲27 日 政治部主任张彦到武宿海关调研，实地调研综合保税区海关监管作业场所及业务开展情况，听取相关工作汇报并提出要求。

▲28 日 太原海关组织参加 2021 年全国海关工作会议、全国海关全面从严治党工作会议。

关长、党委书记高继科以视频形式在并参加总署领导班子和领导干部年度考核暨总署党委干部选拔任用工作“一报告两评议”会议。

缉私局局长单炬在太原武宿国际机场现场指挥 CA878（哥本哈根—太原）入境国际航班检疫监管工作。

副关长丁传民参加山西省跨境电子商务综合试验区建设工作协调小组第二次会议。

▲29 日 党委纪检组组长张军以视频形式在并参加 2021 年全国海关纪检监察工作会议，并在会后就贯彻落实会议精神提出要求。

缉私局局长单炬参加山西省委政法工作会议。

2 月

▲2 日 关长高继科参加并指导运城海关党委 2020 年度民主生活会。

党委纪检组组长张军列席中共山西省纪委第十一届七次全会。

太原海关国家杂粮检疫检测重点实验室（大同）和国家温带果蔬检疫重点实验室（运城）通过总署核查验收，获得国家重点实验室称号。

▲3 日 召开 2021 年太原海关工作会议暨全面从严治党工作会议。

太原海关召开关领导班子和署管干部年度考核、“一报告两评议”、署管领导干部任职试用期满考核工作会议。

缉私局局长单烜参加并指导临汾海关党委2020年度民主生活会。

▲**5日**　副关长丁三寅参加并指导太原机场海关党委2020年度民主生活会。

政治部主任张彦参加并指导朔州海关党委2020年度民主生活会。

▲**6日**　政治部主任张彦在太原武宿国际机场现场指挥CA738（华沙—太原）入境国际航班检疫监管工作。

政治部主任张彦到太原机场海关检查指导入境航班检疫监管工作。

▲**7日**　太原海关组织参加2021年全国海关缉私工作会议暨全国打私办主任会议。

缉私局局长单烜在山西省公安厅参加全国公安机关视频会议。

政治部主任张彦组织召开政治部成员单位工作动员会。

▲**8日**　副关长丁三寅参加太原国际邮件互换局扩容升级专题会议。

副关长丁三寅参加山西省航空运输进出口工作专题会议。

政治部主任张彦代表太原海关党委春节前走访慰问困难党员。

缉私局政委郝韡在山西省公安厅参加全国公安机关党风廉政建设会议。

▲**9日**　关长高继科带队向山西省副省长卢东亮汇报工作，专题汇报2021年全国海关缉私工作会议暨全国打私办主任会议精神和2020年全省打击走私综合治理工作情况。缉私局局长单烜，缉私局综合办公室负责同志陪同参加。

关长高继科在山西省政协出席促进服务贸易创新发展专题调研部署会。

缉私局政委郝韡在山西省公安厅参加2020年度省公安厅党委民主生活会。

▲**10日**　党委纪检组组长张军带队开展春节前安全检查。

▲**12日**　关长高继科检查春节期间应急值守情况并看望慰问值班人员。

▲**18日**　关长高继科参加山西省委全面深化“13710”工作制度推进会。

副关长丁传民召开关长办公会研究监控指挥中心事宜。

▲**19日**　副关长丁传民到晋阳海关为全体党员讲党课。

▲**20日**　关长高继科在山西省委参加中央党史学习教育动员大会视频会议。

党委纪检组组长张军在太原武宿国际机场现场指挥CA738（华沙—太原）入境国际航班检疫监管工作。

副关长丁三寅参加山西省委农村工作领导小组办公室征求意见座谈会。

▲**21日**　在并关领导集体到山西省政府参加传达中央文件精神会议。

▲**22日**　太原海关召开2月份形势分析及工作督查例会。

政治部主任张彦为2021年岗位练兵“春训”跨境电商专题培训讲授第一课。

▲**23日**　关长高继科在山西省政协参加“促进服务贸易创新发展”座谈会。

副关长丁传民参加2021年全国口岸办主任电视电话会议。

▲**24日**　副关长丁三寅会见山西转型综合改革示范区管委会总经济师程国平一行。

政治部主任张彦以视频形式在并参加2021年全国海关政治部主任会议。

政治部主任张彦参加并指导政工办党支部2020年度民主生活会暨组织生活会。

▲**25日**　副关长丁三寅参加全国海关政策研究及统计工作电视视频会议。

缉私局局长单烜在太原武宿国际机场现场指挥CA878（哥本哈根—太原）入境国际航班检疫监管工作。

副关长丁传民参加山西省政协关于服务贸易专题调研情况通报会并作专题发言。

政治部主任张彦召开政治部全体人员工作会议。

▲**26日**　太原海关党委班子成员集体参加驻署纪检监察组“现场监管与外勤执法权力寻租”专项整治工作动员部署视频会议。

党委纪检组组长张军在并参加全国海关办公室工作会议。

副关长丁传民主持召开关长办公会专题研究工单式核销辅助系统改造工作。

▲**27日**　副关长丁三寅在太原武宿国际机场现场指挥CA738（华沙—太原）入境国际航班检疫监管工作。

3月

▲**1日**　政治部主任张彦到后勤管理中心对事业单位改革和岗位设置等工作进行调研指导。

▲**2日**　副关长丁三寅列席山西省政府常务会议。

副关长丁三寅在并参加2021年全国海关动植物检疫工作视频会议。

缉私局局长单烜在山西省委主会场参加山西省“三零”单位创建工作推进会暨省委平安山西建设领导小组2021年第三次会议。

缉私局局长单烜参加山西省委平安山西建设有关会议。

政治部主任张彦到技术中心、保健中心调研。

▲**3日**　缉私局局长单烜在山西省公安厅参加全国公安队伍教育整顿动员部署电视电话会议。

缉私局局长单烜听取企业管理和稽查处2021年重点工作汇报。

副关长丁传民在并参加2021年全国海关商品检验工作会议。

▲**4日**　太原海关召开党委巡察工作领导小组会议。

党委纪检组组长张军组织召开专题会议研究部署“现场监管与外勤执法权力寻租”专项整治工作。

副关长丁传民在并参加2021年全国海关综合业务工作会议。

政治部主任张彦参加并指导离退休干部办公室党支部2020年度民主生活会暨组织生活会。

▲**5日**　副关长丁传民到晋阳海关

调研。

政治部主任张彦到太原机场海关调研。

▲6 日 副关长丁传民在太原武宿国际机场现场指挥 CA738（华沙—太原）入境国际航班检疫监管工作。

▲8 日 缉私局局长单烜听取法规和督察内审处工作汇报。

副关长丁传民参加 2021 年山西省服务贸易工作会议。

副关长丁传民参加综合改革示范区外贸工作协调会。

副关长丁传民到综试区管委会就“工单式核销辅助系统”改造事宜进行协调。

▲9 日 副关长丁三寅到太原机场海关调研。

副关长丁传民到技术中心开展精细化管理培训活动。

副关长丁传民参加 2021 年全国海关科技工作会议。

政治部主任张彦出席机关离退休干部党史学习教育动员会并作动员讲话。

▲9—12 日 政治部主任张彦参加党建工作交流研讨座谈会。

▲10 日 副关长丁三寅到武宿海关调研。

副关长丁传民到技术中心调研。

政治部主任张彦参加 2021 年度海关系统考试录用公务员面试、体检和考察工作视频会议。

▲11 日 党委纪检组组长张军在太原武宿国际机场现场指挥 CA878（哥本哈根—太原）入境国际航班检疫监管工作。

太原海关召开 3 月份形势分析及工作督查例会。

▲12 日 太原海关召开党委理论学习中心组（扩大）学习会。

太原海关召开促进武宿综合保税区业务发展工作会议。

▲15 日 副关长丁传民出席太原海关检验检测公共服务情况新闻发布会。

太原机场海关邮件监管科和杨轩同志分别获山西省“扫黄打非”工作先进集体和先进个人荣誉称号。

▲16 日 太原海关召开“现场监管与外勤执法权力寻租”专项整治工作动员部署会。

政治部主任张彦到上海海关学院参加总署举办的学习贯彻党的十九届五中全会精神暨党史学习教育专题培训班。

▲17 日 太原海关党委巡察组在运城海关召开巡察运城海关党委工作动员会。

党委纪检组组长张军到第三派驻纪检组调研指导。

副关长丁三寅到卫生检疫和进出口食品安全处调研。

副关长丁传民到晋阳海关协调工单核销辅助系统相关事宜。

▲18 日 副关长丁三寅到综合业务二处调研。

副关长丁三寅到统计分析处调研。

太原海关召开禧佑源航空科技综合维修基地项目座谈会。

人事教育处完成专业技术类公务员职级套转工作。

▲19 日 副关长丁三寅到保健中心调研。

副关长丁传民到太原机场海关调研。

▲20 日 副关长丁传民在武宿国际机场现场指挥 CA738（华沙—太原）入境国际航班检疫监管工作。

技术中心承担的 6 项署级科研项目顺利通过验收。

▲22 日 关长高继科、副关长丁传民实地调研滃汾街办公区基建项目推进工作。

副关长丁三寅、缉私局政委郝鞲到上海海关学院参加总署举办的学习贯彻党的十九届五中全会精神暨党史学习教育专题培训班。

副关长丁传民组织召开关长专题办公会，研究解决了晋阳海关业务系统单据处置事宜。

缉私局派员参加山西省打击整治枪支爆炸物品违法犯罪厅际联席会议全体会议暨深化专项行动推进会。

▲23 日 政治部主任张彦到监察室调研。

法规和督查内审处在运城海关召开内控建设座谈会。

太原海关首次牵头与山西省农业农村厅、山西省林业和草原局联合发文防控重大动物疫病传入传出。

▲24 日 党委纪检组组长张军到综合业务二处调研。

太原海关召开 2021 年度内控工作会议。

副关长丁传民召开关长办公会研究压缩货物整体通关时间事宜。

政治部主任张彦拜访山西省委组织部部务委员刘鹏。

太原海关召开 2021 年综合、监管、商检业务工作视频会。

▲24—26 日 关长高继科赴运城、临汾参加省政协“促进服务贸易创新发展”考察调研活动。

缉私局局长单烜到总署广州干部教育培训中心参加全国海关法治工作会议。

▲25 日 副关长丁传民到华远国际陆港集团有限公司现场调研。

政治部主任张彦带队到太原海关驻兴县帮扶点恶虎滩村调研扶贫工作并开展结对帮扶活动。

▲26 日 太原海关召开“现场监管与外勤执法权力寻租”专项整治工作推进会。

▲29 日 2021 年山西省打击走私综合治理工作会议在太原海关召开。

太原海关召开 2021 年关区缉私工作会议。

法规和督察内审处向太原海关党委汇报全国海关法治工作会议精神。

▲30 日 关长高继科参加山西省委第四十八次专题会议暨疫情防控工作领导小组会议。

太原海关审计组在太原机场海关召开经济责任审计见面会。

▲31 日　副关长丁三寅参加山西省食安委召开的全省食品安全集中整治百日行动总结视频会暨新闻发布会。

政治部主任张彦参加人事教育处党支部党史学习教育专题研讨会。

太原海关党委纪检组召开“现场监管与外勤执法权力寻租”专项整治第二次推进会。

太原海关出口危险化学品泄漏突发事件应急演练在长治举行。

太原海关2020年度机关党建工作获山西省直工委考核“优秀”等次。

▲3 月 31 日—4 月 2 日　副关长丁三寅参加2021年全国海关督察内审工作会议。

4 月

▲1 日　缉私局局长单烜参加山西省政府召开的开通太原机场客运、货运航线工作专题会。韦韬副省长主持会议，综合业务一处负责人陪同参加。

政治部主任张彦在太原武宿国际机场现场指挥CA878（哥本哈根—太原）入境国际航班检疫监管工作。

太原海关启动代号为“蓝网行动2021”的寄递渠道知识产权保护专项执法行动。

▲2 日　政治部主任、机关党委书记张彦组织召开机关党委会。

▲3 日　副关长丁三寅在太原武宿国际机场现场指挥CA738（华沙—太原）入境国际航班检疫监管工作。

▲6 日　关长高继科在山西省政协参加促进服务贸易创新发展企业座谈会。

▲8 日　关长高继科在并参加2021年全国海关财务工作视频会议。

党委纪检组组长张军在太原武宿国际机场现场指挥CA878（哥本哈根—太原）入境国际航班检疫监管工作。

太原海关开展2020年度职称申报评审工作。

▲9 日　关长高继科主持召开太原海关党委巡察工作领导小组会议。

太原海关召开“现场监管与外勤执法权力寻租”专项整治工作第三次推进会。

党委纪检组组长张军到晋阳海关检查“现场监管与外勤执法权力寻租”专项整治工作。

▲12 日　总署党委第二巡视组巡视太原海关党委工作动员会召开。

关长高继科参加太原海关处级干部学习贯彻党的十九届五中全会精神暨党史学习教育专题培训（第一期）开班式并讲话。

党委纪检组组长张军到上海海关学院参加总署举办的学习贯彻党的十九届五中全会精神暨党史学习教育专题培训班。

▲13 日　副关长丁传民调研督导综合业务一处“现场监管与外勤执法权力寻

租”专项整治工作。

副关长丁传民主持召开防范非执法领域廉政风险座谈会。

▲14 日 副关长丁三寅在晋城参加太原海关国门生物安全新闻发布会。

副关长丁三寅在晋城出席太原海关国门生物安全暨“国门绿盾 2021”行动现场会开班式。

▲15 日 总署党委第二巡视组听取太原海关党委工作专题汇报。

总署党委第二巡视组听取太原海关政治部工作专题汇报。

▲16 日 政治部主任张彦对新提任科级领导干部开展任前谈话。

政治部主任张彦到法规和督察内审处调研。

▲17 日 缉私局局长单烜在太原武宿国际机场现场指挥 CA738（华沙—太原）入境国际航班检疫监管工作。

▲19 日 太原海关召开 4 月份（一季度）形势分析及工作督查例会。

关长高继科、副关长丁三寅一行到太原武宿综合保税区调研。

缉私局局长单烜到上海海关学院参加总署举办的学习贯彻党的十九届五中全会精神暨党史学习教育专题培训班（第五期）。

政治部主任张彦参加太原海关处级干部学习贯彻党的十九届五中全会精神暨党史学习教育专题培训（第二期）开班式并讲话。

太原海关获山西省 2020 年度目标责任考核“促进山西经济社会发展突出贡献单位”等次。

▲19—22 日 太原海关开展内务规范强化月准军事化队列集训。

▲20 日 关长高继科陪同山西省委书记楼阳生在方略保税物流中心调研。

副关长丁传民现场督导太原武宿综合保税区进境水果指定监管场地验收会议准备工作。

▲21 日 署长倪岳峰在并与山西省委书记楼阳生举行工作会谈。省委副书记、省长林武，副省长卢东亮出席。关长高继科、党委纪检组组长张军参加。

太原海关召开党委理论学习中心组（扩大）学习会暨党史学习教育第二次专题学习会。

副关长丁三寅参加山西省食品安全委员会第三次全体会议。

山西省直文明办第四考核验收组对技术中心、保健中心、后管中心 2020 年度省直文明单位标兵创建工作进行实地考察。

保健中心获“全国五一巾帼标兵岗”荣誉称号。

▲21—23 日 署长倪岳峰在山西省调研。

▲22 日 副关长丁三寅在太原武宿国际机场现场指挥 CA878（哥本哈根—太原）入境国际航班检疫监管工作。

副关长丁传民出席太原武宿综合保税区进境水果指定监管场地远程验收会议。

政治部主任、党委委员张彦陪同山西

省直文明办第四验收组赴忻州海关进行检查，并对该关党史学习教育开展情况进行专项督查。

▲22—25日 太原海关女子乒乓球队参加“巾帼建新功·共筑中国梦”第三届全省女职工乒乓球比赛。

▲23日 太原海关受邀参加全国16省（区、市）侵权假冒伪劣商品统一销毁行动山西分会场启动仪式。

▲25日 副关长丁传民主持召开安全生产工作会议。

▲26—27日 太原海关开展内务规范强化月准军事化队列集训。

▲27日 副关长丁三寅参加全国海关卫生检疫工作视频会议。

副关长丁传民参加太原海关2021年一季度进出口情况新闻发布会。

副关长丁传民组织召开关区业务整合优化工作专题会。

政治部主任张彦参加党委巡察组巡察运城海关反馈会。

政治部主任张彦到运城海关实地调研。

政治部主任张彦会见运城市副市长崔元斌。

▲28日 关长高继科实地调研华远陆港跨境电商产业园并出席启动仪式。

党委理论学习中心组赴长治市武乡县八路军太行纪念馆、八路军总部砖壁、王家峪旧址开展体验式党史学习教育。关党委委员、总署党委第二巡视组成员、在并理论学习中心组成员参加。

召开太原海关2021年法治工作会议暨《生物安全法》宣讲会。政治部主任张彦对加强法治建设提出具体要求。

▲29日 关长高继科对做好“五一”劳动节期间安全生产和疫情内部防控提出工作要求。

党委纪检组组长张军召开政务信息工作专题推进会。

缉私局局长单烜参加全国海关缉私部门2021年第二次工作例会。

副关长丁传民出席太原武宿综合保税区冰鲜水产品指定查验场地远程验收会议。

政治部主任张彦在并参加2021年全国海关巡察工作视频会议。

政治部主任张彦参加机关团委“百年正青春，重走光辉路”党史教育五四专题活动。

▲30日 太原海关召开党委巡察组专项巡察工作动员会。

副关长丁传民带队到太原机场海关开展节前安全检查。

政治部主任张彦开展党史学习教育宣讲并讲授专题党课。

5月

▲1日 副关长丁三寅到山西省委参加疫情防控工作会议。

副关长丁传民检查五一期间监控指挥中心值守情况并慰问值班人员。

▲5日 副关长丁传民检查五一期间

监控指挥中心值守情况并慰问值班人员。

▲6 日　党委纪检组组长张军为纪检监察干部讲授党史学习教育专题党课。

党委纪检组组长张军主持召开“现场监管与外勤执法权力寻租”专项整治第 6 次工作推进会。

▲7 日　副关长丁传民走访山西省财政厅。

副关长丁传民到技术中心和保健中心开展高空坠物安全检查。

政治部主任张彦到大同海关调研，其间会见了大同市副市长郝献民。

▲8 日　缉私局局长单炟参加全国海关缉私部门专题工作视频会议。

副关长丁传民在太原武宿国际机场现场指挥 CA738（华沙—太原）入境国际航班检疫监管工作。

▲10 日　山西省副省长贺天才到忻州海关调研。

总署党委第二巡视组到大同海关、运城海关开展巡视工作。

太原海关召开 5 月份形势分析及工作督查例会。

▲11 日　总署党委第二巡视组到临汾海关、朔州海关开展巡视工作。

关长高继科、副关长丁传民、政治部主任张彦到审计署驻太原特派员办事处走访调研。

关长高继科在山西省政府参加全省商务运行调度视频会议暨外贸、外资、服务贸易联席会议。

太原海关召开业务整合优化工作关长办公会。

山西省直工委第十一考察组来太原海关进行山西省脱贫攻坚先进集体推荐考察。

▲12 日　总署党委第二巡视组到忻州海关、晋城海关开展巡视工作。

▲13 日　总署党委第二巡视组到长治海关、阳泉海关开展巡视工作。

关长高继科列席山西省政府第 109 次常务会议。

党委纪检组组长张军到第四派驻纪检组指导工作。

副关长丁传民召集开展商检业务条线执法检查发现问题专项诊治。

▲13—14 日　党委纪检组组长张军到晋城海关调研。

▲14 日　关长高继科到智奇铁路设备有限公司参加山西省领导入企服务活动。

党委纪检组组长张军到瑞亚力集团调研。

副关长丁传民到长治海关开展闲置房产盘活利用调研督导。

太原海关机关党委召开 2021 年度第四次会议。政治部主任、机关党委书记张彦主持会议，在并机关党委委员参会。

太原海关举办公职律师培训会暨专项集中工作。政治部主任张彦出席会议并提出具体要求。

▲17 日　太原海关召开党委理论学习中心组（扩大）学习暨党史学习教育第四

次专题学习会。

关长高继科参加第十二届中博会筹备工作动员会。

副关长丁三寅参加全国新冠肺炎疫情防控和新冠病毒疫苗接种工作视频会议。

政治部主任张彦到企业管理和稽查处调研。

▲18 日 缉私局组织开展“牢记领袖嘱托，践行使命担当”实地研学活动。局党组理论学习中心组全体成员赴太钢不锈钢精密带钢有限公司、太原重工轨道交通设备有限公司、山西转型综合改革示范区政务服务中心改革创新展厅进行参观学习。

缉私局局长单烜参加全国海关缉私部门教育整顿专题工作部署会议。

副关长丁传民到太原机场海关开展“我为群众办实事”专题调研。

▲19 日 政治部主任张彦参加全国海关企业管理和稽查工作会议。

▲19 日 副关长丁三寅陪同全国新冠病毒疫苗接种工作国家驻点指导组到太原机场检查指导。

副关长丁传民到晋阳海关查检科党支部参加党建基层联系点活动并讲授党史学习教育专题党课。

缉私局破获一起涉嫌通过邮递渠道走私奢侈品入境案件。

▲20 日 总署党委第二巡视组到晋阳海关开展巡视工作。

关长高继科到运城海关及基层联系点调研。

太原海关举办“党在我心中”党史知识竞赛。

副关长丁三寅与山西转型综合改革示范区总经济师程国平一行座谈交流有关工作事项。

副关长丁传民到技术中心开展“检测工作质量提升”专题调研与座谈。

山西省卫健委到保健中心开展新冠肺炎疫情防控督导检查。

▲21 日 总署党委第二巡视组到太原机场海关开展巡视工作。

关长高继科到山西大运汽车股份有限公司、夏县运力化工有限公司调研。

副关长丁三寅参加第二届中国—匈牙利地方合作机制会议并致辞。

副关长丁传民到财务处党支部讲授《大力弘扬苏区精神　深入推进五关建设》专题党课。

政治部主任张彦到朔州海关调研指导工作。

▲22 日 党委纪检组组长张军在太原武宿国际机场现场指挥 CA738（华沙—太原）入境国际航班检疫监管工作。

政治部主任张彦参加第十二届中国中部投资贸易博览会朔州分会场暨 2021 山西·朔州陶瓷产品进出口交易会。

▲24 日 太原海关召开“现场监管与外勤执法权力寻租”专项整治工作情况汇报会。高继科关长主持会议。监察室等 8 个部门汇报专项整治工作开展情况，关领

导进行工作点评。

缉私局局长单烜在山西省委参加平安山西建设领导小组2021年第四次会议暨省扫黑除恶斗争领导小组2021年第一次会议。

▲25日　太原海关派员参加国际航空货运业务合作专题洽谈会。

太原海关联合南京、郑州、乌鲁木齐海关举办知识产权执法能力在线培训。

▲25—26日　总署党委委员、中央纪委国家监委驻署纪检监察组组长陶治国到太原海关调研。

▲26日　副关长丁传民组织召开专题办公会。召集财务处、科技处和后勤管理中心召开关长办公会，学习传达陶治国组长在太原海关调研讲话精神，并结合陶治国组长讲话对太原海关资产管理方面存在的风险和隐患进行专题研究。

▲27日　召开传达学习陶治国组长在太原海关调研讲话精神专题会议。

副关长丁三寅到太原国际邮件处理中心调研。

副关长丁三寅到基层联系点调研。

太原机场海关在进境邮包中截获检疫性有害生物假高粱和四纹豆象。

▲28日　缉私局局长单烜在山西省公安厅参加全国公安机关视频会议。

副关长丁传民参加首届山西省跨境电商行业系列宣传展示评选活动。

▲31日　太原海关组织召开制度建设和《业务操作手册》应用工作推进会。

6月

▲1日　关长高继科参加山西省领导干部大会。

全国政法队伍教育整顿中央第三督导组山西小组听取缉私局开展教育整顿工作汇报。

太原海关启动2021年“安全生产月”活动。

▲2日　人事教育司选人用人巡视检查组到晋阳海关开展延伸检查。

总署缉私局第三巡回督导组到缉私局督导教育整顿工作。

党委纪检组组长张军参加驻署纪检监察组问题线索汇报会。

副关长丁传民参加国务院反恐督导检查组在山西督导检查座谈会。

中欧班列（山西中鼎物流园—法国巴黎）首发。

▲3日　太原海关召开安全生产领导小组会议。

副关长丁三寅与山西省农业农村厅副厅长茹栋梅会谈。

缉私局局长单烜在山西省公安厅参加全省公安机关决战决胜中国共产党成立100周年安保电视电话会议。

▲4日　关长高继科陪同山西省副省长卢东亮调研外贸外资企业。

关长高继科参加山西省委第49次专题会议暨省疫情防控工作领导小组会议。

政治部主任张彦组织召开朔州海关干

部会议。

▲**5 日**　副关长丁三寅在太原武宿国际机场现场指挥 CA738（华沙—太原）入境国际航班检疫监管工作。

▲**7 日**　党委纪检组组长张军主持召开专题会议安排部署迎接总署疫情内部防控专项检查工作。

副关长丁传民对综合业务一处“现场监管与外勤执法权力寻租”专项整治工作推进情况开展实地督导。

▲**8 日**　政治部主任张彦到富士康精密电子（太原）有限公司开展实地调研。

▲**9 日**　副关长丁传民参加全国海关口岸监管工作会议。

5 月份太原海关二级监控指挥中心在考核中获得总署口岸监管司通报表扬。

太原海关召开 6 月份形势分析及工作督查例会。

副关长丁三寅参加“2021 年全国食品安全宣传周（山西）活动”启动仪式。

▲**10 日**　缉私局局长单烜在山西省公安厅参加全省禁毒工作电视电话会议。

太原海关组织观看学习《生命重于泰山—学习习近平总书记关于安全生产重要论述》电视专题片。

▲**11 日**　副关长丁传民到漪汾街办公区就晋阳海关整体搬迁至漪汾街办公区前的基建收尾、资产调配、重点功能区的划分使用等事项进行现场办公。

太原海关召开打击跨境电商进口走私“断链刨根”专项整治行动工作推进会。

▲**12 日**　副关长丁传民在太原武宿国际机场现场指挥 CA738（华沙—太原）入境国际航班检疫监管工作。

▲**15 日**　关长高继科、副关长丁三寅、副关长丁传民参加全国海关疫情防控工作视频会议。

缉私局局长单烜在山西省公安厅参加中央防范化解近期突出风险维护社会稳定视频会议。

▲**16 日**　卢东亮副省长在山西省政府听取太原海关公共检验检测服务平台建设专题汇报。

关长高继科在山西省政府列席省长办公会。

太原海关召开统筹口岸疫情防控和促进外贸稳增长工作指挥部会议。

太原武宿综合保税区进境水果指定监管场地于 6 月 16 日正式获批。

▲**17 日**　太原海关召开“现场监管与外勤执法权力寻租”专项整治工作实地检查见面沟通会和问题线索专题汇报会。

副关长丁传民与山西转型综合改革示范区管委会副主任赵瑞雪会谈。

▲**18 日**　关长高继科在山西省委参加全省进一步加强安全生产工作部署会。

政治部主任张彦参加全国海关企业信用管理制度改革说明会。

▲**21 日**　缉私局召开中共太原海关缉私局党总支党员大会。缉私局党组书记、局长单烜同志参加会议并讲话。

▲**22 日**　副关长丁传民到山西省市场

监督管理局交流座谈。

▲23日　驻署纪检监察组专项整治工作第一检查组对忻州海关专项整治工作进行实地检查。

副关长丁传民到漪汾街办公区就晋阳海关搬迁前的网络通信、服务保障、资产配置等事项进行现场办公。

▲23—25日　关长高继科陪同山西省副省长卢东亮赴天津出席山西省（环渤海）先进制造业推介会。

▲26日　关长高继科出席山西首条定期国际货运直航航线（太原—旧金山）开航仪式。

▲28日　太原海关举办《行政处罚法》专题培训。

总署离退休干部局与大同海关以视频方式开展支部共建活动。

▲29日　政治部主任张彦到阳泉海关调研。

▲30日　太原海关召开庆祝中国共产党成立100周年表彰大会。

党委书记、关长高继科为全关党员干部讲党史学习教育专题党课。

太原海关组织开展“党在我心中”主题演讲比赛。

太原二手车出口实现零突破。

7月

▲1日　太原海关组织干部职工集体观看100周年庆祝大会盛况。

太原海关党委召开党委会专题学习习近平总书记在庆祝中国共产党成立100周年大会上的重要讲话精神。

缉私局开展系列活动庆祝中国共产党成立100周年。

▲2日　副关长丁三寅组织召开太原海关统筹口岸疫情防控和促进外贸稳增长工作指挥部会议。

政治部主任张彦在武宿海关调研。

太原武宿综合保税区冰鲜水产品指定监管场地正式获批。

▲5日　副关长丁传民到山西省商务厅参加“走出去”调研座谈会。

▲6日　山西省副省长卢东亮一行赴运城机场调研。

关长高继科、副关长丁三寅到山西转型综合改革示范区调研。

缉私局党组班子成员参加全国海关缉私部门2021年第三次工作例会。

▲7日　副关长丁传民在济南参加海关服务黄河流域生态保护和高质量发展座谈会。

政治部主任张彦到长治海关调研。

▲8日　太原海关召开统筹口岸疫情防控和促进外贸稳增长工作指挥部会议。

关长高继科参加山西省跨境电商视频会议并做专题发言。

政治部主任张彦到法规和督察内审处调研。

▲9日　副关长丁传民与山西转型综合改革示范区管理委员会来访人员座谈。

▲12日　关长高继科陪同山西省副

省长卢东亮到山西转型综合改革示范区调研。

▲13 日　总署党委党史学习教育第六巡回指导组到太原海关督导检查。

副关长丁传民组织召开关长办公会。就加强个人防护监督检查，建立二、三级监控指挥中心、业务现场协调沟通机制进行安排部署

▲14 日　太原海关召开 7 月份（上半年）形势分析及工作督查例会暨党风廉政建设工作例会。

▲15 日　政治部主任张彦参加全国海关党史学习教育工作推进电视电话会议。

▲16 日　太原海关召开党委理论学习中心组（扩大）学习暨党史学习教育第六次专题学习会。

副关长丁传民列席山西省委财经会议。

政治部主任张彦组织机关党委全体人员召开会议。

▲17 日　缉私局局长单烜在太原武宿国际机场现场指挥 CA738（华沙—太原）入境国际航班检疫监管工作。

▲19 日　关长高继科会见运城市委书记丁小强。

▲20 日　关长高继科到运城海关宣布职务任免决定。

关长高继科到基层联系点运城海关综合业务科调研。

关长高继科到临汾海关调研。

太原海关党委巡察组在晋阳海关召开巡察工作动员会。

太原海关供港活动物注册场顺利通过香港食环署 2021 年度远程探访。

▲22 日　关长高继科会同山西转型综合改革示范区管委会一行赴总署自贸司就太原武宿综合保税区发展情况进行汇报。

缉私局组织在并民辅警收看学习贯彻习近平总书记“七一”重要讲话精神系列专题宣讲录像并组织专题知识测试，缉私局局长单烜、政委郝韡参加。

党委委员、政治部主任张彦参加总署 2021 年初任培训视频协调会。

▲23 日　党委书记、关长高继科同志以普通党员身份参加办公室党支部党史学习教育专题组织生活会。

党委委员、党委纪检组组长张军同志以普通党员身份参加监察室党支部党史学习教育专题组织生活会。

副关长丁传民参加山西省政协“促进服务贸易创新发展”常委会议调研报告讨论座谈会。

政治部主任张彦到临汾调研。

▲24 日　政治部主任张彦在太原武宿国际机场现场指挥 CA738（华沙—太原）入境国际航班检疫监管工作。

太原机场海关在入境分流航班检疫监管中首次启用远程电子审卡流调系统。

▲25 日　缉私局局长单烜、政委郝韡在山西省公安厅参加全国公安机关深化警务机制改革推进会。

▲26 日　副关长丁三寅到山西省政府专题汇报支持太原武宿综合保税区发展

情况。

太原海关举办“学史·铸魂”红色讲坛活动。

▲27日　缉私局局长单烜、政委郝韡在省公安厅参加全国公安机关庆祝中国共产党成立100周年安保维稳工作总结表彰电视电话会议。

党委委员、副关长丁传民同志以普通党员身份参加财务处党支部党史学习教育专题组织生活会。

▲27—28日　驻署纪检监察组对太原海关执纪审查安全和信访举报处理情况进行督导检查。

▲28日　太原海关保障“临汾—杜伊斯堡”中欧班列开行。

▲29日　副关长丁三寅参加山西省委第五十次专题会议暨省疫情防控工作领导小组会议。

副关长丁三寅主持召开晋城海关关税工作专题电视电话会。

党委委员、政治部主任张彦同志以普通党员身份参加人事教育处党支部党史学习教育专题组织生活会。

▲30日　副署长、政治部主任、总署党委巡视工作领导小组副组长胡伟在太原海关出席总署党委第二巡视组巡视情况反馈会议。

政治部主任张彦参加军转干部代表座谈会。

▲31日　党委纪检组组长张军在太原武宿国际机场现场指挥CA738（华沙—太原）入境国际航班检疫监管工作。

8月

▲1日　关长高继科要求严格个人安全防护。

▲2日　副关长丁传民召开关长办公会专题研究总署巡视反馈意见落实整改事宜。

政治部主任张彦参加总署2021年初任培训第二阶段部署会。

▲3日　山西省副省长卢东亮在全省稳外贸稳外资工作会议上对海关工作提出要求。

太原海关召开巡视整改工作推进会。

▲4日　关长高继科在山西省政府参加国务院联防联控机制电视电话会议。

副关长丁三寅到侯马方略保税物流中心调研，与临汾市副市长王云座谈。

▲5日　关长高继科陪同山西省省长蓝佛安赴太原武宿国际机场调研入境国际分流航班疫情防控和国际邮件监管工作。

关长高继科在并参加山西省委第五十一次专题会议暨省疫情防控工作领导小组会议。

太原海关党委专题听取监察室和党委派驻纪检组工作汇报。

副关长丁三寅专题研究设立太原阳曲综合保税区相关事宜。

▲6日　太原海关召开疫情防控工作会议。

党委书记、关长高继科主持召开太原

海关党委巡视整改工作专班会议。

缉私局局长单烜参加全国海关缉私部门疫情防控工作视频会议。

缉私局召开2021年党风廉政建设工作例会、2021年警示教育会。

副关长丁传民召开关长办公会专题研究办公区疫情防控工作。

央视《新闻联播》等三档栏目采用太原海关保障“太原—土耳其梅尔辛”首列中欧班列开行新闻素材。

▲9日 关长高继科会见运城市副市长崔元斌一行。

关长高继科主持召开晋城海关估价工作专题电视电话会。

副关长丁传民召开关长办公会专题研究分管领域巡视整改工作。

太原海关举办“海关法治宣传日”海关规章专题培训会，政治部主任张彦出席会议。

▲10日 太原海关举办2021年度内控暨“新海廉”平台应用培训会，政治部主任张彦出席会议。

▲11日 太原海关召开8月份形势分析及工作督查例会。

晋阳海关牵头组织召开太原市深化“放管服效”改革优化营商环境跨境贸易小组工作会议。

▲12日 政治部主任张彦参加全国海关2021年第一轮选人用人巡视检查情况通报视频会议。

▲13日 关长高继科在并参加山西省口岸工作暨省口岸领导组会议。

太原海关召开党委理论学习中心组（扩大）学习暨党史学习教育第七次专题学习会。

太原海关举办习近平法治思想专题讲座。

▲14日 副关长丁三寅在太原武宿国际机场现场指挥CA738（华沙—太原）入境国际航班检疫监管工作。

▲17日 关长高继科在山西省政府参加综合保税区和保税物流中心设立及发展专题会议。

副关长丁三寅在山西省政府参加设立太原阳曲综合保税区申报工作协调会。

▲17—18日 关长高继科参加山西省政协十二届十九次常委会议并以“发挥保税优势推进‘五个中心’建设”为题作大会发言。

▲18日 副关长丁传民参加山西省文物安全工作联席会议。

▲19日 关长高继科在太原武宿国际机场现场指挥HY501（塔什干—太原）入境国际航班检疫监管工作。

▲20日 太原海关召开全面开展巡视整改和“1+5”专项工作推进会。

太原海关召开巡视整改工作领导小组工作会。

太原海关召开党委理论学习中心组（扩大）学习会。

▲23日 太原海关组织参加总署学习贯彻习近平总书记“七一”重要讲话精神

宣讲报告会。

副关长丁三寅出席武宿海关干部会议。

副关长丁传民组织召开第四次分管部门（单位）落实总署巡视反馈意见关长办公会。

副关长丁传民出席晋阳海关关长任职仪式。

▲24 日　太原海关与山西省贸促会签署合作备忘录。关长高继科会见山西省贸促会会长李海渊一行并交流座谈。

缉私局局长单烜参加全国海关缉私部门 2021 年第四次工作例会（队伍廉政形势专题）。

副关长丁传民对综合业务一处巡视整改工作进行跟进督导。

副关长丁传民到财务处召开专题会议推进巡视整改工作。

太原海关办理首批跨境电商出口海外仓业务模式备案。

▲25 日　关长高继科组织召开专题会议推进巡视整改工作。

副关长丁三寅主持召开太原海关新冠肺炎疫情防控专题会议。

副关长丁三寅组织有关部门专题研讨检疫处理监管工作。

副关长丁三寅主持召开晋城海关估价工作企业座谈会。

副关长丁三寅与山西省商务厅副厅长邢利民座谈。

缉私局召开第二批缉私队伍教育整顿动员部署会议。

▲26 日　关长高继科到长治路业务用房施工工地开展实地调研。

党委书记、关长高继科，党委委员、副关长丁三寅，党委委员、政治部主任张彦参加“e 课堂——党史学习教育”专题培训（第八期）。

党委纪检组组长张军到二级监控指挥中心对入境国际航班检疫监管工作开展专责监督。

副关长丁三寅在太原武宿国际机场现场指挥 HY501（塔什干—太原）入境国际航班检疫监管工作。

副关长丁三寅组织综合业务二处专题推进巡视整改工作。

全国政法队伍教育整顿中央第三督导组山西小组听取缉私局开展第二批缉私队伍教育整顿情况工作汇报。缉私局局长单烜代表太原海关缉私局就开展第二批缉私队伍教育整顿进行了汇报。

▲27 日　关长高继科主持召开太原海关党委巡察工作领导小组会议。

关长高继科以普通党员身份参加办公室党支部“铭记‘政治生日’”主题党日活动。

缉私局局长单烜在山西省公安厅参加副省长、省公安厅党委书记、厅长孙洪山专题党课和省公安厅党委委员、驻厅纪检监察组组长李国敏廉政教育课。

▲28 日　副关长丁传民在太原武宿国际机场现场指挥 CA738（华沙—太原）入

境国际航班检疫监管工作。

▲28—29 日　缉私局圆满完成第二批缉私队伍教育整顿政治轮训。

▲30 日　党委纪检组组长张军召开党委纪检组专题会议，就分管部门巡视整改工作进行再部署再细化再推进。

副关长丁传民组织召开第五次分管部门单位落实巡视反馈意见关长办公会。

▲31 日　缉私局党总支组织开展“赓续红色血脉　铸牢忠诚警魂”主题党日活动。

缉私局开展警示教育专题活动。

太原海关开展选人用人专项整治工作。

9 月

▲1 日　太原海关组织参加总署学习贯彻习近平总书记“七一”重要讲话精神读书班暨宣讲交流会。

党委书记、关长高继科，党委委员、党委纪检组组长张军，党委委员、政治部主任张彦参加全国海关党建工作专题培训。

▲2 日　太原海关召开学习贯彻习近平总书记“七一”重要讲话精神专题宣讲会。

政治部主任张彦主持召开巡视整改推进会。

太原海关参加 2021 年海关传媒通联工作视频会议。

太原海关新闻稿件荣获“2021 国门传播奖”消息类三等奖。

▲3 日　副关长丁三寅参加全国海关风险管理工作视频会议。

政治部主任张彦在晋阳海关出席太原海关党委巡察组巡察反馈专题会议。

▲5 日　副关长丁传民到漪汾街集体宿舍查看新宿舍住宿条件并看望入住干部。

▲6 日　太原海关召开巡视整改工作领导小组工作会议。

副关长丁三寅在朔州参加 2021 晋北肉类平台怀仁羔羊肉交易大会。

副关长丁三寅到大同海关辖区重点进出口企业调研。

▲7 日　副关长丁三寅出席 2021 年晋北肉类平台境内外集采集供大会。

副关长丁三寅调研朔州海关，并到朔州出口小杂粮生产企业调研指导。

副关长丁传民组织召开第六次分管部门（单位）落实总署巡视反馈意见关长办公会。

政治部主任张彦督导运城海关落实总署巡视反馈整改工作。

▲8 日　关长高继科参加山西省民营企业家座谈会。

太原海关召开党委理论学习中心组（扩大）学习暨党史学习教育第八次专题学习会。

▲9 日　党委纪检组组长张军督导晋城海关落实总署巡视反馈整改工作和疫情防控工作，并到基层联系点晋城海关稽查科党支部开展党建调研。

副关长丁三寅督导综合业务二处开展“构建开放新高地，太原海关有作为”专题大讨论学习研讨。

缉私局局长单烜在太原武宿国际机场现场指挥HY501（塔什干—太原）入境国际航班和HU436（符拉迪沃斯托克—太原）入境包机检疫监管工作。

副关长丁传民现场检查评估分管部门（单位）巡视整改完成事项销账印证资料。

副关长丁传民参加财务处党支部党员大会。

政治部主任张彦参加人事教育处党支部主题党日活动。

▲10日　太原海关召开9月份形势分析及工作督查例会。

党委纪检组组长张军到长治海关督导巡视整改落实工作。

政治部主任张彦参加总署组织的新录用公务员初任培训结业仪式。

政治部主任张彦与2021年新录用关员座谈。

▲11日　政治部主任张彦在太原武宿国际机场现场指挥CA738（华沙—太原）入境国际航班检疫监管工作。

▲11—17日　天津特派办巡视整改督查组对太原海关巡视整改工作阶段进展情况进行督查。

▲12日　天津特派办巡视整改督查组组长、一级巡视员王富宽一行3人到太原海关督查专题民主生活会和巡视整改工作。

▲13日　关长高继科参加山西省委第五十二次专题会议暨省疫情防控工作领导小组会议。

太原海关党委召开巡视整改专题民主生活会。

▲14日　关长高继科组织召开专题会议推进巡视整改工作。

天津特派办巡视整改督查组在太原海关开展实地监督检查。

副关长丁传民参加全国中秋国庆假期安全防范工作暨召开全省安全生产专项整治三年行动集中攻坚任务推进视频会议。

▲14—15日　天津特派办巡视整改督查组组长、一级巡视员王富宽一行到忻州海关督查巡视整改工作。

▲15日　关长高继科会见太原市公安局党委委员、政治部主任王素丽一行。

副关长丁传民到基层联系点晋阳海关查检科党支部开展党建调研。

副关长丁传民到晋阳海关督导巡视整改工作。

▲15—17日　天津特派办巡视整改督查组组长、一级巡视员王富宽一行到大同海关督查巡视整改工作。

▲16日　关长高继科在山西省政府参加市场主体倍增工程政策起草工作推进会议。

副关长丁三寅到武宿海关督导巡视整改工作。

副关长丁传民到山西转型综合改革示范区调研。

副关长丁传民召开解决基层问题专题

会议。

▲17 日　太原海关召开综合保税区业务整改推进会，副关长丁三寅、副关长丁传民、政治部主任张彦出席。

副关长丁三寅组织召开进出境检疫处理工作专题视频会议。

副关长丁传民主持召开排除风险隐患维修改造项目推进会。

政治部主任张彦带队到武警太原支队开展“喜迎中秋国庆节 军民和谐一家亲”双拥慰问活动。

政治部主任张彦在机关党委调研基层党建和巡视整改工作。

太原海关“积极应对返贫风险　巩固脱贫攻坚成果”重点民生项目入选总署第二批“我为群众办实事”百佳项目。

▲18 日　缉私局局长单烜在山西省公安厅参加全国公安机关信访维稳工作视频会议。

政治部主任张彦组织召开人事政工工作专题培训集中交流研讨会议。

▲22 日　关长高继科主持召开巡视整改工作领导小组阶段工作会议。

▲23 日　总署巡视办主任刘卫一行到太原海关开展巡视整改督导检查。

关长高继科列席山西省委财经委员会第二十四次会议。

副关长丁三寅组织召开分管部门落实总署巡视反馈整改工作会议。

副关长丁传民主持召开市场主体倍增工作专题研讨会。

▲23—24 日　党委纪检组组织开展关区纪检监察干部纪律作风和业务素质提升培训。

▲24 日　关长高继科在办公室党支部专题宣讲习近平总书记“七一”重要讲话精神。

▲25 日　党委纪检组组长张军在太原武宿国际机场现场指挥 CA738（华沙—太原）入境国际航班检疫监管工作。

武宿海关保障山西省第 500 列中欧班列开行。

▲26 日　关长高继科调研运城海关。

缉私局局长单烜在山西省公安厅参加全国公安机关视频会议。

政治部主任张彦到晋城海关调研巡视整改和基层党建工作。

▲26—27 日　副关长丁传民调研长治海关。

▲27 日　关长高继科到基层联系点运城海关综合业务科党支部开展党建调研。

关长高继科实地查看运城航空口岸建设情况。

政治部主任张彦到大同海关调研巡视整改和基层党建工作，并到基层联系点大同海关综合业务科党支部调研。

政治部主任张彦与大同市副市长赵学斌进行工作会谈。

▲28 日　关长高继科到临汾海关督导调研。

关长高继科在临汾海关查检科党支部开展基层党组织规范化建设座谈交流。

副关长丁三寅参加山西省人民政府口岸办公室召开的增配口岸协管人员协调会议。

副关长丁传民参加财务处党支部专题党课和主题党日活动。

▲29 日　太原海关举办新《安全生产法》专题培训。

太原海关获评 2020 年度“省直文明单位标兵”荣誉称号。

10 月

▲8 日　天津特派办巡视整改督查组组长、一级巡视员王富宽一行到太原海关督查巡视整改工作。

关长高继科主持召开巡视整改工作领导小组（第四次）会议。

副关长丁传民组织召开第七次分管部门（单位）落实总署巡视反馈意见关长办公会。

太原海关举行升旗仪式。

缉私局组织开展打击“水客”走私专项行动。

▲8—12 日　天津特派办巡视整改督查组组长、一级巡视员王富宽一行实地督查太原海关巡视整改工作情况。

▲9 日　天津特派办巡视整改督查组组长、一级巡视员王富宽一行到武宿海关督查巡视整改工作。

关长高继科在并列席山西省委第 238 次常委会会议。

副关长丁传民在太原武宿国际机场现场指挥 CA738（华沙—太原）入境国际航班检疫监管工作。

▲10 日　天津特派办巡视整改督查组组长、一级巡视员王富宽一行到长治海关督查巡视整改工作。

▲11 日　天津特派办巡视整改督查组组长、一级巡视员王富宽一行到晋城海关督查巡视整改工作。

▲12 日　全国政法队伍教育整顿中央第三督导组到太原海关缉私局实地督导调研。缉私局党组班子成员、机关各部门负责人参加。

天津特派办巡视整改督查组组长、一级巡视员王富宽一行到运城海关督查巡视整改工作。

太原海关和山西省商务厅联合举办山西跨境电商新业态发展研讨会。

太原海关召开职级晋升工作宣讲会。

▲13 日　关长高继科组织召开专题会议推进巡视整改工作。

党委纪检组组长张军到阳泉海关督导检查巡视整改工作。

太原海关召开海关系统跨境电商新业态发展座谈会。

太原海关组织机关离退休干部欢度重阳佳节活动。

▲14 日　缉私局局长单烜参加全国缉私队伍第二批教育整顿工作推进电视电话会议。

副关长丁传民主持召开政府采购领导小组工作会议。

政治部主任张彦到大同参加跨境电商新业态发展研讨会。

政治部主任张彦到大同国际陆港保税物流中心（B 型）调研。

缉私局组织开展打击“水客”走私专项行动。

▲15 日　太原海关召开 10 月份（前三季度）形势分析及工作督查例会。

副关长丁三寅陪同农业农村部对外经济合作中心主任张陆彪、山西省农业农村厅副厅长茹栋梅一行调研运城出口企业。

副关长丁三寅参加第六届山西（运城）国际果品交易博览会。

太原海关组织开展“我为灾区献爱心”捐款活动。

▲19 日　关长高继科会见来访的大同市市长张强、副市长赵学斌一行。

政治部主任张彦在太原市工人文化宫参加山西省直机关党建成果展示启动仪式。

▲20 日　督审司内控集中工作见面会在太原海关召开。

副关长丁三寅督导太原机场海关巡视整改工作。

副关长丁传民主持召开专题会议推进落实《“十四五”海关发展规划》相关工作。

政治部主任张彦出席内控工作交流研讨座谈会。

缉私局局长单烜参加总署缉私局“缉私广议大讲堂”（第 1 期）活动。

▲21 日　政治部主任张彦陪同山西省直机关工委副书记余国琦一行调研督导运城海关党建工作。

第四批社会主义核心价值观建设示范点创建工作检查组一行到运城海关检查示范点建设工作。

▲22 日　关长高继科、副关长丁传民到山西转型综合改革示范区管委会拜会省政府副秘书长、山西转型综合改革示范区党工委书记、管委会主任刘锋。

政治部主任张彦出席正处级领导干部能力提升暨隶属海关党委履职专题培训。

▲23 日　政治部主任张彦在太原武宿国际机场现场指挥 CA738（华沙—太原）入境国际航班检疫监管工作。

▲25 日　关长高继科在太原列席中国共产党山西省第十二次代表大会。

关长高继科主持召开巡视整改工作领导小组（第五次）会议。

政治部主任张彦主持召开富士康手机模组等区外保税维修业务推进会。

人事教育处完成 2021 年第二次关衔集中调整工作。

▲26 日　太原海关联合福州海关举办知识产权保护执法线上培训会。

太原市中级人民法院对太原海关缉私局办理的一起走私案件作出有罪判决。

▲27 日　关长高继科主持召开隶属海关党委规范建设专项整治工作专题汇报会。

▲28 日　副关长丁三寅与山西省商务厅副厅长李国荣一行就促进山西外贸高质量发展进行座谈交流。

政治部主任张彦向天津特派办汇报巡视整改进展情况。

政治部主任张彦出席隶属海关科室党支部书记抓党建工作述职交流会。

▲29日　关长高继科在太原列席中国共产党山西省第十二次代表大会闭幕式。

关长高继科、党委纪检组组长张军、副关长丁三寅在并参加全国海关疫情防控工作视频会议。

关长高继科主持召开统筹口岸疫情防控和促进外贸稳增长工作指挥部会议。

副关长丁三寅到武宿海关实地指导隶属海关党委规范化建设工作。

缉私局局长单烜参加全国缉私队伍第二批教育整顿工作推进电视电话会议。

11月

▲1日　太原海关组织召开学习贯彻习近平总书记“七一”重要讲话精神宣讲交流会。

太原海关组织召开党委理论学习中心组（扩大）学习暨党史学习教育第九次专题学习会。

▲2日　副关长丁传民到晋阳海关实地指导隶属海关党委规范建设工作。

▲3日　关长高继科主持召开关务会议。

▲4日　关长、党委书记高继科以普通党员身份参加办公室党支部党员大会。

副关长丁三寅参加山西省副省长王一新主持召开的凯赛项目现场工作会议，并就需协调解决的太原阳曲综合保税区申建事项进行专题汇报。

▲4—5日　副关长丁传民调研忻州五台山机场口岸开放推进情况。

▲5日　政治部主任张彦主持召开巡视整改工作领导小组办公室会议。

▲6日　副关长丁三寅在太原武宿国际机场现场指挥CA738（华沙—太原）入境国际航班检疫监管工作。

▲8日　关长高继科对开展打击“水客”走私专项行动工作作出批示。

副关长丁传民以普通党员身份参加财务处党支部主题党日活动。

▲9日　关长高继科、副关长丁传民在太原海关分会场参加全国海关稽查改革推进会议。

太原海关召开11月份形势分析及工作督查例会。

▲10日　副关长丁三寅参加太原海关进境植物疫情应急处置演练。

缉私局局长单烜向全国政法队伍教育整顿中央第三督导组山西小组汇报第二批缉私队伍教育整顿工作情况。

副关长丁传民主持召开业务和财务管理大检查关长办公会。

▲11日　太原海关召开统筹口岸疫情防控和促进外贸稳增长工作指挥部会议。

政治部主任张彦在太原海关分会场参加全国海关年鉴编纂部署工作会议。

▲12日　太原海关组织党员干部收看党的十九届六中全会精神新闻发布会。

党委纪检组组长张军带队到太原机场海关开展疫情防控“四不两直”专项调研检查。

太原海关组织召开加强统计工作专题会议。

▲13 日　副关长丁传民在太原武宿国际机场现场指挥 CA738（华沙—太原）入境国际航班检疫监管工作。

太原海关组织开展进境植物疫情应急处置演练。

太原海关完成海关专业技术类公务员高级专业技术任职资格评定推荐工作。

▲15 日　关长高继科陪同山西省政府领导出席禧佑源航空科技再制造基地维修中心项目投产仪式。

▲16 日　关长高继科、党委纪检组组长张军召开政务信息工作推进会。

财务处组织开展财务管理大检查工作。

技术中心签署沿黄九省海关技术中心检验检测认证联盟战略合作框架协议。

▲17 日　关长高继科、副关长丁传民一行参加大同航空口岸对外开放省级预验收工作。

政治部主任张彦出席业务和财务管理大检查培训会议。

太原海关顺利完成“脱钩”企业注销登记工作。

▲18 日　关长高继科、副关长丁传民到大同市中银纺织科技有限公司调研。

关长高继科、副关长丁传民在大同海关召开科级以上干部座谈会。

▲19 日　副关长丁传民赴太原海关本级财务专项检查工作现场指导工作。

副关长丁传民以普通党员身份参加财务处党员大会。

▲22 日　关长高继科组织召开专题会议推进巡视整改工作。

太原海关首次办理消费者被盗额度返还业务。

▲23 日　太原海关组织召开党委理论学习中心组（扩大）学习暨党史学习教育第十次专题学习会。

副关长丁传民一行到山西省生态环境厅交流固体废物移交处置工作。

太原机场海关在邮递渠道连续查获含精神药品成分减肥药。

▲24 日　太原海关与山西省商务厅签署合作备忘录。

政治部主任张彦到晋阳海关开展“建强基层党组织”调研工作。

▲25 日　太原海关以视频形式参加总署党委理论学习中心组（扩大）学习暨党的十九届六中全会精神专题学习班动员会。

关长高继科主持召开巡视整改工作领导小组第六次会议。

太原海关召开业务和财务管理大检查推进会。

太原海关召开网络安全和信息化领导小组会议。

政治部主任张彦带队走进山西综合广播《政风行风热线》“我为群众办实事”专题直播间。

▲**26 日**　党委纪检组组长张军参加海关系统执纪审查第三协作区研讨会议。

▲**27 日**　党委纪检组组长张军在太原武宿国际机场现场指挥 CA738（华沙—太原）入境国际航班检疫监管工作。

▲**29 日**　党委纪检组组长张军参加第一派驻纪检组主要负责人任职见面会。

副关长丁传民主持召开重点项目预算执行推进会。

太原海关召开职级晋升政策宣讲会。

▲**29—30 日**　关长高继科到帮扶点兴县恶虎滩村调研。

▲**30 日**　党委纪检组组长张军参加晋城海关主要负责人任职见面会。

副关长丁三寅到忻州海关调研。

副关长丁传民主持召开太原海关二级监控指挥中心口岸疫情防控监督检查工作专题会议。

政治部主任张彦参加大同海关主要负责人任职见面会。

政治部主任张彦到基层联系点大同海关综合业务科党支部调研。

12 月

▲**1 日**　太原海关组织参加总署党的十九届六中全会精神专题宣讲会。

副关长丁三寅出席海关 AEO 企业颁证仪式。

副关长丁传民会见中国银行山西省分行副行长马军保一行。

太原海关组织开展 2021 年“世界艾滋病日”宣传活动。

▲**2 日**　太原海关与中国银行山西省分行签署战略合作协议。

副关长丁三寅主持召开入境客运航空器终末消毒监督专题研讨会。

副关长丁传民主持召开第二次业务和财务管理大检查推进会。

太原海关开展“宪法宣传周”活动。

▲**6 日**　关长高继科、党委纪检组组长张军、政治部主任张彦对新提任正处级领导干部开展集体任前谈话和廉政谈话。

太原海关所属 3 家企业完成吸收合并工作。

▲**7 日**　关长高继科、副关长丁传民、政治部主任张彦参加总署国企改革工作推进视频会议。

副关长丁三寅参加统计分析处处长、副处长任职见面会。

副关长丁传民参加综合业务一处主要负责人任职见面会。

▲**8 日**　党委纪检组组长张军参加第四派驻纪检组主要负责人任职见面会。

▲**9 日**　关长高继科参加山西省政协经济委员会走访委员暨第四季度学习座谈活动。

关长高继科主持召开主抓巡视整改措施整改和“我为群众办实事”项目落实工作推进会。

关长高继科会见运城市副市长李哲一行。

关长高继科、政治部主任张彦参加总

署落实国家审计整改工作专题视频会议。

副关长丁三寅出席太原海关2021年关级政研课题结题复评审会议。会议对25项课题进行评定，最终评选出一等奖2名，二等奖5名，评审三等奖8名，优秀奖10名。

副关长丁三寅参加关区涉检风险防控工作推进会。

太原海关与山西航空产业集团有限公司签署合作协议。

▲10日　太原海关召开党委理论学习中心组（扩大）学习暨党的十九届六中全会精神专题学习班。

太原海关与山西省生态环境厅签署《关于非法入境固体废物处理合作备忘录》。

副关长丁传民参加全国海关智能审图工作现场会视频会议。

政治部主任张彦在人事教育处党支部宣讲党的十九届六中全会精神。

▲13日　太原海关召开党委理论学习中心组（扩大）学习暨党的十九届六中全会精神专题学习班小结会议。

太原海关举办学习贯彻党的十九届六中全会精神宣讲报告会。

▲14日　关长高继科在办公室党支部宣讲党的十九届六中全会精神。

太原海关召开12月份形势分析及工作督查例会。

▲15日　党委纪检组组长张军在监察室党支部宣讲党的十九届六中全会精神。

副关长丁传民主持召开分管部门年度重点工作推进会。

副关长丁传民召开专题会议推进企业转让脱钩企业产权工作。

▲16日　副关长丁传民召开专题会议听取各事业单位全年经营情况汇报，并安排下一步工作。

政治部主任张彦参加督审司党支部与太原、福州、南昌、黄埔海关督审部门党支部联学联建活动。

▲16—17日　关长高继科参加山西省委十二届二次全体会议暨省委经济工作会议。

▲20日　山西省进口高风险非冷链集装箱货物检测和预防性消毒及从业人员健康管理专班工作会议在太原海关召开。

副关长丁传民在财务处党支部宣讲党的十九届六中全会精神。

太原海关与山西省商务厅建立技术性贸易措施信息交流共享机制。

▲22日　关长高继科在关会见人保财险山西分公司党委书记、总经理张宝辉一行。

太原海关组织参加全国海关疫情防控工作视频会议，并按照会议精神对相关工作再传达再部署。

▲23日　太原海关召开新冠肺炎疫情防控工作指挥部会议。

缉私局局长单烜在山西省公安厅参加全国公安机关视频会议。

▲24日　太原海关召开2021年度基层党组织书记抓党建工作述职评议考核会议。

▲**25日**　关长高继科参加省委第五十五次疫情防控专题会暨省疫情防控工作领导小组会议。

太原海关一名关员荣获商检领域岗位练兵“万人争先”线上练兵个人百强。

▲**27日**　关长高继科主持召开太原海关党委巡察工作领导小组会议。

关长高继科主持召开巡视整改工作领导小组第七次会议。

关长高继科参加山西省委第五十六次疫情防控专题会暨省疫情防控工作领导小组会议。

副关长丁传民在并视频参加总署打击跨境电商进口走私“断链刨根”专项整治行动总结会。

▲**28日**　太原海关党委班子集体视频参加直属海关单位党委书记述责述廉述党建会议。

▲**29日**　太原海关召开2021年度隶属海关党委书记述责述廉述党建会议。

▲**30日**　党委纪检组组长张军到太原机场海关开展疫情防控监督和安全生产检查。

太原海关和山西转型综合改革示范区管理委员会签署合作备忘录。

副关长丁传民到技术中心、保健中心开展元旦节前安全生产检查。

▲**31日**　关长高继科参加山西省委第五十七次疫情防控专题会暨省疫情防控工作领导小组会议。

政治部主任张彦向离退办传达全国离退休干部“双先”表彰大会精神。

（撰稿人：高瀚林）

第十篇

统计资料

山西省进出口商品年度总值表

年度	人民币值（亿元）			美元值（亿美元）		
	进出口	出口	进口	进出口	出口	进口
2007	890	503	386	116	65	50
2008	1,017	653	364	144	93	51
2009	584	194	390	86	28	57
2010	855	320	535	126	47	79
2011	959	354	605	147	54	93
2012	950	443	507	150	70	80
2013	980	496	484	158	80	78
2014	997	549	448	162	89	73
2015	912	523	389	147	84	63
2016	1,100	655	445	167	99	67
2017	1,163	690	473	172	102	70
2018	1,369	810	559	208	123	85
2019	1,448	807	641	210	117	93
2020	1,504	874	630	218	127	92
2021	2,230	1366	864	343	209	134

2021年山西省进出口商品月度总值表

月份	进出口				出口				进口			
	人民币值（万元）	同比（%）	美元值（万美元）	同比（%）	人民币值（万元）	同比（%）	美元值（万美元）	同比（%）	人民币值（万元）	同比（%）	美元值（万美元）	同比（%）
合计	22,302,543	48.3	3,451,219	58.0	13,659,345	56.3	2,113,758	66.7	8,643,198	37.1	1,337,461	46.0
2021 年 1 月	1,847,639	80.6	282,571	93.3	1,128,867	81.4	172,611	94.2	718,772	79.3	109,960	92.0
2021 年 2 月	1,483,957	170.6	228,597	187.8	854,885	205.4	131,726	224.8	629,072	134.3	96,871	149.2
2021 年 3 月	1,614,729	51.3	250,494	63.9	976,021	60.0	151,444	73.4	638,709	39.7	99,050	51.3
2021 年 4 月	2,172,591	139.5	334,531	159.1	1,370,020	142.6	210,950	162.5	802,571	134.3	123,581	153.5
2021 年 5 月	1,965,023	158.9	302,141	180.3	1,279,188	211.5	196,689	237.3	685,835	97.0	105,452	113.4
2021 年 6 月	2,223,307	94.1	345,530	113.9	1,260,481	90.4	195,858	109.7	962,827	99.0	149,672	119.4
2021 年 7 月	2,046,646	35.2	319,160	49.4	1,326,518	50.9	206,881	66.8	720,128	14.2	112,279	26.2
2021 年 8 月	1,756,293	22.6	271,217	32.5	1,074,110	22.1	165,873	32.2	682,183	23.4	105,344	32.9
2021 年 9 月	1,910,532	44.2	294,460	53.9	1,165,802	57.2	179,672	67.7	744,730	27.8	114,788	36.4
2021 年 10 月	1,723,751	18.6	266,943	25.0	1,042,317	17.5	161,419	24.0	681,434	20.2	105,523	26.5
2021 年 11 月	1,644,789	-10.8	256,383	-6.9	975,703	-16.0	152,152	-12.3	669,086	-1.8	104,231	2.5
2021 年 12 月	1,913,285	-10.1	299,192	-7.7	1,205,434	7.1	188,482	9.3	707,851	-29.3	110,710	-26.8

2021年山西省进出口商品国别（地区）前30位总值表

进口原产国（地） 出口最终目的国（地）	进出口		出口		进口	
	人民币值（万元）	同比（%）	人民币值（万元）	同比（%）	人民币值（万元）	同比（%）
总计	22,302,543	48.3	13,659,345	56.3	8,643,198	37.1
美国	4,044,958	53.2	3,998,228	54.9	46,730	-20.9
日本	2,426,748	139.6	1,012,296	169.7	1,414,453	121.8
中国台湾	1,780,686	24.9	181,193	-29.8	1,599,493	37.0
中国香港	1,473,158	178.3	1,473,085	185.8	73	-99.5
澳大利亚	1,158,977	72.1	295,446	107.1	863,531	62.6
荷兰	916,960	34.0	913,090	33.9	3,870	62.8
越南	841,215	25.8	278,071	449.1	563,143	-8.9
韩国	773,058	13.9	265,336	-10.6	507,721	32.8
印度	547,442	54.8	379,434	17.2	168,008	457.3
俄罗斯联邦	533,823	35.4	491,432	27.6	42,390	375.7
加拿大	505,702	13.8	344,423	7.9	161,279	28.9
德国	492,927	60.4	374,799	97.4	118,128	0.6
新加坡	481,483	69.4	373,575	145.6	107,908	-18.3
英国	436,421	-11.6	429,118	-12.2	7,303	52.5
巴西	425,269	18.3	274,101	43.1	151,169	-10.0
印度尼西亚	373,756	52.1	107,159	156.8	266,596	30.7
土耳其	347,314	88.1	338,639	94.4	8,675	-16.5
智利	340,240	130.6	112,367	107.4	227,873	144.1
墨西哥	337,047	61.9	190,936	109.2	146,111	25.0
泰国	301,233	146.4	282,465	141.0	18,768	273.7
南非	285,547	-17.1	45,730	39.0	239,817	-23.1
马来西亚	273,975	152.8	186,667	159.3	87,308	140.1

续表

进口原产国（地） 出口最终目的国（地）	进出口		出口		进口	
	人民币值（万元）	同比（%）	人民币值（万元）	同比（%）	人民币值（万元）	同比（%）
意大利	221,307	-6.6	165,768	-9.6	55,539	3.7
菲律宾	179,722	104.5	29,928	72.7	149,793	112.4
新喀里多尼亚	179,190	2.2	1	-98.9	179,189	2.3
乌克兰	165,136	51.4	22,384	584.0	142,753	34.9
捷克	162,098	-46.7	157,864	-47.4	4,234	5.2
哥伦比亚	129,339	32.3	43,208	78.2	86,131	17.1
阿联酋	120,102	11.6	116,583	9.5	3,519	210.1
北马其顿共和国	116,609	1,202.5	227	67.0	116,382	1,220.0
RCEP 国家	6,879,082	76.1	2,865,792	122.3	4,013,290	53.4
“一带一路”沿线国家	4,956,861	43.2	3,166,161	54.9	1,790,699	26.2
东盟	2,501,423	62.8	1,283,278	172.7	1,218,145	14.3
欧盟（除英国）	2,141,192	21.2	1,871,027	23.7	270,165	6.4
金砖国家（除中国）	1,792,081	23.4	1,190,697	27.6	601,384	15.9

2021年山西省进出口商品贸易方式总值表

贸易方式	进出口		出口		进口	
	人民币值（万元）	同比（%）	人民币值（万元）	同比（%）	人民币值（万元）	同比（%）
进出口贸易总值	22,302,543	48.3	13,659,345	56.3	8,643,198	37.1
一般贸易	7,413,005	39.8	3,795,961	44.3	3,617,043	35.3
国家间、国际组织无偿援助和赠送的物资	2,582	-17.0	2,582	-17.0	0	—
华侨、港澳台同胞、外籍华人捐赠物资	0	-100.0	0	-100.0	0	-100.0
加工贸易	12,790,755	50.5	8,951,001	58.9	3,839,753	34.1
补偿贸易	0	—	0	—	0	—
来料加工装配贸易	381,646	8,577.7	186,586	4,842.5	195,060	31,215.0
进料加工贸易	12,409,109	46.1	8,764,416	55.7	3,644,693	27.3
寄售、代销贸易	0	—	0	—	0	—
边境小额贸易（边民互市贸易除外）	0	—	0	—	0	—
加工贸易进口设备	4,668	72.0	0	—	4,668	72.0
对外承包工程出口货物	205,798	763.6	205,798	763.6	0	—
租赁贸易	0	—	0	—	0	—
外商投资企业作为投资进口的设备、物品	1,614	-51.7	0	—	1,614	-51.7
出料加工贸易	0	—	0	—	0	—
易货贸易	0	—	0	—	0	—
免税外汇商品	0	—	0	—	0	—
保税仓库进出境货物	407,576	-63.8	100,901	-75.9	306,675	-56.6
保税区进出境仓储或转口货物	1,459,606	1,909.5	591,886	2,428.7	867,720	1,662.6
出口加工区进口设备物品	2,417	—	0	—	2,417	—
免税品	0	—	0	—	0	—
其他	14,522	45.5	11,214	68.3	3,308	-0.2

2021年山西省进出口企业性质总值表

企业性质	进出口		出口		进口	
	人民币值（万元）	同比（%）	人民币值（万元）	同比（%）	人民币值（万元）	同比（%）
进出口贸易总值	22,302,543	48.3	13,659,345	56.3	8,643,198	37.1
国有企业	3,769,842	36.4	1,292,382	31.2	2,477,460	39.2
外商投资企业	10,624,942	22.0	8,355,884	45.0	2,269,058	-22.9
中外合作企业	20	-20.1	20	-15.7	0	-87.2
中外合资企业	10,522,642	22.8	8,284,504	45.5	2,238,138	-22.2
外商独资企业	102,279	-25.7	71,360	-1.0	30,920	-52.9
民营企业	7,894,506	121.5	4,000,258	101.6	3,894,248	146.5
集体企业	269,750	59.0	18,976	-14.8	250,774	70.1
私营企业	7,613,709	124.8	3,970,235	103.1	3,643,474	154.4
个体工商户	11,046	54.3	11,046	54.3	0	—
报关单位	0	—	0	—	0	—
其他	13,254	67.8	10,821	111.1	2,433	-12.4

2021年山西省进出口商品运输方式总值表

运输方式	进出口		出口		进口	
	人民币值（万元）	同比（%）	人民币值（万元）	同比（%）	人民币值（万元）	同比（%）
合计	22,302,543	48.3	13,659,345	56.3	8,643,198	37.1
水路运输	7,214,132	32.6	3,705,618	31.0	3,508,513	34.3
铁路运输	119,903	-49.3	49,313	-24.0	70,590	-58.9
公路运输	4,631,150	105.3	1,197,221	206.2	3,433,929	84.2
航空运输	10,281,993	45.3	8,655,316	58.8	1,626,676	0.0
邮件运输	13,279	65.1	10,824	107.2	2,455	-13.0
其它运输	42,087	66.7	41,052	39,281.6	1,035	-95.9

2021年山西省进出口商品类章总值表

商品类章	进出口		出口		进口	
	人民币值（万元）	同比（%）	人民币值（万元）	同比（%）	人民币值（万元）	同比（%）
总值	22,302,543	48.3	13,659,345	56.3	8,643,198	37.1
第一类　活动物；动物产品	35,578	256.8	4,536	-4.3	31,042	493.5
01章　活动物	76	—	76	—	0	—
02章　肉及食用杂碎	31,211	305.5	910	-66.3	30,301	506.6
03章　鱼，甲壳动物，软体动物等	82	—	0	—	82	—
04章　乳，蛋，蜂蜜；其他食用动物产品	522	167.3	68	134.9	454	172.9
05章　其他动物产品	3,687	77.3	3,482	73.2	204	199.0
第二类　植物产品	119,465	67.7	80,263	29.1	39,202	332.2
06章　活植物；鳞茎，根；插花及装饰用叶	674	-45.7	619	-30.0	55	-84.6
07章　食用蔬菜，根及块茎	22,661	19.3	22,485	18.4	176	—
08章　食用水果及坚果；水果或甜瓜的果皮	86,215	98.3	53,830	39.5	32,384	562.1
09章　咖啡，茶，马黛茶及调味香料	65	-92.0	65	-92.0	0	—
10章　谷物	533	-47.3	533	-47.3	0	—
11章　制粉工业产品；麦芽，淀粉；菊粉；面筋	10	27.5	10	27.5	0	—
12章　果实，果仁，工业或药用植物；稻草，饲料	8,770	57.9	2,183	26.1	6,587	72.3
13章　虫胶；树胶，树脂及其他植物液，汁	452	405.3	452	405.3	0	—
14章　编结用植物材料；其他植物产品	86	35.3	86	35.3	0	—
第三类　动，植物油，脂，蜡及其分解产品	15,838	131.2	59	178.5	15,778	131.1
15章　动，植物油，脂，蜡及其分解产品	15,838	131.2	59	178.5	15,778	131.1
第四类　食品，饮料，酒及醋；烟草及制品	35,641	8.8	32,248	6.8	3,393	31.5
16章　肉，鱼，甲壳动物，软体动物及制品	0	-100.0	0	—	0	-100.0
17章　糖及糖食	466	34.0	466	34.0	0	—
18章　可可及可可制品	67	—	0	—	67	—
19章　谷物，粮食粉淀粉或乳的制品；糕饼点心	2,825	-25.0	2,396	-32.4	429	90.7
20章　蔬菜，水果，坚果或植物其他部分的制品	15,777	-8.8	15,681	-9.3	96	620.2

续表 1

商品类章	进出口		出口		进口	
	人民币值（万元）	同比（%）	人民币值（万元）	同比（%）	人民币值（万元）	同比（%）
21 章　杂项食品	1,575	657.3	191	26.8	1,383	2,322.7
22 章　饮料，酒及醋	8,132	28.3	7,256	53.0	876	-45.0
23 章　食品工业的残渣及废料；配制的动物饲料	6,799	60.5	6,258	52.0	541	351.7
24 章　烟草，烟草及烟草代用品的制品	0	-100.0	0	-100.0	0	—
第五类　矿产品	2,204,370	39.1	157,397	143.9	2,046,973	34.7
25 章　盐，硫磺，泥土，石料，石膏料，石灰，水泥	39,215	39.5	39,143	40.1	71	-59.8
26 章　矿沙，矿渣及矿灰	1,833,266	31.7	36	-92.4	1,833,230	31.7
27 章　矿物燃料，油及其蒸馏产品；沥青；矿物蜡	331,890	102.5	118,218	227.2	213,672	67.2
第六类　化学工业及其相关工业的产品	687,228	28.2	649,242	27.2	37,986	47.9
28 章　无机化学品；稀贵金属．放射性元素	139,770	63.8	131,598	59.1	8,172	207.9
29 章　有机化学品	240,969	37.7	236,177	37.1	4,792	73.0
30 章　药品	70,923	40.3	69,471	38.7	1,451	211.9
31 章　肥料	67,590	5.7	67,589	5.7	1	1,545.7
32 章　鞣料，染料，颜料，漆，胶粘剂，墨水，油墨	28,142	18.3	24,142	16.6	4,000	29.2
33 章　精油及香膏；芳香料制品及化妆盥洗品	940	263.9	480	151.7	460	580.6
34 章　肥皂．洗涤剂，润滑剂，光洁剂，蜡，活性剂	5,039	23.5	3,074	23.9	1,965	22.9
35 章　蛋白类物质；改性淀粉；胶，酶	3,970	50.0	519	3.1	3,450	61.0
36 章　炸药，烟火制品；火柴，引火合金，易燃料	1,186	-41.5	1,186	-41.5	0	—
37 章　照相及电影用品	169	33.9	128	47.5	41	3.9
38 章　杂项化学用品	128,532	0.2	114,878	-0.4	13,654	6.2
第七类　塑料及其制品；橡胶及其制品	304,359	56.8	251,177	84.2	53,182	-7.8
39 章　塑料及其制品	173,412	28.1	143,407	33.4	30,005	7.8
40 章　橡胶及其制品	130,947	122.8	107,770	272.8	23,176	-22.4
第八类　生皮，皮革，毛皮及其制品	20,498	512.7	20,426	525.8	71	-12.4
41 章　生皮（毛皮除外）及皮革	1,076	119,114.9	1,076	11,953,182.0	0	-100.0
42 章　皮革制品，旅行用品，手提包及类似容器	16,216	392.8	16,146	402.9	70	-12.6
43 章　毛皮，人造毛皮及其制品	3,206	5,838.4	3,204	5924.9	2	111.6
第九类　木及木制品；其他编结材料制品	9,118	84.3	5,137	59.9	3,980	129.5
44 章　木及木制品，木炭	8,664	79.6	4,782	52.6	3,882	129.7
45 章　软木及软木制品	98	119.6	0	-100.0	98	120.2
46 章　稻草，秸秆，柳，籐等编结材料制品	355	350.6	355	350.6	0	—
第十类　纸浆；纸，纸板及其制品	26,876	125.8	21,483	401.0	5,393	-29.2
47 章　木浆及其他纤维素浆；回收纸或纸板	1	-100.0	1	—	0	-100.0

续表2

商品类章	进出口		出口		进口	
	人民币值（万元）	同比（%）	人民币值（万元）	同比（%）	人民币值（万元）	同比（%）
48章　纸，纸板，纸浆，纸或纸板制品	26,492	170.7	21,136	416.0	5,357	-5.8
49章　书籍，报纸，印刷图画及印刷品；手稿	383	81.1	347	81.4	36	78.7
第十一类　纺织原料及纺织制品	114,618	86.2	108,960	89.5	5,658	39.4
50章　蚕丝	5	15,072.1	5	15,072.1	0	—
51章　羊毛，动物毛，马毛纱线及其机织物	2,931	—	3	—	2,927	—
52章　棉花	47,996	33.5	46,474	31.6	1,522	138.1
53章　其他植物纺织纤维；纸纱线及其织物	942	-17.3	664	-20.7	278	-8.1
54章　化学纤维长丝	3,306	85.9	3,304	95.7	2	-98.0
55章　化学纤维短丝	3,364	54.3	2,967	64.0	397	7.1
56章　絮胎，毡呢及无纺织物；线，绳，缆及制品	2,033	391.2	2,030	396.2	3	-41.0
57章　地毯及纺织材料的其他铺地制品	343	515.8	343	515.8	0	—
58章　特种机织物；花边，装饰毯．带，刺绣品	1,789	219.2	1,784	221.7	5	-14.0
59章　浸，涂，包或层压的纺织物；工业用纺织制品	708	45.2	658	129.0	50	-75.0
60章　针织物及钩编织物	1,503	6,536.7	1,501	6,757.1	1	84.8
61章　针织及钩编的服装及衣着附件	17,985	788.0	17,793	810.1	192	173.6
62章　非针织及钩编的服装及衣着附件	17,925	388.6	17,652	832.3	273	-84.6
63章　其他纺织制成品；成套物品，旧纺织品	13,789	3.7	13,781	8.6	8	-98.6
第十二类　鞋帽伞杖鞭；羽毛制品；人造花	27,921	449.6	27,803	459.8	119	4.5
64章　鞋靴，护腿和类似品及其零件	12,132	514.1	12,035	529.2	97	54.8
65章　鞋类及其零件	1,822	765.1	1,812	1,033.0	9	-81.8
66章　雨伞，阳伞，手杖，鞭子，马鞭及其零件	633	332.4	630	330.9	3	1,594.9
67章　羽毛，羽绒及制品；人造花，人发制品	13,335	385.2	13,325	384.9	9	—
第十三类　石料及其制品；陶瓷玻璃及制品	183,456	62.9	179,666	71.7	3,789	-52.3
68章　石料，石膏，水泥，石棉，云母及类似制品	27,946	93.4	27,620	103.7	326	-63.2
69章　陶瓷制品	63,043	57.5	59,944	81.4	3,098	-55.7
70章　玻璃及其制品	92,467	59.1	92,102	58.6	365	472.5
第十四类　珍珠，宝石，贵金属；仿首饰；硬币	3,612	56.8	3,557	350.1	55	-96.3
71章　珍珠，宝石，贵金属；仿首饰；硬币	3,612	56.8	3,557	350.1	55	-96.3
第十五类　贱金属及其制品	2,295,801	26.3	1,167,411	22.8	1,128,390	30.1
72章　钢铁	1,541,136	22.2	642,105	8.3	899,032	34.6
73章　钢铁制品	275,122	15.7	252,795	19.9	22,327	-17.2
74章　铜及其制品	29,756	8.2	4,850	94.3	24,905	-0.4
75章　镍及其制品	173,839	24.9	46	2,595.4	173,793	24.9

续表 3

商品类章	进出口		出口		进口	
	人民币值（万元）	同比（%）	人民币值（万元）	同比（%）	人民币值（万元）	同比（%）
76 章　铝及其制品	20,599	97.5	13,342	75.5	7,257	156.4
78 章　铅及其制品	2	175.5	2	175.5	0	—
79 章　锌及其制品	21	-90.9	20	-91.2	1	—
80 章　锡及其制品	20	10.4	0	—	20	10.4
81 章　其他贱金属，金属陶瓷及其制品	222,590	88.3	222,489	88.7	101	-66.2
82 章　贱金属工具，器具，利口器，餐匙，餐叉	13,423	-30.2	12,975	-10.1	448	-90.7
83 章　贱金属杂项制品	19,293	309.3	18,787	337.8	507	19.8
第十六类　机器，电子产品，电气设备及零件	15,141,643	56.8	10,323,811	63.6	4,817,832	44.0
84 章　核反应堆，锅炉，机器，机械器具及零件	542,556	36.5	354,576	53.1	187,979	13.4
85 章　电机电气设备，电视音像设备及零部件	14,599,088	57.7	9,969,235	64.0	4,629,853	45.6
第十七类　车辆，航空器，船舶及运输设备	211,893	-13.7	165,048	-13.4	46,845	-15.0
86 章　铁道电车道机车及其固定装置的零件	77,986	-46.6	32,056	-65.3	45,930	-14.1
87 章　车辆及其零件，铁道及电车道车辆除外	125,947	28.5	125,403	30.0	544	-65.9
88 章　航空器，航天器及其零件	372	625.1	0	—	372	625.1
89 章　船舶及浮动结构体	7,589	357.9	7,589	357.9	0	—
第十八类　光学，检测，医疗设备；钟表，乐器	515,977	-3.9	135,169	-12.2	380,807	-0.6
90 章　光学，计量，检验，医疗设备及零件	514,238	-4.1	133,455	-12.9	380,783	-0.6
91 章　钟表及其零件	915	406.4	891	428.1	24	101.5
92 章　乐器及其零件，附件	824	50.2	824	50.2	0	—
第十九类　武器，弹药及其零件，附件	0	—	0	—	0	—
93 章　武器，弹药及其零件，附件	0	—	0	—	0	—
第二十类　杂项制品	334,738	139.1	314,518	125.1	20,219	6,474.6
94 章　家具，寝具，褥垫，照明装置，活动房屋	124,887	352.6	104,938	283.4	19,949	8,822.9
95 章　玩具，游戏品，运动用品及其零件，附件	176,311	103.2	176,298	103.3	12	-80.9
96 章　杂项制品	33,540	30.8	33,282	29.9	258	1,233.6
第二十一类　艺术品，收藏品及古物	434	10,441.3	433	2,720,399.0	1	-65.7
97 章　艺术品，收藏品及古物	434	10,441.3	433	2,720,399.0	1	-65.7
第二十二类　特殊交易品及未分类商品	13,481	66.6	10,999	108.4	2,482	-11.8
98 章　特殊交易品及未分类商品	13,481	66.6	10,999	108.4	24,82	-11.8

2021年山西省进出口商品经营单位所在地总值表

经营单位所在地	进出口		出口		进口	
	人民币值（万元）	同比（%）	人民币值（万元）	同比（%）	人民币值（万元）	同比（%）
合计	22,302,543	48.3	13,659,345	56.3	8,643,198	37.1
太原市	18,523,458	52.9	11,531,389	59.1	6,992,069	43.6
大同市	696,923	74.9	461,695	39.0	235,228	255.2
阳泉市	130,777	-13.2	46,808	-20.8	83,969	-8.2
长治市	138,221	53.5	125,845	93.1	12,376	-50.2
晋城市	521,204	-19.0	122,415	24.7	398,789	-26.8
朔州市	75,474	-3.7	41,840	24.1	33,635	-24.6
忻州市	179,285	-5.3	132,693	14.7	46,592	-36.7
吕梁市	536,623	39.6	237,702	18.7	298,921	62.4
晋中市	338,579	69.3	308,791	82.5	29,788	-3.3
临汾市	307,263	56.8	297,222	72.1	10,041	-56.7
运城市	854,735	43.7	352,944	43.9	501,791	43.5